云间王子 II

三个太阳

〔法〕克里斯多夫·加尔法 著
〔法〕文森·杜特埃 绘
郑晓萍 译

人民文学出版社

著作权合同登记：图字 01-2015-7548 号

Christophe Galfard, illustrated by Vincent Dutrait
LE PRINCE DES NUAGES - LE MATIN DES TROIS SOLEILS (livre II)

图书在版编目(CIP)数据

云间王子.2，三个太阳 /（法）加尔法著；（法）杜特埃绘；郑晓萍译.—北京：人民文学出版社，2015
ISBN 978-7-02-011227-2

Ⅰ.①云… Ⅱ.①加… ②杜… ③郑… Ⅲ.①儿童文学-长篇小说-法国-现代 Ⅳ.①I565.84

中国版本图书馆 CIP 数据核字(2015)第 271257 号

责任编辑：卜艳冰　杨　芹
装帧设计：李　佳

出版发行 人民文学出版社
社　　址 北京市朝内大街 166 号
邮政编码 100705
网　　址 http://www.rw-cn.com
印　　制 山东临沂新华印刷物流集团
经　　销 全国新华书店等
字　　数 247 千字
开　　本 890×1240 毫米 1/32
印　　张 14.75
版　　次 2016 年 1 月北京第 1 版
印　　次 2016 年 1 月第 1 次印刷
书　　号 978-7-02-011227-2
定　　价 38.00 元

献给娜塔莉、茱莉亚和那些在星际中旅行的人。

目　录

序　章

凯·德拉克清楚地知道，一旦逃离中央王国，很多人都将被她连累。尽管如此，她也不能待在那里了。统治中央王国的暴君已经疯了，刚刚通过的政令证实了她的猜测：今后禁止向小孩教授科学知识，违者处死。

趁着天还没亮，凯·德拉克走出房间，除了一颗闪烁着彩虹光芒的奇特水晶之外，她没有带走任何东西。凯·德拉克快步走下台阶来到中央王国的地下室，径直走向停放蜻蜓器的车库。

“我要去城里一趟，天亮之前回来。”她对守门的士兵说道。

士兵被这个女人的美丽迷得忘记了职责，非但没有阻拦，也没有查看凯的通行证，反而恭敬地向她行礼，结结巴巴地说了几句蠢话就让她离开了。

凯·德拉克跨上离她最近的蜻蜓器，头也不回地离开了。

她已下定决心，哪怕死去，也绝不让肚里的孩子在这个王国长大。

凯·德拉克朝着太阳升起的方向飞去，假装飞向附近一座建在云上的城市，只有几分钟的路程。这时候天边曙光初现，空气温润清新。这位年轻的妈妈不知道肚里的孩子在这场逃亡中能否存活，但是她已经做好准备：只要一离开空中监察员的视线，她就钻入云层，改变路线，飞往地球表面。她加大油门，蜻蜓器飞过一片阳光永远无法直射的平原，之后她调转方向往西飞去。

眼前不断出现大片大片被破坏的森林和已干涸的湖泊。残破的景象丝毫不能令她分心，她不顾一切向前飞去。她心里想着她的朋友们，她们为了让未出生的孩子能够在远离暴君的地方生活而牺牲了自己的生命。

这会儿，安娜正假扮成自己躺在床上，以免女仆察觉到她的离去；几分钟后，丽丝、德比和勒亚会骑上蜻蜓器，按原定计划，一个朝北，一个往东，另一个向南飞行，让暴君的士兵们分不清真正的凯逃往哪个方向……这一切都是为了尽可能多地替凯争取逃跑时间。虽然她们很清楚，一旦被抓回去就意味着什么，但是她们义无反顾。

一想到她们的牺牲，凯·德拉克就禁不住泪流满面。可是心里再难过，她也绝不放弃逃亡。

眼前的山峰就是暴君王国的西境边界线了。凯飞过山峰，越过广袤的海洋，继续自己的逃亡之旅。

凯·德拉克没日没夜地飞了三天。她不断祈求上天，祈祷星星们指引的方向是正确的。为了让孩子能够自由自在地生活，她发誓永远不告诉他人们为他所付出的巨大牺牲。这一切的重负应该由她来承担，孩子是无辜的。

一直看不到一片云或一座小岛，又渴又饿的凯，只能死死地抓住蜻蜓器的操作杆。

到了第四天晚上，已经身心俱疲的凯根本没意识到，四周早已布满狂风暴雨的云层。没有退路的她只能硬着头皮冲进风暴，将自己的命运交与狂风和闪电。

当风暴最激烈的时候，凯的蜻蜓器撞上一片表面坚硬的云，她昏了过去，失去了知觉。

当凯·德拉克清醒过来时，发现自己躺在一张小床上。屋子周围全是稻田，屋里有一群穿着怪异的女人，像看外星人一样，正一个劲地盯着她看。她们好像并不愿意照顾这个从天上掉下来的陌生女人，没准还盼着她死去。然而凯并没有因此感到害怕，反而冲着她们笑了笑。她抬起美丽的眼睛，望向天空，感谢星星和风暴，让她依然好好地活着，这样朋友们的牺牲才没有白费。凯知道，眼前这些人都是从北方云国逃出来的。他们远离家园，逃到这里，是为了保护米蒂尔公主，北方云国的继承人。只可惜，她的王国已被暴君侵占了。

凯·德拉克所在的这个小村庄名叫蓝莓村，建在一片极小的云块上，漂浮在一座露出海面的火山上空。虽然每个夜晚都有风暴肆虐，但村庄还是幸存下来，直到现在都还稳稳当当地盘踞空中。它是这片广袤无垠的天空中唯一的一个村落。

凯·德拉克感到很高兴，因为她的孩子可以在这里长大，然后学习暴君明令禁止的科学知识。

然而，在蓝莓村的生活远比她预期的艰难很多……

“你们看到她那架蜻蜓器上的徽章了吗？”村民们开始窃窃私语，“这个女人来自暴君的王国啊！”

“我们应该立刻把她扔到海里去喂鱼！不然她会给我们带来厄运的。”

“很奇怪上校怎么会让她留在我们村里呢？”

“肯定是因为她长得漂亮！上校夫人对此有说些什么吗？”

“她什么都不会说的。布里吉夫妇已经疯了！”

幸好，蓝莓村的首领布里吉上校很快就平息了这些风言风语。他严令禁止这个陌生女人进入村庄，而且只有他才有权和她讲话，因为北方云国的国王把公主的性命托付给了他。

凯·德拉克毫无异议地接受了这个禁令，只要能够让她的孩子在远离暴君王国的地方长大，不管是怎样的决定，她都可以接受。

几个月后，她的儿子提丹出生了。

就这样过了几年，上校对这个陌生女人越来越感兴趣，她的美貌令所有人既着迷又不安。上校无法解释自己为什么会相信她，还把她留在了蓝莓村，可是他觉得这个女人身上拥有一种未知的力量。当上校终于知道凯·德拉克的真实身份时，他的脑袋里一团乱麻，那时提丹刚五岁。

最后，他不顾其他人的反对，允许提丹可以和所有村子里的孩子一样，在蓝莓村接受同样的教育。

“真是不知羞耻！”村民们很气愤地说道，“不能让这个小子跟我们的公主走得太近！他的母亲可是我们的敌人呢！”

然而上校并不理会这些牢骚，于是提丹就这样上学去了。只是很快，老师们就一致宣称提丹是他们迄今为止教到的最差劲的学生……如果不是有上校的儿子汤姆·布里吉陪着他每天夜里一起到那些禁地里去探险的话，提丹肯定会觉得自己很孤单、很不幸。

当孩子们渐渐长大，汤姆成为了蓝莓村成绩最好的学生，甚至比米蒂尔公主还要优秀。就在提丹只顾着去梦想他的旅行和探险的时候，汤姆和其他蓝莓村的孩子却在满怀激情地钻研科学，并开始学着去感知这个世界。

“终有一天，你们都将为陛下统治的王国效力。一旦你们完成学业，你们就会知道怎么拯救这个世界。”他们的老师总是一边向米蒂尔公主致意，一边这样告诉他们。

不幸的是，蓝莓村的学生们并没有等到完成学业的那一天……

米蒂尔十二岁的时候，暴君的军队找到了公主的藏身之地，他们抓走了和她一同生活的村民，然后毁掉了蓝莓村。

只有提丹和汤姆逃了出来，这多亏那架蜻蜓器，就是当初凯·德拉克逃到蓝莓村时驾驶的那架。提丹按照母亲最后的嘱托，载着汤姆来到了建于七片巨大云朵之上的白云城。他们在白云城见到了雅吉·里特，从雅吉·里特那儿，提丹和汤姆得知米蒂尔公主已经被暴君判处死刑。

雅吉将拯救公主的任务托付给忠诚的瓦金中尉，也就是白云城的前任警察局长。

“你这是让我去送死吗？！”中尉大声嚷嚷。

虽然嘴上这么说，但他还是带着提丹和汤姆去救公主了。

在救出公主的行动中，汤姆不幸落入了暴君军队的手中，而米蒂尔、提丹还有中尉则从天上掉到了地球表面。他们掉进了一片森林，来到了一个所有人都认为自己必死无疑的地方。

第一部

森林村

第一章

森林里下起倾盆大雨。尽管莎妮已经累得喘不过气来，脸颊被树枝刮得生疼，胳膊也被荆棘丛的刺划伤，连身上的衣服都被勾破，但她丝毫不敢停下，一直拼命地跑着。猎犬们还没发现她的踪迹，但是一旦停下，猎犬就会追上她的气味，她得救的唯一机会，就是游到河对岸。

就在这时，一道白光突然照亮了莎妮周围的树干，接着一声巨响惊天动地。原来是一道闪电！她从来没有如此近距离地看见过这种景象。

“不过是一场雷暴雨……这就是大自然啊……”莎妮试图这样安慰自己。然而当她抬头看天空的时候，才明白情况并非如此——“原来暴君真的已经懂得怎样将雷电变成战争武器，上次村委会上村长说的果然没错！”

想到这一点，莎妮不禁害怕得打了个哆嗦。原来森林上空横行肆虐的雷电并不是自然现象。头上这片云里，暴君的大型风力工厂制造了一朵可怕的雷暴云，并让它一直膨胀，高耸入天庭，最后变得无比巨大。云层上面，士兵们射出一种顶端绑着铁链的弓箭。弓箭射到何处，这些闪电就劈向何处……莎妮所在的这座森林上空，就是辛迪城的云层，那里的居民们这会儿肯定正经历一场真正的噩梦吧。

“他们把一切都毁了！”悲伤的小女孩突然感到自己真是渺小。遇到一个知道利用云来作战的疯子，我们该如何保护自己和家园呢？村庄里恐怕没有人能想出办法。

“但是，公主肯定有办法！”想到这一点，莎妮觉得自己重新获得了一点点力量。

一个小时以前，莎妮在闪电中看见有一个飞翼从天空中掉下来。这种飞翼很简陋，是用木杆子撑起一块布做成的。它穿过暴风雨和冰雹，飞跃山峰丘陵，最后跌落在森林的西边。

在那个飞翼坠落的瞬间，莎妮确信自己看见公主就在上面，她想跑回村去告诉村长，但此时森林的上空已沦为战场，各种飞行器之间进行着疯狂的射击。终于，暴君的士兵发现了莎妮，他们降落在离她一百米远的地方，然后放出猎犬追赶莎妮。

莎妮跳过了树枝，躲开了荆棘，绕过了土坑……雨水顺着她的头发流下来，视线变得模糊，但是她没有跌倒，就算鞋子陷在泥土里，对她也毫无影响，莎妮就像一只善于奔跑的小动物，稳步而灵巧地在树林中穿行。

莎妮知道，这些士兵此前不曾踏上过地球表面，更不用说森林了。也许，他们很擅长空中作战，然而在这树林深处，莎妮反而很有优势。

“那些住在云层里的人认为地球表面已经被污染了，空气也不能呼吸，所以，这里不可能存在生命。但是他们不知道，地球上还存在着一些像我们这样的村庄。”这是布鲁斯基夫人曾经告诉莎妮的，她是教宇宙历史的老师。

突然，一道闪电劈下，莎妮附近的一棵百年栎树瞬间被劈成无数的碎片，飞了出去。小女孩并没有停下来。虽然相比那些天上的士兵，她确实具有优势，但是对于那些猎犬来说，可就不一定了。现在，狗叫声越来越近，形势十分危险。

莎妮只有全神贯注地盯着沿途的植物，才能忘却疲劳和恐惧。她从小就生长在这片森林中，凭着植物的气味、形状和颜色，莎妮就能分辨出它们的种类。数不清有多少次，她采摘这些草药来治疗伤口；有多少次她爬上树干，只为了看一眼那片笼罩在森林上空、平坦无垠的灰色云朵，因为辛迪城就建在这片云上！

“云上的天空永远都是蓝色的。”布鲁斯基夫人总是这样说，莎妮过去一直不相信，然而今天早晨的亲眼所见，证实了布鲁斯基夫人说的完全正确。

暴君的士兵在辛迪城所在的云里挖了一个洞。透过那个洞，莎妮看到了蓝色的天空。她从来不曾想过，原来这世上真的有一种蓝，可以蓝得这么深邃，蓝得这么鲜艳，蓝得这么……蔚蓝。“士兵们会把公主从这个洞里扔下来，说不定，在落到地上之前，她就已经死掉了……”莎妮村里有人这样告诉大家。

莎妮脸颊发烫，双脚疼得厉害，但她仍然不敢放慢脚步。现在狗叫声离她是那么近，似乎每跨出一步，都能感觉到猎犬咬在腿上时那股钻心的疼。

突然，莎妮看到前面几米远的地方有一道水光。啊！是一条河！

“我终于到了！”莎妮高兴地欢呼起来。

她跳过一段长满了蘑菇的树干，绕过最后的几棵树，越过陡峭的河岸，跃进了水里，河水立刻欢腾起来，就像雨点噼里啪啦地打在水面、溅起水花一样。河面上铺了一层落叶。莎妮潜入落叶下面的河水，紧紧地闭上嘴和双眼，使出吃奶的劲开始游。云上的人们并没有说错，地球的确已经被污染了——这河水是有毒的，而且污染已经浸入土壤和河道。

莎妮游了几米远，浮出水面换口气。这时，她回头望去，那些猎犬还没有追来。终于能够摆脱它们了！这样想着，她又重新潜入水底，游到了河对岸。对岸生长着许多枝叶茂盛的树，茂密的枝叶垂在河面形成了天然的屏障，在这些树枝的掩护下，莎妮再次浮出了水面。

她看见身后的士兵们此时刚追到岸边。他们喊叫着，命令猎犬跳进水里，只是那些高大凶猛的猎犬在这污染的河水面前却步了。莎妮暗暗地想：那些猎犬才不傻呢。直到此刻，她的脸上才露出一丝微笑。终于胜利了！终于把他们甩在身后了。

这下，她可以回到村里，告诉大家关于公主的消息。

“我很确定，公主一定还活着……我们得去救她！”在河边植物的掩护下，爬上岸的莎妮轻声地自语着。

第二章

第二天早晨，瓦金中尉站在森林最高的山丘顶上，仔细查看周围的情况。对于救出公主这件事并没有抱太大希望的他，显然没有预料到，他们会像现在这样被困在地球表面，身处密林无计可施。

“真想不到，三个孩子中竟然还有两个逃脱出来，这简直就是奇迹。”瓦金紧紧盯着远方这样想着。

瓦金脚下的小山丘位于一片山谷中。此时的山谷，满是又白又软的浓雾，隐约可见几座比较高的山峰。据说每到夜晚，就会有一片云落下来，停在森林里，使得眼前的群山就像大海中的一座座小岛，上面长满了树木。

黎明的第一缕阳光从远处的山峦上空喷薄而出，给天空染上了一层淡淡的绿色和黄色。天空中再也看不到辛迪城的痕迹。因为暴君的军队摧毁了辛迪城的风厂，小城所在的云便回复到了最原始的状态，很快就被风暴吹散，最终消失不

见了，而小城坍塌后的废墟也随风散落到遥远的天边。

瓦金为所有失去家园的人感到深深的难过，但是他很快又冷静下来：现在还不到哭泣的时候，还有很多麻烦事等着他呢！汤姆被敌人抓住了，对此瓦金无能为力，但公主和提丹还需要他的保护。他必须确保他俩的安全，这可不是件容易的事。

“就算追到天涯海角，暴君也不会放过他们。”瓦金望着远方，想到这一点，他不由得有些担心。

在过去的十年里，瓦金亲眼见证了这个人——这个身为中央云国国王的暴君，是怎样一步步爬上权力顶峰的。没有人知道暴君来自哪里，也不知道他以前是干什么的。然而，年复一年，却有越来越多的臣民听命于他。

“如果我们使星球变暖，就可以躲过下一个冰期！”暴君的这一宣言立刻赢得了臣民们热烈的掌声，因为他们对生活在一个被冰雪和寒冷包裹的星球感到恐惧。

而瓦金非常反感暴君的言论，甚至还想加入米蒂尔父亲的军队。米蒂尔的父亲是最后一位敢和暴君公然对抗的人。然而不幸的是，那时暴君已经成为中央云国的主宰，并率军侵犯北方云国的领土。北方云国就在那场战役中战败，从此消失了。不过仍有传言说，米蒂尔的父亲逃到了远离云国的地球表面。

这时，瓦金回想起昨天夜里的战役，仿佛又看见了暴君的雷暴云在辛迪城上方急速膨胀，为了围捕公主，不惜将闪电劈向无辜的平民。

“这是陷阱，处死公主只是为了引诱叛军上当……”

很显然，敌人狡猾的诡计得逞了，因为现在所有的叛乱分子都被逮住了，中尉带来的人也全都不见了。不过米蒂尔倒是逃了出来，这也只能说明一件事，暴君的士兵们没准正在想法铲平这片森林，好把公主揪出来。

所以，他们最好尽快离开这里，重新回到天上的一个城市，然后再前往北方云国，米蒂尔父亲的国度。只要回到云上，就算是暴君的领地，瓦金也知道可以去哪里寻找盟友。

一想到提丹，瓦金就不禁眉头深锁，这个看起来对世界知之甚少的男孩却让他最为惊讶。瓦金一直想不明白——在暴君军队攻占蓝莓村的时候，为什么布里吉上校不帮公主逃跑，反而决定让提丹离开呢？

“难道他知道提丹能够预知天气……”瓦金突然自言自语道，“可是也不对呀……这是不可能的……”

提前很长一段时间预知天气，是一件十分困难的事，这需要一种超乎常人的精神感知力。但是他很难相信，提丹就拥有这样的能力。因为说到精神力，这个男孩能够跟一只年老的鹈鹕媲美了——那是一种对任何事物都漫不经心的水禽。

然而，种种证据看来似乎又不是这样的。

“究竟是怎么回事？”瓦金想道。

提丹已经有两次成功地预言了天气。第一次是在蓝莓村，暴君军队袭击蓝莓村的前一天，当时他正可怜兮兮地进行测验，因为很多题目都答不出来，所以他想用精神感知力作弊，结果，他看见了火山岛上一片纯蓝的天空。

“只不过他没有意识到，当时看到的是蓝莓村消失之后的天空，否则的话，他就会通知大家了……”瓦金陷入沉思。

第二次是在昨天夜里，他们掉到森林里之后，灰沉沉的天空明明乌云密布，但提丹却说不会下雨了，而事实正是如此，到现在为止，天上没再下过一滴雨。

瓦金扫视了一下眼前的风景：山峦上空，太阳像一个滚烫的黄色圆盘，光芒四射的阳光正在慢慢驱散弥漫在山谷里的浓雾。

可惜，至今没有瓦金部下的消息，他不能再耽搁了，必须现在就离开。可是，怎样才能回到云上呢？他的燕翔机已经在战斗中被毁掉了。

瓦金沉浸在思考中，顺着山势而下，走进了浓雾。浓雾中的树干看起来阴森森的，如同幽灵一般。他有一种奇怪的感觉：这雾让人觉得并不是身处地球之上，而是身在云层之中。

瓦金耷拉着脑袋，沿着刚才下山的路又返回山顶。突然，他停下来，因为就在刚刚走过的地方出现了新的痕迹，压在了他的脚印上，是他走后才踩上去的。从那些痕迹看来，对方应该有好几个人，而且走到半路的时候又折回去了。

中尉马上躲进矮树丛，拔出了他的弓弩。他一动不动，伸长耳朵仔细听：周围一片死寂。据说森林里的浓雾不仅会减淡颜色，模糊距离，还会吸收声音。

几秒钟的时间，瓦金已经攀着树枝，爬上离他最近的一棵树。爬到一半，他停下来，听听周围的动静。

这一次，他听到了一些窃窃低语声，还有走路时衣服摩擦出的沙沙声。有人正朝着他的方向走过来，而且还是一大群人。于是瓦金往他的弓弦上搭了一支箭，瞄准前方：只要那群人一出现在他的视线范围内，就不可能躲过他的箭。然而时间一分一秒地过去了，他连一个人也没有看到。刚刚那群人大概已经走向另一条路。

又过了一会儿，瓦金重新出发了。只是这一次他不再走地面，而是从树上走，爬到更高处，从一棵树跳到另一棵，慢慢靠近他们临时藏身的小屋。刚刚他离开的时候，米蒂尔正在睡觉，他以为提丹会肩负起放哨的责任。

瓦金才刚刚走了十几米，突然，一道亮光闪过，好像周围的浓雾全都发亮了一样，发出炫目的光。突如其来的惊吓震得他脑袋嗡嗡作响。刚刚的亮光是从地上来的，可能是士兵发现了孩子们的踪迹！

一想到这，瓦金中尉马上就从树上滑下去，紧紧拽着武器跑向小屋。不一会儿，他看见提丹正背靠着小屋坐着，睡得正香。

“该死的，”瓦金嘴里咒骂着，“你快醒醒！”他一边叫着一边警惕着周围。

他朝小屋里看了看，稍微松了一口气。公主正躺在树叶铺成的床上睡觉。

“米蒂尔！”中尉叫她，“快起来！提丹，该死的，你赶快给我醒来！”

公主一下子惊醒过来，走出了她藏身的小屋。至于提丹，他只是睁开了一只眼睛，打着呵欠。

“现在几点了？”提丹伸了伸懒腰，问道，“我们这是在哪儿呀？”

米蒂尔和瓦金还没来得及回答他的问题，就看到二十几个暴君的士兵从浓雾里走来，他们手里的弓箭正对着这三个逃亡者。

“举起手来！不要动！”其中一个士兵喊道。

第三章

这时，太阳已经升得老高，林中的雾气也完全消散了。就在离莎妮和塔德奥三十多米远的地方，森林村的巡逻者们正在树林和灌木丛中穿梭前行。他们无声无息地走向目的地，也就是小女孩昨天晚上看到燕翔机坠落的地方。

“我们真不应该跟着他们的……”塔德奥战战兢兢地对莎妮小声说道，他的声音有些颤抖。

“如果害怕的话，你就尽管回去！”莎妮回答道。

小男孩惊恐地朝身后看了一眼……不行，他才不要自己一个人孤零零地回去呢。吓得脸色发白的他手心都出汗了，连膝盖也在瑟瑟发抖，他真的很后悔，怎么就让自己陷入了这种险境中？

他看了看周围，到处都是可怕的黑影，天空看上去也让人不安。自从他出生以来，这是第一次走在蓝天底下，要不是头顶上还有树枝，他恐怕早就吓晕过去了。森林上空少了辛迪城的这片云，让他觉得很不安全，似乎天空随时随地都会掉下来，砸到他的头上。

至于莎妮呢，她倒是十分兴奋。尽管昨天晚上甩掉的那些士兵非常可怕，但是此时此刻，美丽的蓝天带给她的激动，已经远远胜于害怕——她一直相信，这明亮美丽的蓝天拥有一种力量，一种她一直坚信其存在的力量。以前，每当太阳光透过林中的树枝温柔地洒在莎妮身上的时候，她就会感到一股微微的喜悦在她全身蔓延。可是，她从来没有遇到过像今天这样的日子！她也从来没有跟太阳光有过如此亲密的接触，从来没有见过绿得发亮、绿得如此鲜艳的树叶！

而且她就要看到公主了，没准公主还会带她去云上世界呢！

自从莎妮把她在森林里的奇遇告诉村长之后，村里的巡逻队已经正式下令：不许村民远离保护区域。现在山里有好几千名暴君的士兵在四处搜索。他们如此兴师动众，肯定是在找一个很重要的人物。

于是莎妮立马跑去塔德奥家里。塔德奥正躲在他的房间里，手里拿着一把弓，准备利用它来对抗暴君的士兵。

塔德奥是个胆小鬼，只要不去上学，就总是一个人待在他的房间里，把所有时间都花在研究那些关于森林方面的书籍上。他讨厌一切会带来危险或者使人不安的事情，不过如果这些事情跟莎妮有关，那又另当别论了，虽然莎妮本身就是一个既危险又让人不安的存在……

“你快点准备！我们要跟上他们！”莎妮猛地推开门，跳进他的房间，兴奋地叫着。

她的突然闯入，吓得塔德奥突然松开了拉弓的手，弦上的箭嗖地飞出去，直直地插进墙里。还差三公分就射到莎妮的头了。

“对不起对不起，我不是故意的！但是你明明可以躲开！”塔德奥惊慌地叫道。

“你听说了吗？我们可能就要见到公主了！”莎妮乐呵呵地冲着塔德奥说道。

塔德奥盯着她看了半晌没说话，他在想，莎妮到底有没有意识到她差点就被那只箭射穿啊。

“是公主啊！真不敢相信这是真的！简直太棒了！”莎妮当即又跳起来接着说。

塔德奥一动也不动。莎妮和他一样，从来没有离开过森林，他们从小就住在这个地下村庄里，在森林里度过他们的童年。但是，塔德奥和莎妮不同的是，莎妮很想去云上看一看，而他从来都不曾想过要离开，因为他实在太喜欢现在住的小山丘了。而且他觉得，云上除了战争之外什么都没有。

“公主肯定很了不起！”莎妮还在继续说着。

“也可能不是她呀，我们又不确定……”塔德奥反驳道。

但是莎妮压根不管他，只顾着自己感叹：“她肯定非常漂亮！”

在莎妮的想象中，公主生活在云上富丽堂皇的城堡里，有一双像黑色钻石一样闪闪发亮的眼睛，而且她的生活一定充满冒险和刺激：她肯定已经去过世界各地，还亲身加入战斗，甚至被判处死刑！不过，在赢得战争之后，她就可以和公主一起穿衣打扮、佩戴首饰，参加各种庆祝的宴会。

“快点！别浪费时间！”莎妮催促她的伙伴。

“嗯？你想要去哪里？”塔德奥惊恐地问莎妮。

“当然是跟着巡逻队啦！”

“什么？你脑袋糊涂了吗？我绝不干这种事！”

“如果我跟大家说你刚刚差点杀掉我，你猜会怎样？”莎妮扭头看着还插在墙上的箭对塔德奥说道。

塔德奥吓得脸都白了：要知道村里可是严禁儿童玩耍弓

箭的。

“就算巡逻队的人找到了公主，他们也不确定下一步该怎么办，但是我可以说服公主帮助我们。”莎妮再一次说道。

“她能够帮我们做什么？我们什么都不需要啊……”塔德奥有些困惑地问。

“你这个杀人凶手！”莎妮冲着塔德奥说道。

于是几分钟后，塔德奥发现自己就这样跟她出门了。他跟在莎妮身后，紧紧地尾随着巡逻队。

他俩涉过河水，穿过树林，绕过丘陵。塔德奥好几次提议还是回去吧，让大人做大人的事，这样比较保险。不过莎妮压根就没听进去。事到如今，要往回走也已经太迟了。

莎妮没有把巡逻队跟丢，她还能看见他们。塔德奥不情不愿地跟在莎妮后面，每隔十秒钟就要回头看一下，那种被残暴的士兵所包围的感觉一直紧随着他。那些树木，在他看来好像都长了眼睛、耳朵和胳膊，所以当莎妮突然跑进灌木丛的时候，他吓得惊慌失措，紧紧地靠在她身边，努力屏住呼吸不发出任何声音。

“怎么了？”他吐了口气，问道。

“他们不在那里了！”莎妮回答道。

“谁？谁不在那里了？”

“那些巡逻队的人，他们不见了！”

塔德奥睁大双眼，在森林里仔细寻找。这时候他才终于发现，树上那些绿色的长叶子和垂在空中的藤蔓已经全变了。原本，这个森林对他而言再熟悉不过，他已经研究过森林里所有的植物，很容易就能分辨出哪些可以食用而哪些是有毒的。可是现在，他突然感觉自己置身于一个全新的世界中，周围的一切看起来都如此陌生。

“都是蓝天的缘故。”塔德奥突然明白过来。

“这些植物把巡逻队的人都吃掉了！”塔德奥大叫起来，“我们不能再待下去……”

“不要说这些蠢话，”莎妮打断他，“他们应该是爬到树上了，没准是发现了什么，快点，我们也爬上去看一下。”

莎妮根本不给塔德奥思考的时间，径自爬上最近的那棵树，一直爬到树顶。塔德奥也跟着她爬了上来。树林上方的天空是多么宏伟壮观啊！突然，从高处看到的一切，吓得莎妮背后直冒冷汗：方圆几十米的地方已经全是有毒的平原植物了。

“这不可能啊！”莎妮吃惊地说道。

“发生什么事？”塔德奥根本不敢把头从树叶中露出来，

好像害怕天空的湛蓝会沾到他皮肤上一样。

“森林！那些有毒植物杀死了它们，至少有四棵树。”莎妮回答。

“不可能！”

“真的，不信你看！”

上一回莎妮来到森林西部的时候，树林绵延有一公里远。森林村的孩子都知道，来自平原的植物会慢慢入侵森林的领地，但是没有人预料到它们的动作会这么快。站在树的顶端，莎妮可以清楚地看到百年树干上爬满了毛茸茸的藤蔓，它们一圈一圈紧密地缠绕着大树，把自己的叶子铺满树的顶端，抢走了本来属于树木的阳光。

塔德奥鼓起勇气，从树叶中伸出脑袋。一看到这样的景象，他立刻明白了为什么在树底下的时候感觉如此陌生，完全不认识这些植物，因为它们根本就是全新的入侵者啊……布鲁斯基夫人的可怕预言正在慢慢变成现实！

布鲁斯基夫人曾经预言过：“地球的气候一旦变化，新的物种将蓬勃发展，但是我们的森林就要完了。这些来自平原的植物会抢走森林里所有的树木和灌木的氧气，使它们窒息而死。这对地球来说将是一场大灾难。因为一种植物的灭绝，就意味着治疗一种疾病的药方从此消失……”

塔德奥从书中了解到，这些植物争夺领地的战争通常发生在夜里：有一些品种会从它们的根部释放出毒素，杀死附近的其他植物；有一些植物会团结起来，为自己争取更大的生长空间；还有的甚至需要依附某种特定的品种才能生存。

“他们在那儿呢！好像在准备什么东西。”莎妮突然兴奋地叫起来。

她终于发现了巡逻队的所在。他们身披由树叶做成的伪装，躲在高处的树枝上，彼此用手势进行交流。只有训练有素的人才能发现他们的踪迹。

“我们还是回去吧！”塔德奥哀求着。

但是莎妮不再听他说话。她双眼紧紧地盯着巡逻队员的手，努力地想破解他们交流的内容：三个俘虏……二十二个士兵……一个大人被绑在树上……一个男孩被绑着扔在地上……一个女孩正被打倒在地……那个女孩肯定就是米蒂尔公主……

莎妮叫道：“公主落在暴君士兵的手上。巡逻队的人正准备去救她，我们快点过去！”

“不，不！”塔德奥小声嘀咕着，他怕得要命。

他一点儿也不想跟着莎妮，只想安全地回到村里。在他正准备强迫莎妮跟他一起回去的时候，突然，有两个从头到脚都覆盖着树叶的人出现在他和莎妮之间。

塔德奥惊得跳起来，差点从树上掉下去。他的心没命地狂跳，以至于根本没听清那两人到底说了什么，他甚至没有认出他们，还以为他们就是暴君的士兵呢。

“我投降！”他哭叫着举起手来。

“该死的！你小声点！”森林村巡逻队的队长瓦特嘘声道。

“你们找到公主了吗？是要去救她吗？我可以帮你们！”莎妮低声问道。

“再多嘴的话，我就割掉你们的舌头！”瓦特恐吓他们。

莎妮马上就不敢再动了，也不敢发出一丁点声音。瓦特以他的飞刀闻名：他曾经用刀把六十多米远的核桃劈成两半。他并不喜欢随便威胁别人，如果他决定割掉谁的舌头，就一定会说到做到。

“你们待在这儿，像石头一样不要动，”他严肃地吩咐道，“如果让我听到你们发出任何声音的话，你们以后就别想离开地洞了！听明白了吗？”

莎妮和塔德奥吓得不敢说话，只是拼命地点头。

“等会儿听到两声树枝断裂声，你们就赶快往回跑，回到村里去，不要再跟来了。你们的账我今晚回去再慢慢算。”

莎妮和塔德奥甚至连吭一声都没来得及，转眼之间，瓦特和他的部下又消失在树林中了。

第四章

塔德奥坐在离地面二十多米高的树上，双臂抱紧膝盖，看着红色的蚂蚁在他面前列队经过。这些蚂蚁长得可真壮，身子粗得跟手指似的。他早就见识过这个可怕物种的成员们是怎样用他们庞大的上腭咬断整根树枝的，所以他不敢随便乱动。更何况，瓦特也让他们待着别动，那他乖乖地遵守就是了，只是不知道今晚会有什么惩罚在等着他们。一想到这个，他就有些害怕。

“不管怎样，我们总算不用再待在这个鬼地方了……”他心里想道，同时满怀怨恨地看了莎妮一眼，“就因为莎妮的神出鬼没吓到了我，我才会失手射出那支箭，而我现在却要因为这支不小心射出的箭而死掉……这都是她的错啊！”

莎妮就坐在塔德奥边上。她紧闭着双眼，似乎在集中精力听着森林里的动静。塔德奥这时想起村里的人对莎妮的评价，觉得他们讲得真是有道理……如果她爸爸妈妈能够多花点时间照顾他们的女儿，而不是把大部分时间都花在探究山洞深处的秘密的话，那么莎妮肯定不会像现在这样，疯疯癫癫的，像个野丫头一样。

塔德奥回想起在自然历史课上莎妮第一次被老师叫上讲台的时候。那时候他们应该都只有八岁吧，老师要求每一位学生带一件自己喜欢的东西，比如说一株植物或者一只昆虫，带到教室里展示给同学们看。塔德奥当时给同学们展示了一根他在灌木丛里找到的鸟的羽毛。班里的孩子们看到那根羽毛后都对它着了迷，因为那是一根既有红色又有蓝色的漂亮羽毛，而且长着这种羽毛的鸟类已经灭绝了。

塔德奥带来的这根羽毛远远比其他人带来的东西都要漂亮。因为其他同学带来的东西要么是一些植物的根，要么是被溪水打磨得很光滑的石头，不然就是一些已经干掉的花瓣。

可是轮到莎妮的时候，这个平时从不跟人说话的小女孩却把一个巨大的包放到了讲台上。

“塔德奥的那只鸟在五年前或十年前就消失不见了。而我呢，我要给你们展示的是距今已有三亿年的、看起来好像蟑螂一样的动物。”她说。

“等一等！”老师赶紧跑到她身边喝住她。

老师往她的包里看了一眼，然后坚决不让莎妮在课堂上打开她的包。大概是老师怕吓到班里其他同学，他们怎么说年纪都还很小，不足以承受这种场景，他怕孩子们看到之后会做噩梦。

出于这样的原因，所以老师给了莎妮全班最高分。如果不是因为莎妮得了全班最高分的话，那么塔德奥也就不会对她包里的东西感兴趣了。简直太不公平了！所以他在下课后找到莎妮，让她在自己面前打开那个包。

“给，我把它送给你吧，你可以把它带回家。”莎妮答道，笑得很灿烂。

不过从此之后，塔德奥的妈妈就很讨厌莎妮，而塔德奥却因此成了她的朋友。

突然，一声树枝断裂的声音把塔德奥拉回现实。他靠在树干上，极度警觉地听着周围的情况。当他听到第二声断裂声的时候，他暗自欢呼道：

“这是让我们走的信号了！”

他飞快地从一棵树跳到另一棵树，往村子的方向冲去。他只要一想到那些满眼充血的士兵正在围捕他们就觉得很害怕。虽然离地面有二十米高，可是，他却能够感觉到猎犬们吐出的热气就萦绕在他的脖颈周围。在这种情况下，莎妮怎么还敢跑出来呢！他以后再也不跟着莎妮了，哪里也不跟她去了！

突然，一个可怕的感觉迫使他慢下脚步。他伸长耳朵仔细听着：远处回荡着树枝折断的响声，但是他的身边却没有任何动静。

他回过头去。

莎妮没有跟来。

塔德奥气得直咬牙，握紧拳头拍了拍自己的脑门。如果不是他实在很害怕，他这会儿就会原路折回，去咬这丫头一口了。

“我要杀了她！”塔德奥低低地咒骂了一声。

他抬起头看了看太阳。阳光穿过树叶，在林间投射下一缕一缕斜斜的光线。

塔德奥真希望能够在这些光线里看到莎妮的笑脸，不过他自己也清楚，这是不可能发生的事情。

他只能死心，继续赶回村子。

第五章

听到瓦特的信号，莎妮毫不犹豫地让塔德奥独自离开了。而她自己在原地等了一会儿，然后穿过一棵棵大树，循着刚刚树枝断裂的咔咔声，慢慢靠近发出信号的地方。

莎妮躲在高处的树叶中，眼前出现一个令她忍不住发笑的场景：暴君的士兵仿佛正在跟一个看不见的敌人搏斗。

原来，巡逻队的人往林中空地上丢了一些爬满红蚁的树枝。巡逻队队员扔得很准，这些树枝全部砸在了士兵的身上。士兵们一下子就湮没在两米多高的枝叶丛中，而树叶上的小昆虫们因为被打扰而变得躁怒不安。

“见鬼了，这些到底是什么东西啊？”他们大叫着，却不知道到底是谁在攻击他们。

“哎呀呀！我被咬了！”

士兵们都忙着摆脱这些凶猛的小虫子，所以谁也没有注意到巡逻队员们正悄悄地潜进树林，救走了被绑在树上的大人和捆住手脚的长头发女孩。

“是公主！”莎妮高兴地欢呼。

尽管莎妮并没有看清她的长相，但是她觉得自己能够感受到从公主身上散发出来的贵族气息。

就在这时，一个士兵从蚂蚁堆中挣脱出来，发现有人救走了俘虏，于是他大声吼道：

“快拿起武器！”

听到这声吼叫，其他士兵马上紧紧地抓起自己的弓弩。

“犯人们！犯人们逃走了！”

莎妮在高处看着他们，简直要乐死了。巡逻队的人成功了！他们正把公主带回村里去。

“你们快去追！”那个看起来似乎是队长的人这样命令道。

不过，这都是白费力气！因为他的部下没有一个人有所行动，都忙着对付那些烦人的小昆虫，拼命地挠痒。

队长气得脸都红了，只能威胁他们：

“谁最后一个离开，谁就给我承担这件事的后果！”

于是，士兵们终于行动起来，分散地走进灌木丛中，但是时不时就能看到某个士兵跳起来。刚刚爬到他们身上的蚂蚁还没有弄干净，还在制服底下爬来爬去，他们又没法停下来捉，所以每当被蚂蚁咬到，他们只能疼得跳起来。

看到这一幕，莎妮会心地笑了。这些士兵们实在是太滑稽了！在天上、在云上的时候，这些可笑的士兵可能都是很了不起的人，但是在这里，在森林里，就完全不是那么回事了。

士兵们一路上大吵大闹，即便走出了几公里远，莎妮还是能分辨出他们的声音。

等到所有人离开的时候，莎妮才慢慢从树上滑下来。她想，在这些散落的树枝中，没准可以发现一个来自云上的东西，一件她可以收藏的东西。带着这样的想法，她悄悄走近那块林中空地……

空地中间的小棚屋只剩一些残骸，到处都是杂乱的树枝。看来，不可能进屋细细寻找了。就在这时，莎妮突然发现，纷乱的树枝底下有一双正在乱蹬的腿。

“一个被打晕的士兵，”莎妮小声嘀咕着，“他应该庆幸自己晕过去了。”

正当莎妮想让这个士兵自生自灭的时候，她突然意识到这双腿并不长，而且腿的主人也没有穿着军服。她想起刚刚巡逻队员们传递的信息：一共有三个俘虏，一个大人和两个小孩。原来他们忘记了，还有另一个孩子啊！

想到这里，莎妮立刻冲过去，把那个孩子从一堆乱糟糟的树枝中间拉出来，帮他拍掉全身上下那些正无情咬噬他的蚂蚁。然后莎妮退后一步，扶着他站了起来。

这个男孩看上去跟莎妮差不多大的年纪，皮肤黝黑，棕色的头发竖立着。莎妮从来没有见过有谁的皮肤像他这样黝黑；而对男孩来说，他也从来没有见过有谁的皮肤跟莎妮一样苍白。他一边惊愕地看着莎妮，一边掸去衣服上的灰尘。

他的连身飞行服本来该是白色的，这会儿却变成灰褐色，而且都破了。

“你是谁？”两人沉默了一会儿之后，男孩终于开口问道。被女孩看见自己如此狼狈的样子，他显得有点不好意思。

莎妮并没有回答他的问题，只是做了个噤声的手势，然后仔细地倾听由风捎来的声音。提丹趁此机会仔细地观察了这个小女孩的穿着：她的裤子看起来像是树皮做的，而她那件没有纽扣的上衣则是用藤蔓编成的。

“很好，他们已经走远了，”莎妮听了一会儿之后终于低声说，“现在，跟我走吧！”

“等一等。”提丹拉住莎妮，看了看周围，然后问道：

“刚刚发生了什么事？米蒂尔在哪里？还有中尉呢？那些士兵们呢？”

“他们已经不在这儿了。他们救出了你的朋友，而且把士兵都赶走了，”莎妮自豪地答道，“快点，我们必须快点离开这儿……”

“他们去哪儿了？”

“你叫什么名字啊？”莎妮问他。

“提丹，”提丹答道，接着又追问，“快告诉我，他们到底去了哪儿？”

“我叫莎妮。提丹，你安安静静地跟着我，等我们到了安全的地方，我会把一切都告诉你。”

她说着就跳上一棵树，然后消失在树叶中。

“等等我！”提丹大叫，连忙加快脚步跟在莎妮身后。

小女孩走得很快，仿佛身上装了一对翅膀。她拨开树叶，从一棵树跳到另一棵树，快速地在空中移动。提丹从来没有见过一个动作像她这样灵活的人！至于他自己呢，他每跳一次都会被迎面而来的树叶绊倒，好几次还差点从树上掉下来。他只能尽力地跟上莎妮……

“你还行吗？”过了一会儿，莎妮低声问道。她停下来等他，接着又问：

“你是从云上来的？你认识公主吗？”

提丹这时已经筋疲力尽，脸也全部被树枝划破。他没有听清楚莎妮的问题，只是胡乱地点头说是。在这个纯真的、总是笑眯眯的小女孩面前，提丹总感觉自己很可笑。他既不知道她从哪里来，也不清楚她要带他到哪里去，他不知道米蒂尔和中尉在什么地方，还有莎妮口中说的“他们”究竟又是些什么人。事实上，他甚至不确定自己是不是在做梦……

提丹试着回想所发生的一切。

昨天晚上，他和米蒂尔一起从辛迪城的云上掉下来，接着中尉也来到森林里跟他们会合了。然后，他们用树叶和树枝搭了一间小棚屋，轮流看守营地，度过了夜晚。

“我肯定是睡着了。”提丹想道。因为他唯一能记起来的就是自己被吵醒了，醒来时看到二十几个士兵对着他大喊大叫，还威胁他。正当军官审问他们时，一大堆树枝从天而降，再然后莎妮就出现了。

“从这儿过去就是我的家乡，”小女孩在一个丘陵顶上停下来，手指着远处说道，“如果我们走快点的话，天黑之前就能到了。”

也许是陶醉在森林的气息中，也可能确实是累坏了，所以提丹在听到莎妮说她有家乡的时候竟然没有感觉奇怪。他想大概不远处就有一片云。米蒂尔，中尉还有他，很快可以回到天上，然后出发去寻找汤姆了。

在赶路的这一个多小时里，提丹努力不让自己被甩在后面。他跟着莎妮攀过丘陵，涉过河水，穿过河流，在树丛中时而行走，时而跳跃。他本想问问莎妮她是如何能够在这树林中找准自己的方向，但是只要她一停下，就总是示意提丹别说话，然后伸长耳朵仔细倾听，听完之后又立刻重新赶路。

当莎妮终于停下来的时候，他们已经在山坡上的泥浆里滑行了好一会儿。而且提丹从昨天晚上就没有吃饭，他再也坚持不住了。

“我们到了。”小女孩说道。

提丹看了看他周围的一切：现在站着的这个丘陵跟他们刚刚走过的十几个丘陵完全一样，而且天空中也没有一丝丝云的痕迹。看起来，一点也不像有村庄的样子。

他背靠着树干坐在地上，双手撑着脑袋，觉得很沮丧：付出了这么多的努力，到头来一切都是徒劳！他的小导游已经疯了！她肯定跟他们一样，在那场战争中从辛迪城上掉了下来，所以脑袋有点不正常……

他抬起眼睛看了一下，然后呆住了：莎妮不见了。

他跳起来。

“莎妮？”提丹羞怯地叫着莎妮的名字。

“走这边！”他听到小女孩低低的嗓音，声音像是从山洞的尽头传来的。

提丹朝着声音传来的方向走了几步，发现在山坡的侧面、灌木丛里隐藏着一个入口。

“快点过来，我要关门了！”莎妮命令道。

提丹还有点犹豫不决、不确定是不是该进去的时候，莎妮已经抓住他的胳膊粗暴地把他拉了进去。随后，提丹发现自己俯伏在一条长长的通道里。这是一条从岩石里打凿出来的通道，墙上还挂着一些煤油灯，把整条通道都照得亮堂堂的。

“我们不能在入口处待太长的时间。”莎妮一边把灌木丛重新挪回入口处，一边对着提丹解释道。

“不过，我们现在在哪儿？”提丹站起身来问道。

“在离我的家乡不远的地方。”

“你的家乡？”提丹看着蜿蜒消失在地球深处的通道，难以置信地问。

“走这边，你过来看看！”小女孩对提丹说道。

这些黑漆漆的通道不知通向何方，令提丹心里越来越不安，但他还是跟在莎妮后面。不过令他惊奇的是，莎妮好像十分清楚这些地下通道的走向。因为每隔十米，通道就会有个分叉口，但是莎妮却毫不迟疑，她一会儿转左一会儿拐右，一切好像再自然不过了。

“即使暴君的士兵们发现了丘陵的某个入口，他们也绝不可能找到路的，而且这里到处都有陷阱。”走了好一会儿之后，莎妮这样对提丹说道。

他们继续往前走着，穿过黑暗的隧道，直到莎妮在路的尽头停了下来。提丹看到尽头的墙壁上有一些突出来的石头，莎妮把手掌放在其中一块石头上推了一下，墙就打开了。这着实让提丹大吃一惊。

“欢迎来到我家！”小女孩走进墙的里边，脸上绽放出灿烂的笑容，她高兴地对提丹说道，“现在我们可以正常地说话，不用再窃窃私语了。”

提丹往前走了一步，他惊奇地发现，眼前出现一个特别奇怪的地下广场。

这里的岩穴突然像巨人的大厅一样变得无比开阔，从天而降一个个布满须根的巨大圆柱，支撑着洞顶。圆柱中央的空地耸立着许多由泥沙垒出的塔形建筑，离地三十多米，远远看去就像一大片巨大的白蚁巢。

这些奇特的塔形建筑有许多楼层，每层楼之间用吊桥连接，吊桥上悬挂着好几千盏煤油灯。

提丹惊讶得目瞪口呆。

莎妮手指着其中一根巨大的圆柱向提丹解释道：

“这是森林树木的根。那边的建筑群就是森林村，也就是我的村庄啦。”

“哇！”提丹猛吸了一口气，简直不敢相信自己的眼睛。

他有些头晕。从生下来就生活在云上的他，虽然总是渴望能到处游历，去寻找妈妈曾对他讲过的那些村庄，但是，

他从来没有想过，原来还有人可以在地球表面之下生活。他多么希望这个时候汤姆和自己的妈妈都能在这里，跟他一起看到这一切啊……

“你真的住在森林里？”提丹小声地问。

“不是住在森林里，而是住在森林底下，”莎妮纠正他的错误，“过来，我带你去见见我们村长。”

第六章

提丹和莎妮一起往森林村的中心广场走去，想要走到居民区还得再走上一百米远的路呢。

“小丫头回来了，她还带回了一个住在云上的人呢！”一个村民从吊桥上探出头来，看到他们俩后大声地叫道。

“他长得真黑啊！”一个妇女盯着这个新来的人看了又看，惊叹道。

“所以是真的咯？他们真的救出了公主？”一个坐在树根上的老人问道。

“不是公主来到我们村，只是个男孩……”坐在他旁边的人回答道。

听到村民们的话，莎妮心花怒放。她高昂着头，挺直胸膛，在村民们惊奇的目光中平静地穿过大堂。

莎妮向提丹解释道：

“这个村庄，是我爷爷和一群研究地球历史的科研人员一起创立的，如今这里，已经成为那些逃离暴君统治的科学家们的避难所。”莎妮说着又突然转换了话题：“对了，你喜欢昆虫吗？”

提丹猛然听到这个问题，担忧地看着莎妮：这里的人该不会吃昆虫吧？

“我啊，我很喜欢昆虫！”莎妮说道，“特别是那些很大型的昆虫。只可惜它们再也不存在了！它们的生存，需要地球的空气多产生一些氧气才行。这不是轻易就能实现的……但是现在说什么都已经晚了，你知道它们怎么灭绝的吗？”

提丹没有回答她的问题，他正寻思着米蒂尔是不是也已经发现了这个不可思议的地下村庄呢。

“再往前走几米！”莎妮有些兴奋过头地叫道，“这真是不可思议，你不觉得吗？如果你想要看那些昆虫的话，我可以给你看，我可是有很多巨型昆虫呢。”

她肯定能跟汤姆相处得很好。提丹暗暗地想道，抬眼看了看这个有六十米高的岩穴顶。

“你一定要坚持住啊，汤姆！”提丹低声说道，他觉得自己整颗心都揪紧了，“我马上就来救你了，我们说好了的。”

当他们走近居民区，越来越多的村民们围过来，好奇地盯着提丹看。

“你认识公主很久了吗？”莎妮突然问他。

“呃，是的，我们在同一片云上长大。”提丹回答道。

“天上是什么样子？你见过星星吗？月亮呢？”

“当然见过啦！难道你没见过？”

莎妮很幸福地感叹道：

“昨天是我人生中第一次看见蓝天！”她说这话的时候两眼放光，“今天呢，我就要见到公主了！你要记得跟她说是我救了你的，知道不？还有你要告诉她，我很想跟她说说话，你可以答应我吗？”

“好吧……”提丹答道，他想莎妮果然是个很奇怪的人啊！

“你和公主，一直都是朋友吗？”莎妮很想知道。

“我们一起上学，但没怎么说过话。你知道，米蒂尔是公主，我们的村子都是为了她才建的，而我只不过是一个……”

提丹没有说完这句话，因为莎妮突然在他面前停下来，古怪地看着他。

“怎么啦？”提丹退后一步问道。

“你已经上学了？还跟公主一起？”莎妮惊讶地问道。

提丹点了点头。

“这么说，你已经学了很多东西！”她拍拍手高兴地叫道，“公主的老师应该是这个世界上最厉害的老师了！你能给我讲讲他们吗？你肯定什么都知道，知道这个地球和其他星球，云上的、月亮上的、星星上的一切！你能都给我讲讲吗？然后我也会给你讲一讲我的那些昆虫……哎呀，我多傻啊！那个，你最喜欢哪一些史前动物呢？”

听到莎妮的话，提丹觉得自己的额头上直冒冷汗。没错，他们学校里的老师确实是米蒂尔父亲精挑细选出来的最优秀的老师，他也确实和米蒂尔在一起上课，只不过，他上课的时候，整天不是睡觉就是在想其他事情。现在，莎妮说的那些知识，他真的什么也想不起来了。

“我最喜欢的史前……史前动物？”提丹结结巴巴地问道，寻思着莎妮刚刚说的到底是什么东西。

因为他隔了很久没有回答，所以莎妮好像已经忘记自己的提问。

“那公主呢？她在班上是不是很厉害？是不是成绩很好？”

“啊，是的！”提丹答道，很欣慰话题终于不再围绕他了，“不过她的成绩没有汤姆好。”

“汤姆？那又是谁啊？”

“汤姆是我最好的朋友。他真的很有天分！只是，有时候他会有点令人难以忍受，因为他总是试图把一切都解释清楚……”

“他现在在哪？”

听到这话，提丹马上变得很难过。

“他被暴君抓住了，”提丹低声说，喉咙像打了结似的说不出话来，“昨天在天上，营救俘虏的时候，士兵们把他抓走了……我答应过要去救他的……”

提丹很悲痛，但是对于莎妮来说，他所说的话却太有吸引力了：到云上去，开始冒险的征途，这是她自出生就一直梦想的事情。如果，她能够跟世界上最珍贵的公主一起去营救提丹的朋友的话，那她就是这世界上最幸福的人了。

“快来，我们去见村长，我们不能再浪费时间了！”她冲着提丹喊道，然后拉着他走向最大的一座塔形建筑。

正当他们来到塔形建筑的大门口时，碰到了一群村民。他们聚在一起，看样子应该有五十多人。

“对不起！请让开，我们有很要紧的事！”莎妮不停地重复着这话，试图从人群中间挤出一条路来。

“喂！安静点！”有人叫道。

“让我们过去！”莎妮坚持道。

“你们倒是让她闭嘴啊！”一个村民恼火地说。

“是谁在这儿推推搡搡的？”

“是莎妮！”

“莎妮？她在哪儿？”一个女人的声音问道。

莎妮还没来得及出声，一个五十多岁年纪的女人从人群中冲出来，揪住了莎妮的耳朵。那个女人头发的颜色好像植物的嫩芽。

“哎呦呦呦！”莎妮嚷嚷着，疼得踮起脚尖。

“死丫头，你跑去哪儿啦？”这个陌生的女人激动地叫道，“我真是没有想到，你这孩子这么让人受不了！你刚刚跑去外面疯了，对不对？不要否认！你居然还带着我的小塔德奥跟你一起去！他回来的时候吓得脸色发白！”

“我救出了公主的一个朋友！”莎妮试着为自己辩护。

但是那个女人显然什么也不想听她说。

“我一定要让你以后再也不敢把别人的孩子带到危险的地方去。”

“不要！让我见村长！”莎妮恳求道，“您不知道，汤姆被抓了，我们要去救他！”

“放开她！”提丹尖声叫道。

陌生女人听到一个小子居然敢命令自己，立刻转过身来。她握紧拳头，眉毛紧锁地看着提丹。

“好啊！你这小子，小小年纪居然就敢多管闲事！”女人很生气地跑过去同样揪住了提丹的耳朵，“你大概就是从云上来的那小子吧，可怜的小男孩，如果你想一想……”

“够了，萨德卡夫人！”女人的话还没说完，突然被一个严厉的声音打断了。

女人转身面对着村长屋子的大门。刚刚还挡在门口的人群这会儿自动分站在两边，为这个说话的老者让出一条路。老人穿着一件栗色长袍，留着长长的灰白胡子，胡子上还沾着一些小树枝。

塔德奥的妈妈放开了提丹，莎妮也利用这个机会摆脱了她的纠缠，站得离这个泼妇远远的。

在老人后面，提丹看见站着两个穿着灰色袍子的人，还有一个小女孩。

“米蒂尔！”提丹高兴得简直快要疯掉，他欢呼着冲向小女孩。

“你还活着！”公主也很高兴见到提丹。

她钻进那些紧紧盯着她看的大人中间，惊讶地张大了嘴巴。

“你是怎么到这里来的？”米蒂尔很想知道。

“是莎妮救了我……”提丹答道。

莎妮一直盯着他们，眼睛像星星一样闪闪发亮。她呆看着米蒂尔，连呼吸都忘记了。她本来期待着自己会看到一个披着绫罗绸缎的公主，可是现在却只看到一个穿得破破烂烂的小女孩。然而，莎妮觉得这样子的米蒂尔更加漂亮。她幸福地感叹道：这一次，她终于可以离开村庄了！想到这里，莎妮刚往前走一步，塔德奥的妈妈就笨拙地朝她冲过来想抓她，却被自己的裙裾绊了一下。莎妮趁机躲到树根后面。

“你肯定就是提丹了。”一个声音说道。

穿着栗色长袍的老人走进人群，来到提丹和米蒂尔身边。这个老人脸上的皮肤比他的眼白还要白，沾着小树枝的胡子让他看起来很像是穴居人。

“我是莱奥珀尔·格林泰勒，”他严肃地说道，“我是森林村最高理事会的会长。我可怜的孩子，这些天肯定受苦了。不过，这只是开始。跟我来，我们正在讨论，可以为你们做些什么。”

提丹向米蒂尔投去一个询问的眼神，但是他发现米蒂尔很紧张不安。一定是因为这里所有人都像看外星人一样看着她……

“就是她吗？她就是那个暴君四处寻找的小女孩？”人群窃窃私语。

“我还以为会是一个年纪更大、更厉害一些的人呢……”

“她看起来很不堪一击啊！”

“我们不应该把她留在这里……她会给我们村子带来灾难的……”

“闭嘴！她听到你说的话了！”

米蒂尔确实听到了他们的议论，她知道他们说的都有道理。就是因为她，蓝莓村的村民一直生活在害怕被暴君发现的恐惧中；都是因为她，辛迪城才会被毁掉；而现在呢，森林村也会因为她而陷入危险当中。

她是多么想要把自己隐藏起来，藏到一个可以远离所有人的地方！但这是不可能的！中尉坚持，一定要让她和提丹到极光之国去，那里曾是米蒂尔父亲王国的邻国。

她走进村长的房间，思索着这次还会有多少座城市将要被毁掉，到底还要打多少场战役才能最终让地球和云上的人们和平生活。

提丹跟在米蒂尔身后。跨过门槛时，他又回头看了看岩洞大厅，希望可以看到莎妮的身影。他远远地看见了莎妮，一边左蹦右跳地躲着萨德卡夫人，一边给提丹做手势，朝他指了指岩洞内壁上的一条隧道。

当她确定提丹看到她时，就跑进隧道里了，嘴边还绽放着灿烂的笑容。而萨德卡夫人却在隧道前停下来，好像不敢进去。

寻找远古的生命遗迹

我们知道，至少 35 亿年前，地球上就有生命存在了。因为我们通过对岩石中一些细菌的研究，可以证明这些菌类生活在 35 亿年前。不过，我们目前不知道生命是怎样产生的。生命是源于太空？还是始于我们这个年轻地球的表面？没有一个人知道。

虽然不知道生命是怎么产生的，但并不意味着我们一无所知。比如，我们很清楚自然界如何使生物适应它周围世界的变化。这就是我们所说的进化。

我们往地底下挖得越深，就越接近过去的历史。这是个很容易明白的道理。比如，在房间里随意放上某件东西，放好后不再碰它。过一段时间，你就会看到灰尘是落在这件东西的上面，而不是在它下面。

对于陆地表面而言，也是一样的道理。那些首先落下来的灰尘就慢慢地被埋在底层，然后一层一层堆积起来。地震、冰川、水与风的侵蚀和其他大范围的地质现象可能会带来一点影响，稍稍扰乱它们地层排列的顺序，但是从总体上讲，埋在越深处的东西，年龄就越老。那些研究地球历史的人，把这个理论称为叠放法则。

所以只要往地底深处挖，就能追溯到过去的历史。

第七章

村长的屋里放着几件木制家具，桌上摆着三盏小煤油灯，照亮了整间屋子。屋子的墙铺满了晒干的叶子，墙上还挂着一些奇形怪状的沙漏。提丹感觉像走进了某种动物的洞穴，只不过这种动物拥有人类的智商。

走过旁边一间屋子的时候，提丹发现里面有十几个村民，他们和洞穴里的树根一样又老又干瘪，穿着和村长一样的灰色长袍，使得整个房间灰蒙蒙的，只有两株高大的灌木带来了些许色彩。

此时，瓦金站得离这些人远远的。米蒂尔跑到他身边，提丹紧紧跟在米蒂尔身后。

客厅并不宽敞，空气里混着一股潮湿的泥土味。屋子后墙的壁炉很大，几乎占据了整面墙的三分之一，里面的火早已熄灭。在壁炉前面，摆着一张低矮的桌子和几把木制椅子，还有一张铺着干苔藓的长沙发。

“中尉，你第二个要保护的人在这儿。”村长对着瓦金说道。

“是的。”中尉只是应了一声，边说边把手搭在提丹的肩膀上。

格林泰勒村长眯着眼，集中精神思考了一会儿。之后他宣布道：

“我要求实施军事管制。”

“遵命！”他的部下齐声答道。

“封锁村庄的所有入口，熄灭火把，切断跟地面的联系！”村长命令道。

“谨遵您的命令。”站在提丹旁边的灌木丛突然应了一声。

提丹被这突如其来的应答声吓了一大跳。

同时，另外一株灌木丛也开始移动，快速地冲向外面。

“瓦金中尉，”村长接着问道，“您还有其他问题吗？”

中尉离开米蒂尔和提丹的身边，转身面对格林泰勒村长。没有一个人对刚刚发生的一切，也就是那株会说话的灌木丛感到奇怪，这一切都让提丹觉得很惊讶。

“你们在这儿住了多久？”瓦金问村长。

“大概四百来年吧。”村长回答道。

“那你们中有多少人懂得作战呢？”

“我的部下有二十三个人。”留在屋里的那株灌木丛插了一句嘴。

提丹又吓了一跳。

“这么说来，也就是没有人咯……”中尉小声地说。

在大家沉默的时候，提丹仔细地研究了一下这株令人惊叹的植物。最后他终于透过树叶发现了两只闪烁着的小眼睛。提丹皱紧眉头，心中满是疑虑。突然，他拍了一下脑门，恍然大悟道：

“我明白了！这是一种伪装！树丛里藏着一个人呢！”

就在提丹说完这句话的时候，村长、那株灌木丛还有所有的村民都转过身来，表情严肃地盯着他。

“这是提丹，提丹·德拉克。”公主开口向大家介绍道，貌似有点替提丹感到难为情。

然后公主又指着那株灌木丛对提丹说道：

“这是瓦特，村里巡逻队的队长。就是他和他的部下把我们从暴君士兵的手里救出来的。”

提丹冷冷地看了瓦特一眼：原来就是他把自己忘在了树枝底下，还让他被红蚁咬得半死！

“提丹和米蒂尔是这个世界上最重要的两个孩子，”中尉镇定地分析道，“所以暴君的军队是不会善罢甘休的，即使烧掉所有的森林，他们也必须找到公主跟上头交代。”

听到中尉的这番话，一阵害怕的窃窃私语声就在房间里传播开来。

“他们迟早会找到村子的，所以你们最好先做准备。”瓦金并不关心他所说的话会给村民们带来怎样的效果，他只顾自己继续说着。

“没有人会找到森林村的！”村长大声地说。

瓦金停下来，看着他，再也不说话。房间又重新陷入一阵死寂。这时，那个伪装成灌木丛的人指着一直盯着他看的提丹问道：

“这个男孩是谁？”

“你不需知道，我奉命保护他。”中尉答道。

说完这句，中尉又对格林泰勒村长说道：“不管怎样，我们必须离开森林回到云上去，这个世界的未来还要倚靠他俩。至于你们，命运掌握在你们自己手中。”

村长摸了摸他白花花的胡子，说道：

“中尉，您是一名军人，战争对于您来说可能是稀松平常的事，但是我们跟您不一样！”

他停了一下，接着说：

“现在，您没有权力离开我们的洞穴，因为士兵还在森林里。公主，虽然您很重要，但是我不能冒险搭上全村人的生命。因此你们不能出去。”

“没错，不能出去。”那群人重复村长的话。

“呃？你们凭什么！”提丹惊叫。

但是中尉却示意提丹别再说下去，这让提丹很惊讶。现在汤姆还被暴君关在天上，瓦金怎么能继续留在这里呢？

“孩子们就住到22号房间吧。”格林泰勒村长下令道。

“遵命！”他的身边有人应道。

“中尉就安排住在孩子们隔壁吧。”

“遵命！”另一个人上前一步答道。

“从今往后，公主、提丹和中尉就跟森林村的村民一样了。”

“欢迎你们！”所有人齐声说道。

瓦金眼里闪过一丝光芒，尽管村长说村里没有人会作战，但是他可以肯定，在紧急情况下，这个村的村民全都可以武装起来。因为森林村的管理和布局几乎全是军事化的。他转身面向米蒂尔，发现米蒂尔跟他一样，也在思考这个问题。

瓦金想，这个小女孩果然有一些没有显露出来的才能，他们在蓝莓村的时候肯定上过很多古怪的课程！

第八章

森林里的黑夜早就降临了。洞穴里的灯光熄灭了；只有那些被关在透明小盒子里的萤火虫，还在黑夜里一闪一闪地发着光。抬头向上看，挂满萤火虫的洞穴顶看起来就像布满星星的夜空一样。

米蒂尔和提丹两人一直待在房间里。村里人安排他们住在一座三十多米高的巨大塔形建筑里。他们的房间就在建筑的顶端。

房间里唯一一扇没有玻璃的窗户就朝向那些硕大的树根。夜里，这些树根汲取地球深处的水分和营养，输送给地面的枝叶，使得树木能够茁壮成长。

沉睡的村庄，只有巡逻队还在守夜。他们遵守村长的命令，在村庄的隧道里悄无声息地巡逻。

提丹睡在一张青苔床上，躺在米蒂尔旁边，睡得并不安稳。他做了很多梦，梦里他回到了故乡，蓝莓村。他和他的朋友汤姆相见了，他们一同坐在云层的安全防护栏前面，那道防护栏的外面就是云层的边际。在他们身后，稻田的尽头就是学校和村庄；而他们面前，则是广阔无垠的蓝天，一直延伸到世界的边境，一直延伸到暴君的王国。

“你觉得自己能学会‘风力感知法’吗？”汤姆问他。

提丹耸了耸肩不置可否，然而他内心深处却十分肯定，他永远也学不会课堂上教的那些东西。

“我更喜欢游历。”沉默一会儿后，提丹答道。

“你知道的，在暴君的监狱里，我没法坚持太长时间。”汤姆说。

“不会太久的，你不要担心。”

“你真的会来救我吗？”

“当然啦！我绝对不会丢下你。”

“要是你能学会‘风力感知法’的话，也许救我的时候，这会助你一臂之力……”

然后，提丹发现自己正在蓝莓村的学校里上课。他坐在教室后面，看到教他们风力感知课的布瓦卡先生正站在窗户附近。米蒂尔和汤姆也在教室里。公主坐在他前面两排的位置，而汤姆则坐在第一排，正对着老师。他转过头来看着提丹，仿佛在邀请他认真听讲、理解、重温这堂特别的课。

“闭起你们的眼睛，”布瓦卡老师要求道，“然后集中精神……”

这个时候即使是在睡梦中，提丹也仍然觉得精神紧张，很不自在。

“让你们身体的能量遍布皮肤表面……”布瓦卡老师又说。

汤姆低下头来集中精神，其他同学也都跟着他做。至于提丹呢，他甚至都没有闭上眼睛，因为他知道自己是不可能做到的。他更喜欢看着空中飞来飞去的苍蝇，就像平时那样，他的心总要飞到教室以外的地方去。

“闭紧你们的眼睛……”布瓦卡先生还在继续，“我要教会你们一项人类几乎失传的能力……你们会知道怎样不需要移动就能到处旅行，并与大自然融为一体……现在我打开窗户……你们能感觉到空气正在教室里轻微流动吗？感受一下，空气正抚摸着你们……空气慢慢地移动，慢慢地移向门口……看啊，它溜到下面去了，它找到路了，我们跟上它然后……提丹！见鬼了！你到底有没有闭着眼睛啊？呃？这一切都是要在你的脑海中进行的！”

这时候，全班同学都转过身来，看着已经完全不在状态的提丹：就在一秒钟之前，提丹还想象着自己正坐在苍蝇的背上进行一场旅行呢……

“对不起。”提丹小声地道歉，一点也不知道布瓦卡老师刚刚说了什么。

在老师等待着学生们再一次集中精神的时候，提丹突然意识到，其实他已经知道老师要干什么。他可能是在做梦，但是他觉得脑海中好像正在放映着一部电影，而在这部电影中，他看见了自己的身影。

“现在风已经离开了教室……”布瓦卡老师还在继续，“它们进入了走廊……移向学校大门……现在我们跟着它们来到外面……慢慢地……不要走神……它们把我们带到了稻田上空，看看那些向你们鞠躬的稻穗……你们很快就要离开我们的村庄了……看哪！现在你们越过了安全防护栏……只剩下几片小小的云了，但是它们也渐渐往后退去……消失了……现在你们已经在空中了。如果你们往下看的话，可以看见海洋就在你们的脚下。你们正飘浮在两千多米的高度，就在海洋的波涛之上……你们可能会感到一点点晕眩，这很正常，但是不要走神，试着回头看看……你们看到了什么？”

“我们的家乡！”有几个学生高兴地叫道，咧嘴笑着。老师对学生们的反应显得很满意。

“我甚至还能看见底下的火山。”汤姆对提丹讲道。

“不需要离开座位就可以旅行。这样的旅行可以让你们的精神离开身体，跟随着空气的流动而移动，这就是所谓的‘感知’了。”布瓦卡先生最后总结道。

但是提丹却什么也没有看到，他一闭上眼睛就差点睡着了……

接下来连教室也消失了，提丹发现自己在家里，坐在床上，面前坐着妈妈。“不要担心，我的小王子，”妈妈轻轻地抚摸他的头发，对他温柔地说，“总有一天，你一定可以成功地做到别人做不了的事情。那时，你的命运会将你带往神奇美好的世界。到了那一天，你就会知道该怎么做。我对你有信心。”

提丹松了一口气：自从蓝莓村被暴君的军队摧毁之后，他就再也没有见过母亲，他甚至都不知道她是不是还活着，不知道她是不是在房子倒塌之前逃了出来，不知道她是不是成了暴君的俘虏……

提丹这样问自己的时候，觉得自己应该就快醒过来了，但奇怪的是，这一切并没有发生。他有种奇怪的感觉，仿佛自己被困在梦境和现实之间无法逃脱，好像有某种力量在阻止他恢复理智。

就在这时，提丹突然听到一个声音。是的，有人在跟他说话。

“要不是你这么游手好闲的话，你就可以拯救你的母亲和村庄了。”那个声音说道。

提丹很想大声反驳这个声音，想说他并不是一个废物，想说他那天没能明白考试时所看到的一切也并不是他的错，但是他却一句话也说不出来。

“提丹，我得提醒你：你不能总像个孩子。如果你愿意，我可以帮助你，但必须是你发自内心的恳请，必须是你自己做出的选择。是的，总而言之：是时候承担自己的责任了。”

这个声音一说完，提丹就惊醒过来。他喉咙发干，汗湿的头发紧贴着额头，上半身好像被火烧一样。他睁开眼，看见一束彩色的光在房间的天花板上旋转，吓得他一下子从青苔床上坐起身来。

光线也随之移动，在对面墙上跳动着。提丹低下了眼睛——

是他的肚子在发光！

他扯开了连身飞行服仅剩的几颗纽扣，亮光是从妈妈留给他的那块彩虹水晶里发出的，光线明亮得差点闪瞎了他的眼睛。而水晶发出的光还在自动旋转！就是这个光透过他的衣服，在墙上投射出了多彩的颜色，还使他的胸膛像火一样发烫。

提丹把它拿在手里，很快他就感觉到一股不可思议的热量传遍他的全身。他转过头去，看了看躺在旁边的公主。她这会儿睡得正香。

在水晶投射出来的明亮光线中，提丹看着米蒂尔，感觉她不再像从前那个安安静静的小模范生。那时候在蓝莓村，他从来都不敢跟她说话，现在米蒂尔虽然穿着破旧的衣服，头发也乱糟糟的，但看上去却像一个意志坚决且充满力量的女孩。

提丹想要把米蒂尔叫醒，让她看看这道彩虹，和她一起分享跳动在自己血管中的那种喜悦。没准米蒂尔会知道该怎么向他解释刚刚发生的这一切，然后教教他应该如何去感知风……但是当他正要推醒米蒂尔的时候，水晶的光熄灭了，房间又重新陷入昏暗中，只有洞穴中的萤火虫闪着微弱的光。

“不要灭啊！”提丹摇动着水晶轻声说，他感到非常失望。

这水晶的能量来得快，去得也快。刚刚一下子充满他身体的热量，这会儿随着水晶熄灭，也很快离他而去了。随着热量一并消失的，还有刚刚使他能量充沛的精神力。不过提丹隐约感觉到，在这神秘的光芒背后，似乎还隐藏着什么，没准跟他的母亲，跟他自己，甚至跟整个地球都有关……

“妈妈?”他试着碰碰运气，小声叫了一句。但是水晶还是暗暗的，没有发光。

彩虹光线消失了，提丹知道自己不可能再让它亮起来，也知道自己现在没法睡着了。

于是他干脆起床，踮着脚尖轻轻走出房间。他急需呼吸新鲜空气，但是很快，他发现虽说是“外面”，但是实际上还是在“里面”，外面洞穴里的大气跟房间里的没有任何不同。

他很想离开地底下，去呼吸纯净的空气，那些在天上的、云上的、星星上的纯净空气。

他在那座通向其他塔形居住区的吊桥上待了一会儿后，就左看右看想找到那些巡逻队的人。果然被他发现了两个人，他们在离他很远的楼下悄无声息地走来走去。他们并没有看到提丹，于是提丹像蜗牛一样慢慢地挪到楼梯，等他一到村子的中心广场，就一直跑到几个小时前莎妮消失的那个隧道里。他急忙跑进那些蜿蜒到地球深处的羊肠小道，只是里面一点光都没有。

他摸索着前进，眼睛渐渐习惯了黑暗。走了大概五十多米的时候，他发现一道好像是岩石自己辐射出来的微弱亮光。提丹好奇地走近那道光，突然惊跳起来：那道亮光会动!

“是巡逻队！”他一边想着一边沿原路返回。他一点也不想在深更半夜面对一株会说话的灌木丛。

于是提丹回到隧道的出口。突然他又停下来，有两个巡逻队的人就站在洞口前。“我死定了！”小男孩很慌乱。就在这时，一只手抓住他的肩膀把他拉到暗洞的深处去了。

第九章

“不要吵，”一个女孩的声音小声道，“是我，莎妮。”

在两个孩子的藏身处，突然闪过一道亮光并停留了一会儿，然后一切又重新陷入黑暗。巡逻队员们从他们前面经过，但是没有发现他们。

“你早该来了！”等他们走远了，莎妮说了这么一句。

“早该来干吗？”

“我等你好几个小时了！你没有看到我给你的信号吗？”

“我看到了，但是……啊！你是想要我来跟你会合啊？”

“是啊，带着公主一起！公主呢？她在哪儿？”

“她在睡觉……”

一开始，提丹觉得在黑暗中讨论问题还真是奇怪，但是他想，这可能对于住在洞穴里的人来说是再自然不过的了。

“啊，真是遗憾。”莎妮嘀咕着说。

“她没有追到你吗？”提丹问。

“谁？”

“就是白天那个头发长得很奇怪的、还揪住你耳朵不放的女人啊。”

“没有。她不喜欢动物，所以她不敢进来。”

“动物？什么动物？”提丹吃了一惊。

“想要我带你去看吗？”

“哦不要了！再说这么黑也看不到什么。你不能点亮灯吗？”

“还不能。”莎妮说完就牵起提丹的手，拉着他走向黑暗的更深处。

“等一下！你要带我去哪儿？”

“你害怕了？”

“当然不是！”提丹知道自己说谎了，他不敢再多说什么。

提丹想起在森林里的时候，莎妮可以在树枝上敏捷地跳来跳去。在她身上发生任何匪夷所思的事情，提丹都觉得不足为奇。比如，她在黑暗中好像也能够看见，所以接下来他就任由莎妮带领。突然间，莎妮带着他右拐，溜进墙里的一个洞。

“不要动。”莎妮命令提丹。

提丹听到一扇门打开了又关上。

“你准备好了吗？”

“准备什么？”提丹一边不解地问，一边张开手臂想摸摸看自己在哪里。

莎妮划亮了一根火柴。火光中，提丹看见自己正对着一只蜻蜓。这只蜻蜓有一米半长，它的眼睛正直直地盯着提丹。

提丹吓得赶紧往后跳。

“小心你脚下！它很脆弱的！”莎妮叫道。

提丹转过身，看见地上有一只两米多长的水蝎子。他又看了看周围：莎妮带他来的这个地方就像是一个放满了巨型昆虫的博物馆，所有的墙壁上、架子上、地上还有椅子上都放着巨型昆虫……”

“哦，还好，这些只是雕塑！”提丹松了一口气。

“这是化石。”莎妮纠正他。

“是什么？”

“化石。你知道这些化石有多少年了吗？”

“呃？什么？”

“从石炭纪就存在了。”小女孩接着说。

莎妮本来很期待，她很想知道提丹看到这些的时候到底有什么反应。所以当他什么都没说的时候，莎妮感觉很失望。

“你知道石炭纪，对吧？你在学校的时候肯定跟公主一起

学过，不是吗？这些就是我想让你俩看的……”

提丹一点也不明白莎妮到底在讲什么！他疑惑地斜着眼，看着这些巨型的昆虫：管它是不是化石，如果这些硕大的动物突然动一下的话，他就死定了！

“石炭纪距今已有三十亿年，就是在恐龙之前的那个时代。人们总是会忽略石炭纪，因为比起石炭纪，大家更喜欢侏罗纪，但石炭纪其实是一个更不可思议的时期！那时候人类还不存在，地球被热带原始森林覆盖着，到处都是巨型动物！你在这里看到的所有动物都是曾经真实存在过的！因为它们被困在泥土或者熔岩中，所以原本的样子被保留下来了！”

提丹睁大眼睛盯着莎妮，他不是在做梦：莎妮真的很像汤姆，总是情不自禁地想要把自己所知道的一切都解释给别人听……

“这些化石都是我爸爸妈妈发现的呢！”莎妮自豪地说道。

“在哪儿找到的？”提丹问道。想象着这些化石活过来的场景，他就觉得很可怕。

“地底下，”莎妮伸出一根手，指指地下答道，“在深处的洞穴里。村民们把村里的洞穴叫做大厅，但是在这下面还有很多比大厅更大更广的洞穴呢……”

提丹又重新看了看那只巨大的蜻蜓，还真是让人印象深刻啊！它大大的眼睛看起来有提丹的头那么大，四个翅膀看起来真像暴君的蜻蜓器……

“现在的蜻蜓跟那时候相比，要小得多啦，”莎妮接着说道，“只有一只手掌那么大。像这么大的蜻蜓已经绝种。真是遗憾啊，我好想坐在它们的背上，跟着它们一起飞呢……我爸爸说，它们活着的时候，地球的大气层比现在的要厚。所以他认为这些蜻蜓的消失都是因为大气发生了变化……哦，我爸爸就是研究这些的，他很热衷于这个。”

莎妮停了一会儿，接着又说：

“我小时候，曾经有一天带了一块巨型蟑螂的化石去上课，我想把它展示给全班同学看，但是老师不让我把它从书包里拿出来。她觉得这会让班里的其他同学做噩梦，然后你知道我干了什么吗？我把它送给塔德奥了。”

“塔德奥？那又是谁？”

“他是萨德卡夫人的儿子。”

“那个想要揪你耳朵的女人？”

“是的，也就是从那以后她就很讨厌我……话说，当你和公主回到云上去的时候，我可以跟你们一起吗？”

提丹正准备告诉她说没问题，他们会带着她一起去的时候，门突然打开了。莎妮连忙跑到其中一块化石的后面，可提丹来不及藏起来。

进来的是三个村里的人。

“你……你是怎么到这里来的？”其中一个发现莎妮后惊讶地叫道。

“又是你！你疯了吗？”他生气地对着莎妮吼道。

“我们马上就走！”莎妮说道，“我们要去睡觉了。”

“小丫头，我可要告诉你，这次你撞到枪口上了，抓住她！”

两个巡逻队的人过来把莎妮带走了，而另外一个人则向提丹走去。

“你似乎还不了解这个村的规矩，我来给你好好讲一讲。”那个人说着把一只手重重地压在提丹的肩膀上。

“你想对她做什么？”提丹问道，他很担心莎妮。

“这不关你的事。”那个带走他的巡逻队员回答道。

一会儿过后，他们走出隧道来到了大厅。村长已经在那里了，一些村民站在他身边。他们都紧皱眉头看着提丹。瓦金也在那里，却只是静静地看着这一幕。

“到我的办公室里来！”格林泰勒村长说。于是，那个抓住提丹的人把他推进了村长的房间。

没有人发现塔德奥正脸色苍白地坐在吊桥上。当他看到提丹和莎妮从那个放着化石的隧道中出来的时候，他的心中油然而生一股可怕的嫉妒之情。

“他们不应该留在这里！”塔德奥一边想着提丹和米蒂尔，一边自言自语。

化　石

出乎人们意料的是，博物馆里的大部分化石并不真的包含有动物的肉或者骨头，而是由矿物质组成的。

通常来说，当一个活生生的有机物（如昆虫、恐龙、植物等等）死去的时候，它就会腐烂分解，到最后什么也不剩。不过有时候遇到一些特殊条件，情况就不是这样了。

例如，有机物很有可能会被火山熔岩或者火山灰覆盖，也有可能遇到地底下富含矿物质的水从它身上流过。所以当这些矿物质在有机物的尸骨上沉淀的时候，就形成了我们所说的化石。

但是有时候人们可以找到一些完整的有机物。举个例子，这种情况可能发生在某只动物被困在水里然后被冻住了（人们曾经找到过这样的猛犸象），也有可能是某只昆虫或某棵植物被凝结在琥珀中（也就是树脂）。在这些情况下，有机物在隔绝氧气或者零下摄氏度的温度中就能够保存完整。

地球上，许多在人类出现以前就已经存在的动物很少能够形成化石。据估计，大概有超过百分之九十九的物种没有留下任何痕迹就灭绝了。

碳14的年代测定法

世界上所有的原子都是以同种方式构成的。一种原子之所以区别于另一种原子，就在于原子核中所包含的质子数不同。

碳原子含有6个质子。如果我们为碳原子多加一个质子，那它就变成了氮原子。但是，如果我们多加一个或几个中子，那么它仍然是碳原子，只不过变成了另一种的碳原子。

在我们周围，最常见的就是有6个质子和6个中子的碳原子（因为6加6等于12，所以我们又把这种碳原子称为碳12）。但是，如上所说，同样存在着一些有6个质子和8个中子的碳原子，因为6加8等于14，所以这些碳原子又被称为碳14。

和碳12相比，碳14比较不稳定，它其中一个中子会自发地转化成质子。（这就是碳14的衰变）

如果只观察一个碳14的原子，我们无法判定这种衰变发生在什么时候。但是，如果观察大量的碳原子，我们就会知道一半的原子都将在5730年里发生衰变。这就是所谓的碳14的半衰期。

从森林里挖掘出的物体，可以通过比较同一土层里某种有机物所含碳14的衰变数量，推定出物体所在的年代。除非找到的物体年代实在太久远了，没有足够的碳14，但我们也不是什么都做不了……

幸运的是，还有其他不稳定的原子可以用来推定更久远的年代。

比如铀 236，它的半衰期是 45 亿年，所以它可以被用来推定自地球形成时就已经存在的岩石，其中包括那些包含着原始化石的岩石。而碳 15 原子的半衰期则只有 2.4 秒，所以在考古学中，碳 15 的用处不大……

最常见的碳原子具有 6 个质子和 6 个中子：就是碳 12。

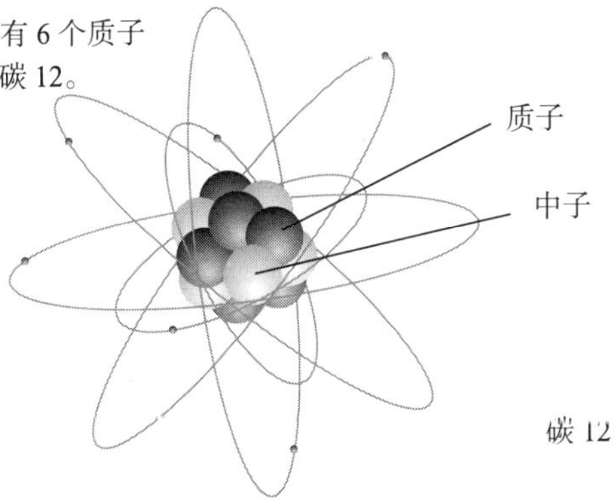

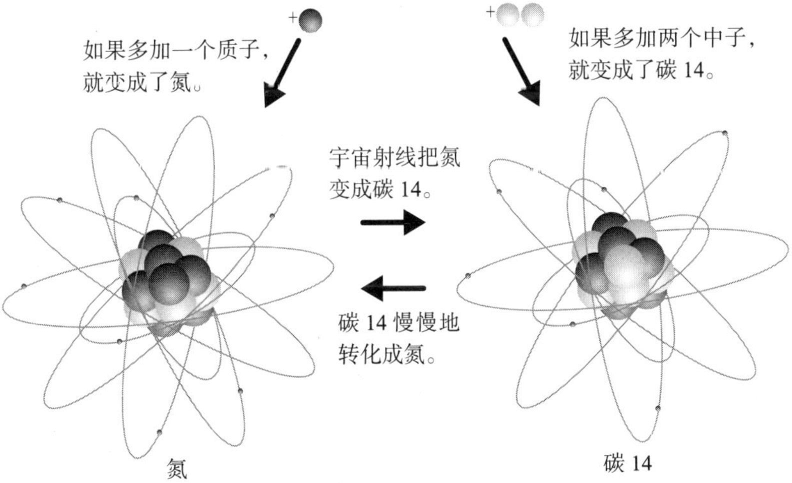

一棵树被砍掉之后，它就不再吸收碳 14。所以它的碳 14 含量每 5730 年就会减少一半。

第二部

伊格克多那

第一章

汤姆一个人被囚禁在一间单人监狱里。这间囚室没有窗户，透不进一丝光线，到处黑漆漆的，仿佛还残留了之前的囚犯所留下来的污垢，又脏又臭。

“如果你做蠢事的话，我们就把你扔到一间比这更小更脏的牢房，反正在我们这里，这样的牢房多得是。”那个守卫把汤姆关进牢房时，还不忘这样警告他。

汤姆走向他的床，胸中顿时一阵恶心反胃。监狱里的床单黑乎乎的，被子上也积了一层厚厚的灰尘。汤姆往后退了一步，不想触碰到它，却一下子撞到了墙壁。他就这样一动不动地站了一会，然后深吸一口气，慢慢地顺着墙壁滑下来蹲在地上。这时候，他想起了他的父亲、提丹还有米蒂尔。

在辛迪城的那场战役中，当汤姆和他的父亲遭到士兵们袭击的时候，从暴君的雷暴云里不断霹射出闪电，汤姆就这样眼睁睁地看着他的朋友们消失在那朵雷暴云里。

“从来没有人能够活着穿过一朵雷暴云。”汤姆的父亲伤心地对他说道，然后暴君的士兵就把他们父子分开了。

“爸爸！”汤姆哽咽着，绝望地哭喊。

从风力工厂里传来的轰鸣声，一直萦绕在汤姆的脑海中。汤姆知道自己现在正在一朵云上，在空中的某一个城市，却不清楚自己究竟在哪里。

“我应该先去跟我的父亲会合，我应该誓死保卫蓝莓村而不是自己逃出来。”汤姆憎恨着自己。

汤姆很悲伤，如鲠在喉的感觉让他很难受。所有发生的这一切都是他的错！当暴君的军队攻占蓝莓村的时候，本来应该是米蒂尔驾着蜻蜓器离开的，但是他居然取代了米蒂尔的位置，和提丹一起驾着村里唯一的飞行器离开了。

如果不是这样，公主就不会被敌人抓住，辛迪城的战役也不会发生，他的朋友也不会死了……

正当他这样想着的时候，过道里突然响起了一阵刺耳的警笛声，接着汤姆听到一个守卫开始喊话：

“所有人都到外面来！”

汤姆害怕得连双腿都不禁颤抖起来。他哆哆嗦嗦地站起来，从他那间破旧的小牢房里探出头来。他先看了看左边，又看了看右边，只看到几十个犯人从各自的牢房中走出来，站立在牢门前面，他们全都伸出双臂，摊开手掌。汤姆也学着他们的样子。

“汤姆？是你吗？”站在汤姆左边的人开口问道。

“您……您认识我？”小男孩很惊讶。

那个人点了点头。他看起来大概有三十多岁，很瘦而且好像很累的样子，虽然这样，但是他的眼里却闪烁着一种奇异的光芒。

“往前走！”其中一个守卫吼道。

“他们就爱大声嚷嚷……”站在汤姆旁边的那个人嘟哝了一句，跟着其他犯人一起往前走，还嘱咐汤姆不要走得离他太远。

“他们会对我们做什么？”汤姆好奇地问道。

“让我们做苦力。”

“为风力工厂干活吗？”

“不是。我们要去制造武器。”

“武器？什么武器？”汤姆害怕地问。

“武器。”那个人又重复了一遍这个词，但没有透露给汤姆更确切的信息。

接着他又换了一种语气说：

“如果想在这里活下去，你就得照我说的做，还有，闭上你的嘴。”

听了他的话，汤姆再也不敢开口。几分钟后，这条由犯人组成的长队伍进入一个大厅，已经有好几百个犯人等在那儿了。整个大厅没有一扇窗户，但四面却有许多通道延伸出去。大厅里还有一道紧闭的大门，被一排结实的木头栏杆围着。

“新来的，走这边！”一个守卫站在走廊门口大声喊。

于是，从大厅里走出十几个犯人加入汤姆的队伍中。汤姆认出来，那些人和他一样，是在辛迪城被抓的。他正准备跟着大家一起走出去的时候，那个站在他旁边的人突然抓住了他的手臂。

“不要动！跟着我做。”那个人低声对汤姆说道。

于是，汤姆乖乖地听从那个人的吩咐。就在这时，大厅里突然回荡起一阵尖锐的鸣笛声，那群囚犯开始向前走。很快，汤姆也随着人潮的涌动来到了紧闭的大门前。

“你得紧紧地抱着栏杆，马上要刮风了！”站在他旁边的那个人给汤姆发出了提醒。

话音刚落，汤姆只听一声阴沉沉的嘎吱声，大门打开了，一股夹带着冰冷水滴的狂风随之而来。冷风涌进大厅，直接灌在犯人身上。只消片刻，整个大厅都被突如其来的大雾吞没了。那雾气异常浓厚，汤姆什么都看不见了。

“往前走！”一个军官大声叫骂着，“干活了，你们这群懒鬼！”

人潮涌动，汤姆被推搡着向前。风力依然强劲，他被大风吹得摇摇晃晃，一下子没站稳，撞在一个守卫的身上，那个守卫粗暴地把他推开。现在，汤姆就像个瞎子，什么也看不到：这里的雾气实在太浓了，根本看不见其他人。汤姆害怕情况会变得越来越糟，担心那无情肆虐的可怕狂风会把自己卷起来抛向空中。但是刹那间，风停了，雾也散了，这时汤姆才发现自己正站在云层深处挖掘出的大洞里，一根巨大的铁柱屹立在眼前。洞四壁的云层表面正闪射着一道道小小的蓝色电弧，发出刺耳的噼里啪啦声，并四处喷射小球般大小的冰雹粒。冰雹粒落下又弹起，然后又落下，渐渐变得越来越大，最终消失在神秘的云层深处。

在中间那根巨型圆柱和被漩涡状雾气笼罩的墙壁之间，悬空架着一些包裹着绝缘体明胶的钢筋桥架。汤姆刚刚就是从桥架上走进来的。

这时，那个站在汤姆旁边的人推着汤姆走上了另一座桥

架。汤姆低下头想躲开冰雹的袭击，却突然看到了令人震惊的一幕。

这里每一层桥架上都有犯人在工作。突然，圆立柱上迸出一道电弧，飞速射向附近工作的犯人。汤姆正想开口提醒他们，但是已经来不及了。那道电弧击中了其中一个犯人。那人被电得往后一跳，倒在地上失去了知觉，看起来就好像是被一条光蛇咬到了。

看到这一幕，汤姆吓得脸色发白。经过刚刚这一切，他才终于明白这种著名的武器到底是什么：这是一架可以制造闪电的机器，它可以产生电并向空中发射出闪电。这个武器就位于暴君的雷暴云中心，暴君很可能就是通过它摧毁了整个辛迪城……

汤姆吓得两腿不听使唤了，整个身体都在颤抖，于是干脆停了下来。他死死地盯着铁柱壁上不断闪射的蓝色闪电，竭力思索着。他一定要弄明白暴君这种武器的工作原理。“如果不搞清楚的话，我恐怕一天也活不了。”汤姆想道。

这时，一个守卫走到他身边。

“你以为是在度假吧？”他一边大声嚷着一边粗暴地推着汤姆往前走。

汤姆被他一推，往前扑跌了好几米，摔倒在地上。

“快站起来！”站在他旁边的人小声地说。

汤姆脸色苍白，咬紧牙关又重新站起来，跟着他身边的那个人一直走到了桥的尽头。他们在离圆立柱还有几米的地方停下来，脚边堆着一些工具。

“你拿拖把把天桥擦干净！”那个犯人命令汤姆道，边说边戴上厚厚的橡胶手套，开始给那根圆柱刷润滑油。

在接下来的几个小时里，汤姆仔仔细细地擦着桥面，不只是他的脚下，还擦了跟他一起来的那个犯人的脚下。“如果没有水的话，电就不会传过来了……如果没有水的话，电就不会传过来了……”汤姆一边擦地板，一边嘴里念叨着。

此时，专心擦着地板的汤姆，并没有注意到一个穿着红色长袍的女人正站在他头顶上方的岬角处，隐在一道玻璃壁后面，仔细地观察他的一举一动。

为什么人站在水里会触电身亡？

我们周围的物质都是由原子组成的。而原子则是由一个原子核以及原子核周围的电子组成的。

· 电子就是带电的微小粒子，其所带的电为负电。

· 原子核是由两部分组成的：不带电的中子（这也是为什么我们把它叫做中子的原因，中子的意思就是不带电的粒子）和带正电的质子。

电

一个原子本身所带有的电子跟质子的数目总是相等的，而正因为相同数目的电子和质子所带的电荷互相抵消，所以原子最终都是不带电的。但是有时候在某些物质中，电子是可以移动的，当这种情况发生时就会产生电子流，就是我们所说的电流。一种物质中的电子越容易移动，我们就说这种物质越容易导电。反之，如果一种物质的电子越不容易移动，我们就说它越不容易导电，也就是说这种物质是一种绝缘体。

闪电和触电

有时候，一个物体两端所带的电荷数是不相等的。比如说，一个物体上半部可以带有很多正电荷，而下半部同样可以带有很多负电荷。这种情况下，就会产生所谓的电压。一旦产生电压，电子就会开始移动，电子的移动就形成了电流。

在大自然里，当某处产生电压时，电子会脱离物质本身以便更容易移动：电流通常都会避开那些绝缘体，而选择一条看起来最容易通过的路线，除非它别无选择，否则它是不会从绝缘体上通过 的。

这就是出现闪电的原因。正常情况下，空气并不容易导电，但是当两块云层之间或者云层和地面之间产生巨大电压的时候，电流就会想从被震裂开来的空气中间通过。

电流总是选择最容易通过的路线，这也是为什么在洗澡间淋浴时，或者光着脚使用电器是很危险的事情：因为相对于空气和水，我们的身体更容易、甚至可以说是非常容易导电。所以电流更愿意从我们身体通过，而当这种情况发生时，我们全身的肌肉就会因为电流通过而收缩痉挛，这就是触电。

第二章

晚上，汤姆一回到牢房，就径直躺在自己的床上，他已经累得筋疲力尽了。他刚刚狼吞虎咽地喝光了牢里给犯人们准备的冷粥，到这会儿，他已经不再在意牢房的肮脏，或是抱怨牢房太小了，他满脑子都在想刚刚看到的、暴君的机器制造的电流。

汤姆闭上眼睛，试着去感知地球之外的情景。他遨游在太空中，太阳和遥远群星的光芒照耀在他身上。之前在蓝莓村上课的时候，汤姆就已经知道了电流是怎样进入地球大气层而产生射线的，还有云层是怎样通过闪电来将能量释放出去的，所以他已经明白暴君是怎样制造并且利用这种能量的，但是他却无法理解雾气和龙卷风究竟是怎样产生的。

“他为什么要制造这些东西呢？”正当汤姆思索这个问题的时候，突然一阵小小的震动使得他牢门上的木棍叮当作响。

汤姆赶紧睁开眼睛，发现走廊上的灯已经亮了，其他犯人正隔着牢房的隔板说着些什么。可是，在自己的牢门前，汤姆并没有看见人。

“喂喂！”有人在喊着。

汤姆起身往外面又看了一眼。

只见他左边的牢房有人伸出一只手，这只手上拿着一根细绳子，绳子的尾端系着一颗小石子，小石子正随着手腕的动作左右摆动着。

这颗小石子又一次敲到了汤姆牢房的木隔栏。

“抓住石子然后把它拉过去！这是给福瑞德的。”汤姆看不到那个人的样子，只能听到他低声说话的声音。

“福瑞德是谁呢？”

“笨蛋，他就住在你右边的牢房里。”

正当汤姆抓住绳子准备拉的时候，走廊里过来一群巡逻的守卫。汤姆吓得赶紧往后一跳，结果小石子落进了自己的牢房。

守卫们过来了！汤姆吓得僵在原地，大气都不敢出。幸而守卫们只是从他牢房前经过，他们甚至没有往他牢房里看一眼就又消失了。汤姆连忙跑去捡起那块小石头，发现石头上竟然绑了一张小纸条。他把纸条打开，看到纸条上潦潦草草地写着几句话：

经证实：那小子确实是布里吉上校的儿子。我们该怎么办？除掉他吗？

“喂！小子！你还在吗？”汤姆左边牢房里的人这时又低声问道。

汤姆吓得不轻，他悄悄往后退，一直退到牢房的后墙边。

“守卫们已经离开了，你赶紧在他们回来之前把话传出去！”

“不要吵我！让我静一静！”汤姆双手紧紧地捂住耳朵恳求道。

好一会儿，汤姆就这样一直靠着墙蹲着，一动也不动。当他最终把手掌从耳朵上移开的时候，已经没有人再跟他说话了。汤姆这才发现，原来守卫们已经驻守在走廊里了。

他躺回自己的床上，一小块木屑突然掉落在他的鼻子上，他吓得跳了起来。

“汤姆？”福瑞德刚刚在他们两人的牢房之间挖了一个洞，这会儿他正通过这个小洞低声地叫着汤姆的名字。

“让我安静一下！”汤姆又重复了一遍。

“不要动，也不要大声说话。”

“我明天会更卖力工作的，我答应你，请你们不要伤害我……”

“你是一个科学家吗？”福瑞德不理会汤姆继续问道。

这个问题使汤姆大吃一惊。如果是以前，他会回答“虽然现在还不是，但希望有一天能够成为科学家”，可是，这是在中央云国，他得先确认当科学家会不会是一种犯罪，因为暴君追捕王国里所有的科学家，并给那些宣称自己不是科学家的人颁发大奖。

“回答我！”福瑞德追问道。

“不……我不是……”

“如果你撒谎的话，你会后悔的！”

汤姆没有接话。

“在你被军队抓住的时候，你身上是不是带着一本旧书？那本书该不会凑巧是一本关于军事科学的教科书吧？”

“才不是呢。”汤姆反驳道。他寻思着福瑞德到底是怎么知道这件事的。

“一般说来，把犯人送到这里之前，都会事先确认一下他们到底是不是科学家。很少有科学家可以通过这道严密审查进入这里，所以每当这种情况发生时，我们都会很高兴。”

“哦，是吗？”汤姆小声说道，心中燃起了一丝希望。

“是的，因为只要我们一发现有科学家，我们就会扒了他们的皮，哈哈哈！”

听到这话，汤姆赶紧又靠坐在墙上。他吓得快喘不过气了，这简直就是一场噩梦啊！

“都是因为他们，我们的世界才渐渐恶化。”福瑞德恶狠狠地说道。

汤姆感到一股冰冷的寒意。住在他旁边的这个人讲话就像个疯子，简直就和暴君一模一样……

“所以，我知道——你刚刚对我撒了谎。”福瑞德慢慢地说道。

“才没有！”小男孩试着为自己辩解。

“你就是在撒谎。你的书现在就在我手上。”

汤姆没有说话。

“如果你想要活命，就得买通我，让我不把真相告诉别人。”福瑞德说道。

“那，那我要怎么做？”

“当然是让我离开这里。”

“这不可能……你怎么会想让我……”汤姆激动地大叫。

“这事要你自己想办法，”福瑞德打断汤姆的话，“明天晚上，如果你还不能把我从这里弄出去的话，那我就自己来修理你。”

汤姆很想为自己辩驳，但是一句话也说不出来。他死死地盯着面前那堵又灰暗又肮脏的墙壁，耳朵里传来的声音告诉他，邻居把墙上的那个小洞重新堵上了，但他没法集中精神思考。他被困在敌人中间，既不能跟守卫们讲话，也不能跟其他犯人交流。他想不到任何逃出去的方法，除了他的精神之外，根本没有任何逃出去的可能。

汤姆只能闭上眼，尝试使用感知力。有一些模模糊糊的影像慢慢地在他脑海里浮现，然后变得越来越清晰。

汤姆脸上的神情慢慢放松下来，他再也看不见牢房里的墙壁。他凭借着自己的精神力，想象自己飞往太空，遨游在广袤的宇宙中。

那是个任何人都没法到达的地方！虽然汤姆的身体被关在一间可怜的小牢房里，但是他的精神却是自由的，可以冲出牢房，徜徉至遥远的地方。汤姆看到了闪烁的星光，就好像节日里看到的灯光一样。

汤姆飞向其中一颗星星。

这是一颗巨大的星星，几亿年以来它就一直照耀着宇宙。汤姆认出了这颗星星，他曾经在一本教科书上看见过它。他知道这颗星星很快就要消亡，但是这并不使他害怕，正相反，一颗星星的消亡是世界上最壮观、最迷人的景象之一。

汤姆紧闭着眼睛，想象着这颗星星正在慢慢变大，越变越大，直到它膨胀到原来的一百倍……突然，这颗星星爆炸了，周围的空间都被它辐射出的光芒吞没。之后，爆炸喷射出来的星尘四处蔓延，形成了一朵巨大的彩云。

看到这一切，汤姆想起了他的天体物理学老师阿祖先生的话："星星爆炸产生的尘埃终有一天会生成新的恒星，周围也将出现一些行星……"

汤姆想到了地球和地球上的居民，即使是那些最令人厌恶的人，也都是从这些恒星的尘埃里产生的。想到这些，汤姆激动起来，虽然他还不知道这一切究竟是怎么发生的。

"那么我也是恒星的尘埃做成的，所以没有人可以杀掉我。"他一直呢喃着这句话。

然后他睁开眼睛，心情稍稍平静了一些。

他抓起那块刚刚落在他鼻子上的小木块，然后把他这边墙上的小洞也堵上了。接着他对自己说：明天晚上之前，我一定要找到方法逃离这朵噩梦之云。

第三章

第二天早晨，汤姆站在离福瑞德不远的桥架上，一边擦着地板一边仔细观察这个犯人劳作的云洞。云洞顶远在好几百米高的地方，是绝对不可能上去的！他低下头凝视着脚下挖掘出的深坑。如果他下定决心从这里跳下去的话，下落的过程无疑会使人眩晕，不过兴许风力的作用会使他减速，有可能可以慢慢着陆……

“最好有一个降落伞啊。没准我能用我的床单做一个……”汤姆这样想道。

不过还有闪电呢。这样跳下去，肯定会被闪电劈到的。

除非……汤姆的脑海中刚刚闪过一个念头：桥架上的金属护栏包裹着绝缘的明胶，如果能用这些金属护栏给自己做一个保护壳，那么他就不会被闪电劈到了。他悄悄地把粗布拖把放在一边，然后拉拉那根被固定在桥架上的护栏。但是护栏一动不动，甚至连一毫米都没有偏移。“我需要工具……”

汤姆这样想着，偷偷看了眼福瑞德。福瑞德刚刚放下手里给圆立柱擦润滑油的工具，嘟嘟囔囔地发完牢骚，又伸长胳膊试图拿回工具。

汤姆斜眼看了一下不远处福瑞德的工具箱。现在就是一个好时机，不好好利用的话恐怕就要永远错过逃走的机会了！汤姆紧盯着福瑞德，生怕他转过身来。福瑞德穿的衣服并不厚实，而且他的衣服就跟他的头发一样，脏兮兮的。汤姆突然意识到自己也和他一样，全身脏兮兮，于是不禁想起他在蓝莓村的那座漂亮房子，就是那栋蓝莓村村长的房子，那栋他和米蒂尔一起长大的房子。

突如其来的回忆，令汤姆有些走神，错过了拿到工具箱的好时机。福瑞德又重新站起身，开始工作了。汤姆看着福瑞德满是皱纹的额头，感觉在福瑞德身上好像有某些东西发生了变化。没错，他的头看起来有些不同，好像是头发飞起来了……

看到这一切，汤姆本来有些神经质地想笑，但是他突然恍然大悟——他赶紧冲向福瑞德，使尽自己全身的力气把他向后拉。就在那一刹那，一道电弧劈向了福瑞德先前站着的那个地方。不过这对于汤姆来说，并不是什么好事，因为很不幸，福瑞德没有看到那道电弧。

“你到底是怎么回事？”福瑞德生气地大叫，“你是不是疯了？”

“有一道闪电！你的头发都竖起来了！我刚刚救了你的命！”

“不要说这些鬼话来骗我！”

“你差点就被闪电劈到了！”汤姆坚持说，“刚刚是我救了你的命！”

“不要想糊弄我！”福瑞德眼睛里升腾起一股怒火，他冲着汤姆吼道，“我早就警告过你了，你这个狡猾的小子！”

福瑞德这一吼，可把汤姆吓坏了。他吓得往后退，但是福瑞德却威胁着向他逼近。汤姆无法反抗！福瑞德抓住他的肩头，把他举起来推到桥架外面，悬在空中。一粒粒冰雹呼啸着从汤姆的周围飞过。如果福瑞德松手的话，他就会掉下去，然后一切就结束了……

这时候，福瑞德朝站在高处的那个红衣女人看了一眼。那个女人做了一个动作，像是在示意说“够了”，但这一切，汤姆并没有注意到。

“不许动！”一个守卫将他的弓弩对着福瑞德，并对他吼道，“如果你松手让他掉下去的话，你就跟着他一起下去！”

福瑞德嘴角浮现了一丝微笑，他慢慢地退后，把汤姆放回桥架上。

小男孩早已吓得失去意识，两腿瘫软倒在了地上。

等他苏醒过来的时候，已经躺在了自己的床上，而且走廊里还有一些吵闹声。

“把门打开！”一个威严的声音命令道。

汤姆牢房的门慢慢地打开了，一个身穿红色长袍的女人微笑着走了进来。好几天没有看到过色彩，也没看见过女人的汤姆还以为自己看到了幽灵。

“发生、发生什么事了？”汤姆一边试图起身，一边结结巴巴地问道。

“您刚刚晕倒了，”这个陌生女人一边向他解释一边走向他，“不过没什么要紧的，一会儿就好。”

“那您、您是谁？”

“我是来找您的。”

“找我？”

“跟我来吧，我们要让您从这儿出去。您不应该待在监狱里。”

汤姆不解地看着这个陌生的女人。

“先生，请允许我帮您。”一个守卫边说边帮汤姆站起身。

汤姆的动作有些迟钝，任由守卫搀扶着他的胳膊让他站了起来，又引领着他向门口走去。

汤姆走出自己的牢房，一个士兵对他行军礼。

“走吧！”那个穿红色长袍的女人命令道。

他们花了很长的时间走过一段迷宫似的走廊，最后来到一个电梯前面。五个全身武装的士兵恭敬地让开，以便汤姆和那个女人站上电梯平台。然后电梯平台穿过云层升向高处。

随着电梯上行，汤姆的身边不断有雾气掠过。汤姆不知道他们要把自己带到什么地方去，也不知道这个女人到底是谁，更不知道她要对他做什么，但是他什么也不敢问。不管怎样，总好过待在那间牢房里吧……

电梯终于在一个房间里停下来了。在离电梯几步远的地方有一扇门，只是这个房间没有地板……所谓的地面，其实就是厚厚的云层。汤姆满怀疑问地看着那个穿红色长袍的女人：难道她是想在这里对我实施跳海刑？让我走到上面然后掉下去？

“等一会儿！”她指着对面一扇打开的门对汤姆说道。

紧接着，出现了三个士兵，他们身上被一种奇异的光芒笼罩着。他们在门和电梯之间铺出一条木制的桥，那个年轻的女人走了上去。

汤姆犹犹豫豫地学着那个女人的样子跟上去。越过那扇门的时候，汤姆觉得自己好像到了另外一个世界。那是一间很宽敞明亮的房间，有很多大蜡烛发出温暖的光芒，照亮了深色木板墙。

士兵们站在汤姆的左右两边，一动不动地保持着立正姿势。那个女人沿着两列士兵的中间往前走，看也不看他们一眼。汤姆尽可能地紧跟在女人的后面，穿过数不清的走廊，踏上一级级的阶梯，最后来到了另一扇门前。那个陌生的女人把门打开，开始用“你”来称呼汤姆：

“你呢，就在这里好好休息，一直待到明天早上。那个本该来接你走的飞行员已经在路上了。是我给了你第二次机会，希望你不会让我后悔为你所做的这一切……再见了汤姆！等我们下次相遇的时候你再感谢我吧。”

说完这些话，那个陌生女人就离开房间并把门关上了。

汤姆扫视了一下四周，有点震惊。这间房有一扇窗户，而且是一扇没有铁栅栏的窗户！在窗户外面，红色的天空照亮了整个中央王国。汤姆简直不敢相信，他现在正在暴君的飞堡的最高处，住在一间有一张既柔软又舒适的、真正可以被称为“床”的房间里，甚至还能看到苍穹！

他坐在床上，透过窗户看着外面的天空，一直看到天都黑了。天边星光初现。他寻思着，刚刚是不是真的听到，那个红袍女人说有飞行员要来接他，正在来的路上……想着想着，不知不觉进入了梦乡。

第四章

第二天早上一醒来，汤姆就看到一个军官站在他的床边。

“您睡得好吗?”那个人问道。

汤姆点点头。他昨晚睡觉之前并没有脱掉衣服，所以现在也无需再换衣服。他很害怕自己又被带回之前跟福瑞德一起干活的桥上去。

“啊！那样的话就太好了！”那个士兵说道，“因为您即将有一段漫长的旅途。过来，飞行员已经到了。您饿了吗?”

虽然汤姆很饿，但他还是摇了摇头，然后起身跟在那个人后面。

他们穿过数不清的走廊才终于来到了云层表面。这时太阳刚刚升起，空气很凉爽。在云层表面，好几千名士兵围着那些在阳光下闪闪发光的蜻蜓器忙得团团转。

领着汤姆的士兵突然停了下来。他们面前站在一个人，身穿绣着星星的黑色连身飞行服。就在这个人身后，汤姆看到了一架驾驶舱罩着茶色玻璃罩的蜻蜓器，发动机已经启动，翅膀也已经升起，随时准备启程。

“这么说来，你应该就是我要救的人咯！”那个飞行员激动地说道，还往汤姆的肩头上打了一拳以示友好，“这真是太有趣啦！太好玩啦！”

“他们把我和另外一个人弄混了！”汤姆心想。但是似乎没人意识到这点，这让汤姆不由得苦笑起来。

“过来！”飞行员一边打开驾驶舱一边对汤姆说道，“我们走吧。这次旅途会很长，况且大家都期待天黑前能看到你呢。”

蜻蜓器里面有两个座位，汤姆一言不发地坐到了其中一个座位上。他一坐上去，安全带就自动围上他的腰并锁住了。

飞行员又跟军官说了几句话，然后走过来坐在汤姆身边。很快，蜻蜓器就起飞了。这时候汤姆又看见云层上那个使他印象深刻的电力装置了。

在雪白而平坦的云层中央，高耸着一根巨大的圆铁柱，犯人们就在铁柱的高架桥上干活。整个城市的建筑以圆铁柱为中心，围成一个圈。云层的四个角上还分别矗立着四个小塔，用木桥连向铁柱。每个小塔都架着一把巨大的弓弩，在弓弩不远处堆着许多弓箭，这些弓箭都有好几米长，上面还

绑着铁链。

蜻蜓器渐渐飞离云层，越飞越高，直到整个地球出现在汤姆的眼前。地球看起来就像金子一样纯净而金光闪闪。

汤姆回头看了中央云国的云层最后一眼，在那里，他度过了有生以来最糟糕的两天。云层如此雪白，如此壮观，高高地漂浮在几千米高的空中。看到这样的云层，我们实在很难想象，那上面居然有好几百名囚犯正冒着被冰雹砸到和被电流击中的危险在工作。

“几个小时后，这次不幸的遭遇对你来说就只是一个糟糕的回忆罢了，”那个飞行员突然对汤姆说道，“可能他们没有告诉你，你只是被误抓的。你知道，这种事情是有可能发生的，这也实在不应该责怪我们。你不是第一个被错抓的，再说了……你可以向女孩子们讲述这些经历啊！她们可喜欢这类型的故事了！现在，你抓紧了，我们要加速了！”

飞行员说完这句话，就加大了油门。随着蜻蜓器的加速，汤姆的背被紧紧地贴在自己的靠椅上。他们穿过广袤无垠的蓝天，全速往西北方向飞去。汤姆看着身下相继掠过的风景，大脑一片空白，并不试图去想到底发生了什么事情。他们飞过沙漠，越过高山，很快，高山被海洋取而代之。

蜻蜓器飞过海浪，紧接着，海岸线、平原和一些山谷相继出现在眼前。山顶上空，团聚着一大片白色的云朵，高山仿佛成了云层通往地面的路。

在这片雪白的云上，可以看见一些平静安宁的小村庄，紧接着就是一座能够容纳几十万居民的城市。这座城市建在那片广阔云层的南侧。汤姆觉得它看起来有点儿像白云城。在那座小城上，他和提丹一起遇到瓦金中尉。不过，在辛迪城的那场战役中，瓦金中尉也消失不见了。

这时飞行员已经调转方向，朝东边飞去。于是城市消失了，风景再一次变得苍白而单调。

太阳开始慢慢落下地平线。在几千米高的空中，汤姆发现眼前有一片云看起来很奇怪。这片云光芒四射，就像是由可以反射亮光的镜子做成的一样。

“我们到了。”飞行员宣布。

他操纵着蜻蜓器，飞向那朵闪闪发光的云。随着蜻蜓器飞近，汤姆终于确定云朵的闪闪发光，并不是因为镜子的缘故，而是因为云上有一座特别雄伟壮观的城堡。这座城堡的堡垒和城墙都是用透明冰块做成的，所以使得云朵看起来闪闪发光。在城堡周围，到处散布着豪华的别墅，而这些别墅的中心，则是一座草木郁郁葱葱的庄园。

“我们是在哪儿？”小男孩完全搞不清楚状况地问道。

“啊！原来你不是哑巴啊！”飞行员开玩笑地说，“我还很担心呢！这里很棒吧，对不对？这是皇宫……”

“您把我带到了暴君住的地方？”小男孩难以置信地打断了飞行员的话。

“不，不，我不是带你去……国王住的地方，”那个人紧皱着眉头答道，“但是也说不准！说不定哪一天你就有幸在这里看到国王了，谁知道呢？”

说着，飞行员把蜻蜓器开向一条小路。这条小路就通往别墅群中央的庄园。一会儿之后，蜻蜓器停落在庄园边。

“我很确定，你会喜欢这里的。”飞行员一边打开驾驶舱一边说道。“所有由我带到伊格克多那的孩子迟早都会成为了不起的人物。哈，你不要畏畏缩缩的！大家都在那儿等你呢！”看到汤姆犹犹豫豫，飞行员又补充说道。

“我，我应该去哪里？”

“直走，你只需要沿着这条路走就可以了。”

然而汤姆并没有动。

“你该不会是想要我牵着你走吧？”飞行员冷笑着把汤姆推出了驾驶舱。

等汤姆一落地，蜻蜓器就又起飞了。

“祝你好运！”飞行员扔给汤姆这样一句话，就离开了。

汤姆看了看周围，他正站在一条由砾石铺成的小路上。小路两边的树荫底下，绽放着许多五颜六色的花，栗色的小松鼠在树林之间优雅从容地跳来跳去，成群的小鸟叽叽喳喳地歌唱着，这里的一切都是那么的宁静，那么的安详。而且，这里一个人也没有……

汤姆朝着那幢庄园走去，脚下的小石子被踩得嘎吱嘎吱响。走到路的尽头时，汤姆突然停下来。一大片完美漂亮的草坪，将小路分出了两条岔路，令他有些茫然。草坪的后面，坐落着一幢雄伟壮丽的庄园。从天上看时，这幢庄园和暴君

的皇宫相比，显得朴实无华，但是当它出现在眼前时，历史在它身上沉淀出的庄严雄伟之感，深深地震撼了汤姆。

这幢庄园的木雕大门两侧有一些圆柱，看起来就像是专为达官贵人设计的。大门上的金属板雕刻着一只罗盘和一个地球仪。门柱上方的石头以蓝色为底色，雕刻着一道黑色闪电划过太阳。

这是暴君的标志！

尽管这么高的云层空气很冷，但是看到这个，汤姆的额头上还是渗出了汗珠。他用手擦了擦汗，走上了那块草坪。

突然，汤姆背后有人轻轻咳了一声，吓了他一大跳。汤姆慢慢地转过身，看到一个穿戴一丝不苟的老人，直挺挺地站在汤姆的正后方。老人的鼻梁上架着一副圆圆的小眼镜，眼睛半眯着。

他突然伸出手，汤姆吓得往后退了一步。

然而老人只是安静地打量着汤姆，接着伸出自己的食指，指了指汤姆脚下的那块草坪，又示意汤姆看看立在草丛稍远处的一块告示牌，上面写着：

给学生的忠告：

禁止践踏草坪。

“啊！对不起！”看到这个，汤姆一边道歉，一边急急忙忙地退出草坪。

老人连眼皮也没抬一下，只是摆摆头就让汤姆明白了他想说的话：既然草坪旁边有小路，那就一定有它存在的理由。

汤姆同意老人的说法，同时也为自己的行为感到很羞愧。他谢过老人之后就走上了左边的那条小路。他想尽可能快地逃开，但是他总有一种被人盯着看的感觉，这种感觉使他走起路来踉踉跄跄、笨笨拙拙。等到总算绕过了草坪，他才敢回头看一眼那个陌生的老人。老人双手交叉背在身后，平静地穿过草地，就像压根忘记了他之前还叫汤姆不要踩踏草坪这回事，然后消失在庄园入口处的某一根圆柱子后面。

汤姆加快脚步想要追上他，问问他自己现在是在哪儿，还有自己该做些什么。最后，汤姆在木雕大门前找到了老人。老人依旧是直挺挺地站着。

“您就是布里吉，对不？”陌生的老人问道，他的声音听起来有一点点学究气。

汤姆愣了一下，不敢相信从老人嘴里蹦出来的名字真的是自己。

“布里吉，不是吗？”老人又重复问了一遍，看样子像是生气了。

“是的，我就是布里吉。”

“您早该来了！我一直在等您。您知道我们学校吗？”

“呃，不是很了解，先生。”

“您现在是在伊格克多那，是王国里唯一一个，同时也是最负盛名的科学学校。欢迎您！”

“科学学校？”汤姆完全困惑了。他心里暗暗想着，莫非这个家伙是个疯子不成？

“欢迎您！”老人又说了一遍。

“呃，谢谢。”

“您还有问题吗？”

“我……”

“好吧，不急，我们晚点儿就会知道的。您的行李在哪儿呢？”

“那个……”

“您没有带书？”

“呃，没有，不过……”

“要是您很喜欢看书，那真是太好了。您可以在图书馆里找到您所需要的著作，当然啦，每一种值得阅读的书我们这里都存有好几本。另外，我们还列出了一份很简短但是却很齐全的书目清单，也就是必读书目。”

老人停了一会儿，从头到脚打量着汤姆，然后又补充说：

“我们会给您提供新衣服以便您可以体面地学习。请跟我来，我带您去您的房间。”

“我的房间？”汤姆很是惊讶，觉得自己仿佛置身在一个百思不得其解的梦里。他紧紧跟在这个老人后面，试图弄明白点什么。

汤姆走进大厅。门厅有八米多高，墙面镶嵌着一种珍贵的木材。此外，墙上还挂着几幅年代久远的绘画，画与画之间隔着一些黑板，上面写满了复杂的数学公式。

透过宽阔的走廊，可以看见一排编了号码的门；走廊的尽头，一条笔直的楼梯直通上面的楼层。楼梯的台阶都是打过蜡的，汤姆跟在老人后面走上楼梯，老人一边走一边跟汤姆解释道：

“这里的一楼是上课的教室，二楼是老师们的套房，三楼和四楼呢，则是学生们的宿舍，至于五楼呢，就是图书馆了。当然，图书馆不论白天黑夜都开放。明天，如果您能通过考试的话，我们就会给您一张学校所教授科目的清单。您还有什么问题吗？”

“我……”

“好，很好。有好奇心是很重要的。有好奇心才能激发才智。不过我现在没有时间，所以我们还是晚点再来讨论您的问题。”

他们刚走到三楼，老人就已经累坏了。他停了一下，稍作休息又接着往前走，走进了一条光线很暗的长走廊里。

老人在走廊尽头的一扇门前停下来。他把已经滑落到鼻梁上的小眼镜往上推了推，指着钉在门上的镀金小门牌给汤姆看。

黄色房间

唐纳·凡·弗拉克弗洛

汤姆·布里吉

汤姆简直不敢相信自己的眼睛：他的名字端端正正地写在门牌上，而且写得很好看！

老人却好像没有看到汤姆错愕的表情一样，推开房间厚重的门，走了进去。这是一间又宽敞又明亮的房间。两扇大大的窗户朝向草坪，就是汤姆刚才差点踩上去的草坪；透过窗户还能看到他来时走过的小路，以及小路两边郁郁葱葱的树木。最后几缕日光从窗户洒进房间，照耀着挂在墙上的挂毯。门的两侧各摆着一张床，每扇窗户前也各安放着一张书桌。

“这边就是你的床，还有你的书桌。”老人指着右边对汤姆说道。

汤姆看到床上放着一些干净的床单、一条毛巾、一套校服、两件衬衣、两条短裤、三双长袜还有一把牙刷。地上则放着一双擦得锃亮的皮鞋。

“洗澡间就在走廊，”老人接着说道，“您可以先去那里梳洗一下，穿戴整齐后就可以回答那份放在桌上的问卷了。我会在一个小时之后回来，您好好准备一下吧。”

汤姆已经呆住了，他一句话也说不出来。他觉得自己好像已经离开牢房好几年了，但是他仍然不知道在这里等待着他的将是什么。

领他过来的老人抬起眉头，好像是对他的沉默表示不满，不过他没有再说什么。他走向门口，在离开之前对汤姆说：

“我是卡拉波尔老师，是这个学校的副校长。您从今以后请叫我老师，我希望您能记住。”

“是，是的，老师。”汤姆回答道。然后，老人就关上了门。

第五章

有好长时间，汤姆呆立着一动也不动。他的心情很沉重，手心也出汗了。这里的一切都太过整洁，太过井井有条，与他此时因这一切而汹涌澎湃的情绪形成强烈的对比。

他为什么会在这里？他们是不是搞错了？福瑞德到底干了什么？

汤姆看了看四周，不知在这个房间里能发现点什么，可以解答他的疑虑。于是，他走向老人刚刚指给他看的书桌，上面放着一张考卷纸和一支铅笔。汤姆在那张坐垫柔软的椅子上坐下来，开始看纸上的内容。

入学水平评估测验

请用几行字回答下列问题，并将您的答案写在考卷上。

注意：这次测验是由C.W.卡拉波尔老师出题的，目的是为了替您挑选出最适合您水平的课程。所以请诚实作答。

名字：

姓氏：

年龄：

父母的职业：

—父亲：

—母亲：

出生地：

将来希望从事的职业：

第一部分：气候学

问题 1　如果没有温室效应的话地球上的温度将会怎样？

问题 2　海洋在地球的气候中起着什么样的作用？

问题 3　以前地球的气温和现在一样热吗？

第二部分：空间宇宙科学

问题 1　创世大爆炸是什么？

问题 2　黑洞是什么？

问题 3　地球是如何形成的？

汤姆放下考卷，瞥了一眼书桌上的小时钟。距离老师离开已经差不多有五分钟，汤姆有将近一个小时的时间可以来回答这份奇怪的考卷。

汤姆拿起笔，在考卷上填上自己的姓名和年龄，但是在父母职业那一栏他却停下了笔。既然他现在落在暴君的手上，那么他就不能够写自己的父亲是布里吉上校了，因为众所周知他的父亲是一个正直的人，是暴君不共戴天的仇敌。

想到这个，汤姆突然跳起身，冲向房门口。还好，房门并没有上锁。他打开门，悄悄探出头去，阴暗的走廊里一个人也没有。汤姆实在害怕极了，以至于无法思考，他只想赶快逃走。

他惊恐地往楼梯方向跑去，迅速下楼，心里有个念头告诉他要赶紧逃走，尽快逃得远远的，不然士兵们很快又会把他抓住并关起来。被恐惧感压迫着的汤姆拼命地逃，他什么也不想，一口气跑到门厅。

就在这时，汤姆发现厅里左右两边，有一些跟他同龄的孩子正看着他。

汤姆吃了一惊，立刻停下来。

那些男孩穿着的衣服和放在汤姆床上的一模一样：白色的衬衣外面套着绿色的外套，配上绿色的短裤和绿色的长袜子。女孩们也穿着白衬衣和绿外套，只是下身的短裤换成了裙子。

“为什么你不用上课？”其中一个男孩问道。

“因为他是新来的，笨蛋，你没有看到他是刚刚才到的吗？”一个女孩回答。

听到女孩子的话，所有学生都笑了起来。

“我说，你们吵吵闹闹的是在干什么?”一个胖胖的蓄着小胡子的男人从办公室里走出来，大声对着孩子们嚷嚷道。

这个胖胖的男人戴着一副厚厚的眼镜，看起来像是一只吃撑了的鼹鼠。所以虽然他的神情很严肃，但孩子们还是不顾他的警告继续笑闹着。

“够了!”男人大叫。

“有一个新来的!”一个男孩指着汤姆说。

“而且他还穿着很奇怪的衣服。”另一个小女孩接着小男孩的话说。

小胡子男人朝周围看了一圈，最终发现了汤姆。

“好啊！为什么你没有穿校服呢?”小胡子男人一边朝汤姆走去一边问道。

然而，还没等到汤姆回答他的问题，小胡子男人眼里就闪过一丝了然的神情，他恍然大悟道：

“啊！你就是那个新来的!”

听到这个，一些学生笑闹得更欢了。而另外一些学生则悄悄溜到门边，想趁机偷偷溜出庄园。

“你一定就是布里吉了！让我看看，是谁负责照料你?”

小胡子男人突然转过身去，问那些还留在门厅里的学生们：

“唐纳·凡·弗拉克弗洛在哪里?”

“我在这儿呢。”一个小男孩走上前答道。

“好的。汤姆，这个就是唐纳，你同宿舍的同学。他会带你去认认地方。其他人你们可以离开了，现在是课间休息时间。”小胡子男人说完之后，自己也往门边走去。

于是，孩子们急急忙忙地向外跑去，很快厅里只剩下汤姆一个人对着唐纳。

这个叫唐纳的小男孩差不多跟汤姆一样高，留着褐色的短头发。汤姆发现他左边的耳朵上缺了一小块。

他们两人互相打量着对方。然后，唐纳盯着汤姆的眼睛，对他说道：

“你想要逃走吗?”

汤姆并没有回答。但是在唐纳看来，汤姆脸上的表情毫无疑问地出卖了他。

“我也曾经做过同样的事，”唐纳坦诚道，“这大概就是把我们安排在同一间宿舍的原因吧。”

汤姆始终保持沉默。

“刚来这里时，我还以为是他们认错人了，”唐纳继续说道，“我怕他们会把我送回我原来的地方去。”

唐纳讲的这些话，汤姆也曾这样想过，但是他知道唐纳不可能经历过跟他同样的事情。

“这里很好，”唐纳接着说道，“在这里，我们想干什么就干什么。”

“想要离开也可以吗？”汤姆突然开口问道，唐纳似乎很高兴听到汤姆终于开口说话了。

“不，还不可以。要等到考试后才可以。”

“考试是什么时候呢？”

“几个星期后。”

“这么说来，我们是真的在学校里咯？”

“是的，我们可以学习任何我们想学的东西。毫无疑问，既然你能够来到这里，那就说明你是一个很厉害的人。”

“但是，但是他们怎么知道呢？”

“他们知道所有的一切。”

汤姆突然觉得自己很渺小。他甚至有一种感觉，自己仿佛就是一个巨大棋盘上的一颗小棋子，正在参与一场连自己也不知道规则的游戏。

“你最喜欢的科目是什么？”唐纳又接着问。

“我最喜欢的科目？”

“明天你就必须选择你要上的课程了呀。”唐纳解释道。

“啊……呃……我很喜欢……呃……很喜欢物理……”

听他说完这些，唐纳整张脸都亮起来了。

“我也是！如果你愿意，没准我可以帮助你。”

“不过我……我应该做些什么呢？”

“学习啊。如果你确实很优秀的话，也许有一天，国王会让你负责管理其中一个省。”

“国王？”

“是啊，国王。从前我都叫他暴君，但是慢慢地，你也会像我一样改变对他的态度。”

“永远都不会！”汤姆想道。

“过来，我给你介绍我的朋友们。”唐纳领着汤姆走到外面。

在庄园门口，那块明令禁止踩踏的草坪左边，伊格克多那这所最好的科学学校的学生们正在玩着一些奇奇怪怪的游戏。有一些学生正引爆一些小盒子，另外一些学生则向空中发射蜻蜓器的微缩模型，然后又用吹管或者弯弓瞄准这些模型。他们都以此为乐，甚至还有一些学生让一架奇怪机器上的铁管发射出电弧。

“我们在这儿玩得很开心。”说完这话，唐纳走向稍微远离人群的两个男孩和一个女孩。

唐纳的这几个朋友都戴着厚厚的墨镜，他们正昂着头观察太阳。唐纳向汤姆招招手让他过来，并示意他不要出声。

“你们看到什么了？”一个男孩问。

“没有，什么也看不到。”那个女孩回答。

“我也什么都看不到。”另一个男孩答道。

“你的眼镜坏掉了！”

“都怪太阳光太明亮了。”女孩一边摘掉眼镜一边说。

汤姆惊讶地打量着那个女孩。

“啊，你好呀，”小女孩看到了汤姆，向他打招呼，“你叫汤姆，对吧？”

“呃……是的……你好。”汤姆有些羞怯，话也说得结结巴巴的。

“我叫安若拉，他们俩是马克斯和塞巴斯。你是从哪里来的？”

“蓝莓村。”

“不认识！离这里远吗？”

汤姆低下了眼睛，他的村庄已经不复存在了……

“安若拉是研究恒星的专家，就是她制作了这些眼镜。”唐纳为了打破彼此的沉默解释道。

“只不过这些眼镜并没什么用。”马克斯插嘴说道。

“才不是呢！它们有用！”安若拉生气地说，“下次日食的时候你就知道了！”

“汤姆很喜欢物理。”唐纳试图转移话题来结束他们两个之间的争吵。

安若拉紧紧盯着汤姆的蓝眼睛，嘴上绽放出灿烂的笑容，她高兴地问道：

“是真的吗？”

“好吧……呃……是真的。”

“那你是哪个水平的？你回答出考卷上所有的问题了吗？”

“考卷！”汤姆突然如大梦初醒般恍然道，“我把它忘在上面了！我还没做呢！”

“哎呀！”塞巴斯说道，“看来你要受罚了，老兄！这不，有人来找你了！”

汤姆转过身，看到了卡拉波尔，他眯缝起眼睛朝着他们的这个小圈子走过来。

“你可要当心他啊，”唐纳在汤姆耳边小声说，“他可是很厉害、很厉害的呢……”

第六章

老师走到汤姆面前停了下来，手里拿着汤姆那张只填了姓名和年龄的考卷。

“年轻人，对于你的能力，看起来好像是我们搞错了。”卡拉波尔说道。

“我……刚刚有人打断我。”汤姆撒谎了。

“跟我来！”卡拉波尔命令道。

说完这句话，他就往教室的方向走去。汤姆赶紧跟在他后面，一句话也不敢多说。

“我希望您不要浪费我的时间，”老人一边登上台阶一边对汤姆说，“对于不得不批改您的卷子这件事，我也感到很厌恶！而且我相信，对于您来说，肯定只会比我更厌烦。”

他走在汤姆前面，率先走进一间教室。教室的空气中飘荡着一股粉笔灰的味道。讲台前面摆着二十几张木制的桌子，有几扇大窗户正对着门口。透过窗户，汤姆可以看到唐纳和他的伙伴们，他们也正忧心忡忡地看着他，显得很紧张，并用手势给汤姆加油鼓劲。

“去黑板前面，然后拿一根粉笔。”卡拉波尔老师一边把他的文件夹放在讲台上，一边对汤姆说。

“他是想给我考试！”汤姆很慌张，“可是，如果我没通过呢？他会把我送回监狱的！”

“在金星上的一天相当于多长时间？”卡拉波尔老师问道。

听到问题的汤姆惊慌失措，他在记忆中努力寻找这道题的答案，但是一切都徒劳，他不知道答案。

“243天，”卡拉波尔老师自己说出了答案，然后顺道在纸上画了一个小圆圈，“这个开头可不顺啊！下一题，人们是如何定义一天这个概念的？”

汤姆还是答不出来：他什么都想不起来！

“就是一颗行星完全自转一周所用的时间，”依然是卡拉波尔老师在自问自答，显然他已经越来越不耐烦了，“布里吉，告诉我，您是在讽刺我吗？”

“没……我没有，先生。”

“叫我老师！既然这样，你就重新回答！绝对零度的温度是多少？用摄氏度回答。”

“是二……呃……少于二……”

“我没耐心了，布里吉！我没耐心了。我查阅过你的资料！但是我想说的是，我对你一点儿也不满意，一点儿也不！”

他从他的文件夹里抽出一沓纸，扫视了一遍第一页上的内容。

“汤姆·布里吉，那是您没错吧？”

“是的，老师。”汤姆回答，他已经吓得浑身都是汗了。

“这里写着，容我引述这段话，说您是一个优秀的学生，还具体说了您的才能就是熟练掌握那些物理现象。”

卡拉波尔老师又翻看了剩下的资料。

“还有这里，说您是班里的第一名，”卡拉波尔说道，“这里也是，还有……”

听到这些，汤姆受到了巨大的冲击，他不得不靠在黑板上才能免于因为震惊而倒下：刚刚卡拉波尔念的都是他在蓝莓村学校里的考试成绩！这么说来，暴君的军队在毁掉他们村庄之前，洗劫了教师的办公室。那他在这里也就绝不是一个偶然……唐纳说得没错，卡拉波尔确实十分清楚他是谁。

“很显然布里吉上校，也就是您的父亲，想让您管理北方云国的特别军事行动队，”老师继续说道，“这是一个重要的职位，布里吉，甚至可以说是太过重要！那么，您告诉我，您怎么可能会无能到连我提的这些简单问题都回答不出来呢？”

汤姆并没有在听卡拉波尔说话。他的脑子现在一片混乱，突如其来的这一切使他激动得一阵眩晕。

“布里吉！”卡拉波尔老师大声喊道，“我想您是没搞清楚您自己的处境。既然伊格克多那为您敞开了大门，您就该好好利用这次机会！是时候为自己的未来好好考量了。否则，无论您是一个多么聪明、多么有才智的人，沉迷于那些悲惨的过去只能断送您的未来。那么现在，请回答我：您到底是不是阿祖、布瓦卡和格林霍波老师们的学生？”

“是、是的，老师。”汤姆颤抖着说。

“很好。所以，除非您是一个骗子，否则您应该知道怎么回答我的问题。好吧，我听着呢。绝对零度的温度是多少？”

汤姆低下头继续保持沉默，卡拉波尔则用手指轻轻地敲打着桌面。

“好吧，我们就这样定了。”卡拉波尔说着站了起来。

“低于……低于零下 273 摄氏度。”汤姆小声回答道。

卡拉波尔站住不动了，他专心地听着汤姆的回答。

“温度，是随着粒子的震动而变化的，”汤姆接着答道，尽管他的大脑一片空白，但是那些了然于胸的知识不由自主地从他嘴里出来，“温度越高，物体或者空气中粒子的运动就越快……而绝对零度，指的就是当一切粒子都静止不动的时候的温度。我们可以通过计算得出这个温度的值，但是我们无法达到这个温度，即使在太空中也不能达到。”

“您早该这样回答了！”卡拉波尔说着又坐下来。

他重新翻开汤姆的资料，在他刚刚画圈的地方打上了一个叉，然后接着问道：

“为什么月球上都是坑坑洼洼的？”

“那是因为月球上没有海洋，没有大气，也没有地质板层，”汤姆回答，“很久以前，月球就已经死亡了，月球的核心也早已没有热量。所以，几百万年以前撞上月球表面的物体，几百万年后依然不会移动，那些撞击产生的坑坑洼洼也不会消失。但是在地球上情况就不一样了，如果有陨星砸在地球表面，即使砸出坑来，最后也会因为风沙侵蚀或地震等等原因被填平然后消失不见……”

卡拉波尔老师脸上露出了一丝淡淡的微笑。

“不错，”老师一边看了看手表一边夸奖汤姆道，“您刚刚已经通过了入学考试，您的父亲会为您感到骄傲的。”

“我的父亲？”汤姆惊讶地问道，“您认识他？”

“是的，我也认识您的母亲。”

“那您知道他们现在在哪儿吗？”

“当然啦！而且在我看来，他们的身体都挺好的。”

汤姆听到这些话，心又扑通扑通跳得飞快。“他们还活着！我的爸爸妈妈都还活着！”知道这个消息后汤姆十分高兴。

“我能够看看他们吗？”汤姆满怀希望地问卡拉波尔。

“可能吧，不过如果您想见他们的话，就得先见见我们的国王。”老师回答道。

卡拉波尔眼里闪过一丝狡黠的光芒，他站起来，接着补充道：

“每年我们学校里最好的学生都有机会被国王召见。每个月底都会举行水平测试。鉴于你们接受了这种特殊的教育，所以我劝您，如果您真的想要再见到您父母的话，您只需要想着如何搞好您的学习就可以了。”

植物和碳 14

一棵植物为了生长，必须生根、抽枝和长叶，为了达到这个目的，植物必须为自己供给营养。

树根的作用：

树根是用来汲取地底下的水分和矿物质的。植物的汁液会将汲取到的养分运送到叶片中，叶片通过呼吸作用，将水分、矿物质和空气中的二氧化碳混合，生成糖分，为植物供给营养。这个过程还需要太阳光的参与，也叫做光合作用。地球上的所有动物，包括人类在内，都要依靠光合作用产生的糖分才能生存。

叶片吸收的二氧化碳当然含有碳元素。这些碳元素大部分都是以碳 12 原子的形式存在，不过也存在着一小部分的碳 14。

碳 14 从何而来？

在离我们非常遥远的高空中，活跃着来自太空中的能量射线。我们把这些射线叫做宇宙射线，也正是这些宇宙射线，将地球大气中的一部分氮气转化成碳 14。

在光合作用的过程中，当叶片吸收碳 14（碳 14 以二氧化碳的形式存在），碳 14 就被转移到叶片所生成的糖分中去，所以我们能够在树干中发现碳 14 的存在。只要植物还活着，它体内所含有的碳 14 的量就保持不变，但是一旦植物死去，由于碳 14 是一种不稳定的元素，所以它就会开始衰变。（详见 82 页）

这也是为什么当人们在地底下找到一件木制品的时候，我们就可以知道做成这件木制品的树木是在什么时候被砍下来的。

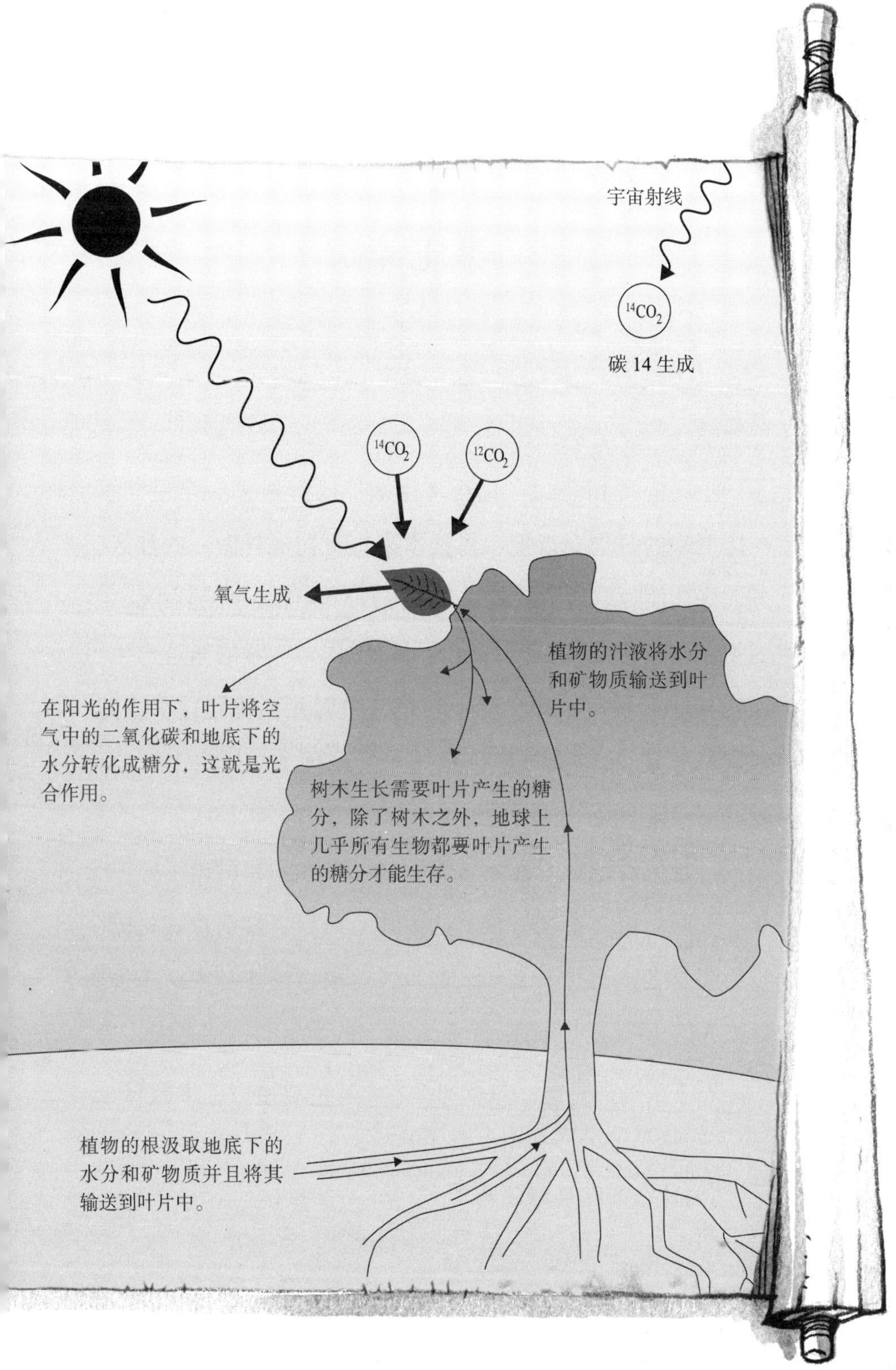
宇宙射线
$^{14}CO_2$
碳 14 生成
$^{14}CO_2$
$^{12}CO_2$
氧气生成
植物的汁液将水分和矿物质输送到叶片中。
在阳光的作用下，叶片将空气中的二氧化碳和地底下的水分转化成糖分，这就是光合作用。
树木生长需要叶片产生的糖分，除了树木之外，地球上几乎所有生物都要叶片产生的糖分才能生存。
植物的根汲取地底下的水分和矿物质并且将其输送到叶片中。

第七章

距离提丹和莎妮在化石室里被抓已经过去一个星期了。在接下来的每周会议上，村长本来想责罚提丹做一些社区服务，好让他吸取这次教训。其实提丹对这件差事感到很满意：因为在洞里各处打扫时，他既可以感受到探索的乐趣，也可以找找看有没有出口！不幸的是，中尉并不赞同这个决定，他向村长建议："提丹应该跟村里其他孩子一样去上课会比较好。"

村长惊讶地看着瓦金，然后两个人在一起讨论了好一会儿。其间，格林泰勒村长下达了几个命令，直到森林村的宇宙历史学老师布鲁斯基夫人加入，这场讨论才结束。布鲁斯基夫人因为终于能教到一个来自云上的学生而倍感高兴。

为了更好地教学，布鲁斯基夫人让提丹做一个小测验。

"植物是怎么样利用太阳光的？"

"为什么树叶是绿色的？"

“地球的年龄是多少岁？”

提丹胡乱地回答：植物利用太阳光是为了将自己晒黑，树叶是绿色那是因为绿色比较流行，然后地球既然不是始于昨天，那它就应该已经有一两千岁了。

布鲁斯基夫人转身看着瓦金，睁大眼睛，不可思议地看着他。

“他是在跟我开玩笑吧？”布鲁斯基夫人问道。

“完全不是。”中尉回答。

布鲁斯基夫人显然被吓呆了，她没法相信居然有人可以无知到这种地步，所以她当下就做了一个非常必要的决定：提丹差不多只有六岁学生的水平，所以他应该跟着这个年纪的孩子一起上课。

“这是在开玩笑吧？”小男孩生气地说。

至于瓦金呢，他倒是觉得这个决定再合理不过了。“这是个让你填补知识空白的好机会，你的人生中不可能有两次这样的机会。”瓦金这样对提丹说道。

“但是，我们又不打算待在这里！我们还得回到天上去呢！”提丹大声反驳。

但是他的抗议是徒劳的。村长一声令下，两个巡逻队员走过来，他们每人押着提丹的一只胳膊，好像提一个包裹一样，轻松地就把提丹带到了森林村孩子们上课的教室去了。

“这是一个错误！”提丹一边挣扎一边大叫道，“我天生就不是读书的料！我就是喜欢擦地板！”

显然提丹是在白费力气！因为巡逻队员们压根就不搭理提丹，在村民们惊诧的眼神中把提丹强行带走了。

学校就在格林泰勒村长房子旁边的一座塔形建筑的底楼。当他们渐渐走近学校的时候，提丹已经听到里面的人在说话了。

“这就是为什么恐龙会消失的原因，”一个沙哑的声音正在讲述，“六百五十万年前，有一颗巨大的陨星撞在了地球上，天空都烧起来了，土地也熔化了……”

“真是一个噩梦！”当巡逻队员们将提丹毫不留情地扔进教室时，提丹这样想到。

事实上，这对于提丹而言的确是一场噩梦，因为教室里的学生们差不多只有他一半高，而且全都认真地端坐在课桌前的圆木桩上。教室的土墙上还画满了小宝宝们的绘画。教室唯一的一扇窗户朝向大厅中一根巨大的树根。提丹看了看他周围，觉得喉咙发干：和一群小屁孩在地底下待上几个小时，这叫他怎么忍受！

在学生们对面，一位老先生正把他刚刚讲过的那些话写在墙上的一块巨大石板上：六百五十万年前，恐龙已经灭绝。和那些一看到提丹进教室就对他指指点点、公然嘲笑的小孩子们不同，这位老先生似乎丝毫没有察觉到提丹引起的轰动。

其中一个巡逻队员清了清嗓子。但是老先生依然自顾自地继续在石板上写着：恐龙在地球上生活了一亿多年。

“咳咳，嗯，”那个巡逻队员又试着发出声音，但是依旧没有引起老先生的注意。

学生们于是笑闹得更欢了。

“所有人都拿一张纸出来。”老师突然转过身来命令道。

他满脸都是皱纹，以至于眼睛鼻子几乎都消失不见了。巡逻队员站到他面前说道：

“阿尔沙先生？”

“嗯？”老师惊讶地应了一声。

“您有一个新来的学生，”巡逻队员一字一句地对他说道，“他叫做提丹。”

老师先打量了一下提丹，然后又看看那两个巡逻队员，之后再看着提丹，终于他的脸上露出了亲切和蔼的笑容。

“欢迎你，我的孩子，过来吧！”阿尔沙老师说道。

学生们你看看我，我看看你，都噗嗤一声笑了出来：这个古怪的“孩子”应该有十二三岁了吧！

“我是阿尔沙先生，”老人接着说道，“我们正在准备下星期的出游。你马上就会发现，这是很有趣的！世界上所有的故事你都可以通过岩石知道。过来吧，不要害怕！很快你就可以知道地球在不同时期所发生的一切，而且你还可以在这里交到很多的朋友。”

提丹实在很难相信发生在他身上的这一切。瓦金中尉、米蒂尔还有他，已经在地球表面停留了48小时，他们应该想办法回到云上去，然后救出汤姆！他可不能真的就在这里跟这些小屁孩一起上课，他们有的甚至还在吮手指呢。他简直无法相信自己落到了这样的处境，以至于过了好一会儿才听明白老师刚刚说的话。

“我们正在准备下星期的出游。”

“我们是要到洞穴外面的森林里去吗？”提丹满怀希望地问道。

“不，不是的，我的孩子，”阿尔沙先生对提丹说道，好像他是一个六七岁的小孩一样，“那是禁止的，你要清楚这一点！我们是要到岩洞下面去。一会儿我会给你解释清楚的，你不要担心。坐下来吧，不要急，更加不要害怕。”

“我没有害怕啊！我只是想离开这个该死的洞穴！”提丹大声叫道，“我要跟中尉说话。”

“过去坐下，不要闹事！”其中一个巡逻队员命令道。

他的同伴在他耳边嘀咕了几句之后，提丹就听到那个吼他的巡逻队员补充说道：

“如果你不听话的话，我们就把你送去跟那些三四岁的孩子一起学画画。”

听到这话，提丹僵住了：他们看起来一点儿也不像是在开玩笑！所以他只能乖乖地走到教室后边，背靠着墙，在唯一一张没人的圆木桩上坐了下来。他的膝盖足足高出了桌子十公分。“我真是可笑极了！”提丹生气地想。

“真是个听话的好孩子！”老师对着全班同学赞叹道，“提丹现在就是你们的新同学了，很快他就会成为你们的好朋友，我希望大家能够帮助他。好吧，提丹，现在让我们来看看你都学了些什么！你应该已经听说过恐龙了吧？”

提丹耸了耸肩膀，他甚至都不知道恐龙是什么东西，而且他也不想知道，所以他没有回答老师的问题，只是怒气冲冲地看着那两个刚刚离开，这会儿正从窗户前面走过的巡逻队员。

“米娜，你来给他解释一下。”阿尔沙先生说道。

“怎么总是叫我回答啊！”坐在提丹前面的小女孩低声抱怨道。

接下来的几个小时里，阿尔沙先生列举了地球的各个年代、丘陵岩石层的名称、森林中不同植物的功效等等。提丹一点儿也没明白老师所讲的内容，最后趴在自己的课桌上睡着了，老师也没有发现。

突然一阵锣声使他惊醒过来。

“发生什么事了？”提丹慌乱地问。

他呆呆地看着同学们都已经围在他身边盯着他看，好像他是从天上掉下来的怪物一样。

“老师在哪儿？”提丹问。

“现在是午餐休息时间。”米娜回答。

“说真的，你叫什么名字？”一个男孩好奇地问道。

“你真的叫提丹？”另一个男孩也问。

于是所有人都开始讨论起来。

“这真是一个奇怪的名字！”

“为什么你一直在睡觉？”

“为什么你不跟那些大孩子一起上课？”

“你是从云上来的？”

“傍晚的天空真的会变成红色吗？”

森林村的孩子们看上去一个比一个苍白，但是他们的眼睛都闪耀着光彩：他们觉得在地底下、在远离天空的地方生活很幸福！他们问了提丹一大堆的问题，也靠得离他越来越近，好像很想证明他们是他的朋友一样。只有米娜稍稍离他远些，神情严肃地打量着他。

“你要和我们待在一起吗？”一个小男孩问道，“你会跟我们讲天上的故事吗？”

然后，又是新一轮的问题轰炸。

“天上是怎样的啊？那儿冷吗？”

“为什么你会从云上掉下来？”

“你没有摔疼吧？”

“真的是你救出公主的吗？”

“哈！”突然一个小女孩大叫道，“你在这儿啊！”

提丹一抬起头就看见莎妮站在门边，咧着嘴对他笑。

“你饿了吗？”她晃了晃手里的小纸袋问道。

提丹激动地直点头。

“待会儿见！”提丹对孩子们说完这话就朝门口冲去。

一出教室，他就跟着莎妮爬到岩穴树根的高处。莎妮坐在离地面三十多米高的树根上，任由两条腿在空中晃来晃去。从上面看下去，地上的村民看起来就像小小的昆虫一样。

“为什么你今天早上没有来？”提丹抓过莎妮递给他的三明治问道。

“去哪？”

“上课啊，跟那些小孩子一起上课。”

“跟小孩子一起？”莎妮哈哈大笑，“你不会是有点疯了吧？”

“难道你没有受惩罚吗？”提丹惊讶地问道。

莎妮低下了眼睛，脸上一片悲伤的神色。

“当然被罚了！我被罚一个星期不能来学校上课。这不公平，我不知道戒严令已经被表决通过了，而且……”

“嗯？”提丹打断了莎妮的话，他的三明治差点掉下去，“这不算是什么惩罚啊！”

“这就是惩罚，”莎妮说道，“而且每次都是这样。”

提丹一听完莎妮的话就满心愤慨：为什么他必须跟那些小孩子一起上课，而莎妮却不用去学校？

“今天布鲁斯基夫人还要讲关于月球的知识，”莎妮又说，“一颗跟火星差不多大小的行星撞击地球，碰撞出一小块而形成月球，你应该知道吧？哎，不能上这堂课真是气死我了！”

莎妮的怒气平息之后，她转头问提丹是怎么说服村长让他可以跟那些小孩子一起上课的。

“我也可以学你这样！”莎妮说道，“至少可以待在学校里……”

提丹很想说这都怪中尉，但是突然又改变了主意，因为如果他这样说的话，那就等于承认课堂对于自己好比地狱。为了节省时间，提丹狼吞虎咽地吃掉了三明治，还喝了一口味道像是劣质咖啡的饮料，但是一下子就吐了出来。

“呸！”他瞥了一眼手里剩下的饮料叫道：“这到底是什么玩意啊？这么难吃！”

“是蚯蚓和鼻涕虫。”莎妮答道。

提丹听完这话惊得从树根上跳起来：他需要立刻去找水来漱口刷牙！

“骗你的啦！”莎妮笑起来，“那是蘑菇，一种在岩穴里生长的蘑菇……”

莎妮似乎对自己的玩笑颇为得意，不过提丹已经没有食欲了。

“你够恶心的！”提丹说着又重新坐下。

“所以呢？”莎妮催促他回答之前的问题，“你到底做了什么才可以跟小孩子一起上课？”

“我，我不知道啊。”提丹撒谎道。

“今天早上阿尔沙先生讲了什么内容？是关于丘陵的岩石

层吗？”

“呃……是的，差不多就讲这些。”

提丹偷偷地看了莎妮一眼，期待着她能结束这个话题……奇怪的是，她正面带笑容地对着自己，笑得牙齿都露出来了。

“你可以对我讲啊！”莎妮说道。

“讲什么呢？”

“讲你很没用啊！我从巡逻队员那儿都听说了！哈！看起来你还真是啥都不懂呢！”

提丹心里感到很痛苦：在这里也一样，他仍然是最蠢最笨的学生，所有人都嘲笑他……

“不过，我才不在乎你是不是懂得很多知识，”莎妮安慰他道，“我相信你能做很多事情！”

提丹认为莎妮又在取笑自己，便不搭理她。

“我是说真的，你知道的！”莎妮还在强调，“你的知识水平并不重要……”

提丹一直沉默着，他真的很想到别的地方去。

“米蒂尔她在哪？”过了一会儿，提丹终于开口了。

“跟中尉在一起。他们在讨论关于战役还有云国的事情。晚上，她会全部讲给我听。你知道吗？她很快就要搬来我家住了呢!”

“嗯?”提丹很惊讶,“不对啊,她是跟我住在一起的!”

“从现在开始就不是啦!村长考虑到你们已经长大,不适合睡在同一个房间里,也因为其他人不欢迎米蒂尔,所以,他们让米蒂尔搬过来跟我一起住。”

“真是乱弹琴!不管怎样,我必须马上见她!我们要准备起程!”

“你们要走?已经决定了吗?”莎妮惊讶地问。

“当然!我们不可能一辈子都待在这个破烂的洞穴里!”

“我们的洞穴才不烂呢!”有人突然在他们背后喊道。

莎妮和提丹立刻转身。

一个小男孩坐在树根的一个节结上,神情激愤地看着他们俩。

“塔德奥!你在那里做什么?”莎妮问道。

“没什么。”塔德奥回道。

“你怎么了?生病了吗?你的脸色都发青了!”

“你本该和我一起吃午饭的!”塔德奥双臂交叉放在胸前,表示自己很生气。

“啊!我忘记这事了!”莎妮惊叫起来,“我刚刚带了三明治给提丹,你想要来一块吗?过来跟我们一起坐吧。”

“不要！我不饿。”塔德奥拒绝了莎妮，还恶狠狠地看了提丹一眼。

塔德奥满脸气愤地站起来，接着提丹刚刚的话继续说：

“你如果觉得我们的洞穴很烂的话，那你只管离开好了，不要忘记带上中尉和公主跟你一起走。我们这里不需要你们！”

“塔德奥！”莎妮大叫。

但是塔德奥头也没回地径自离开了。

“我并不是这个意思……你们的洞穴并不烂……”在接下来的沉默中提丹小声道歉。

“这不重要。”莎妮安抚他，但是她的神情却有些不安，因为不难看出，塔德奥其实是嫉妒。

然而，莎妮没有因此改变态度，在接下来的六天里，每天中午她都给提丹带三明治，然后一起坐在高处吃午餐，只是他们再也没有听说过关于塔德奥的消息。

让提丹大为失望的是，他也同样见不到米蒂尔。据莎妮所说，米蒂尔每天不是跟大学问家就是跟巡逻队员们讨论。莎妮和提丹并不知道那天晚上，也就是提丹到处乱逛的那天，在提丹离开的几个小时里，森林村的委员会审讯了米蒂尔。

石油和炭的起源

石炭纪是地球的一个历史时期，它存在于三亿六千万年和两亿九千九百万年之间，比恐龙的出现还早一亿多年。

在那个时期，地球上露出水面的土地都长满了繁茂高大的植物。那时候的地球，几乎所有陆地都像热带一样湿热，只是空气要比现在的稠密，而且含氧量也更高。

那时候，地球上覆盖着大面积的沼泽。大量的植物倒地后，不是直接腐烂而是被淹没在沼泽地里。

随后，某些沼泽地塌陷到地底下，经过几百万年以后，那些植物的遗骸就被埋在几千米深的岩石下面了。

在地壳中，每深入一千米，地壳的温度就上升大约 30 摄氏度。所以在 14 千米深的地壳层里，温度已经超过了 400 摄氏度，再加上岩石的压力，这些植物残骸的分子结构慢慢被破坏，渐渐转化成炭或者石油了。

我们今天使用的炭和石油绝大部分都来源于三亿年前的植物残骸。

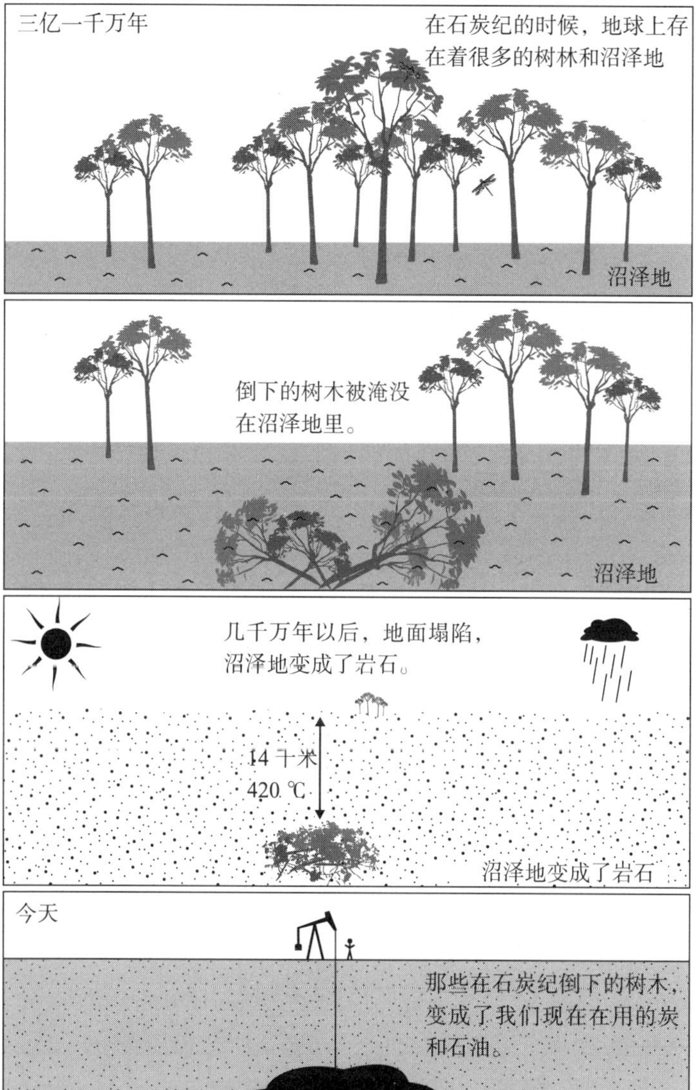
三亿一千万年
在石炭纪的时候，地球上存在着很多的树林和沼泽地
沼泽地
倒下的树木被淹没在沼泽地里。
沼泽地
几千万年以后，地面塌陷，沼泽地变成了岩石。
14 千米
420 ℃
沼泽地变成了岩石
今天
那些在石炭纪倒下的树木，变成了我们现在在用的炭和石油。
石油或炭

第八章

那天提丹逃进地下洞穴后不久，米蒂尔就迎来了森林村委员会的审讯。

“为什么暴君想要除掉您?”其中一个问道。

“因为我的父亲跟他作对，妨碍了他。”公主回答道。

此时公主正独自面对八个看起来至少有八九十岁的老人，但是就算如此高龄，也不能阻止他们在深夜里进行这场审讯。

他们并排坐在一张大桌子前的长凳上，而桌子上堆着一叠叠积满了灰尘的档案。此次大会是由森林村的村长格林泰勒先生主持的，此时他正一言不发地盯着米蒂尔。

“为什么您父亲会阻碍到暴君呢?”那个人继续用一种审讯的语气问道。

他双眼半眯着，好像确信自己已经指出了问题的关键。

“嗯？为什么呢?”他追问道。

如果米蒂尔不是被这荒谬的情形弄得苦恼万分的话，大概

她已经笑出来了。这个提问的老人一定是记忆力衰退了吧，否则这世上怎么会有人不知道北方云国国王的英勇事绩呢……

“为了拯救这个星球，”公主依然耐心地向老人解释：“我父亲发现暴君想要利用气候作为一种战争武器。”

“看哪！”那个老人大喊道，“又是这个离奇的故事！”

坐在老人旁边的人用手拍了拍他的胳膊示意他不要太激动，因为问题的关键并不在这。这下米蒂尔明白了，刚刚这人并不是因为年纪大老糊涂了，只是他不认为小女孩的父亲是英雄罢了。这一点让她大吃一惊。难道森林村委员会中有人支持暴君？

为了不显露自己的慌乱，米蒂尔赶紧垂下眼睑，让委员们自己说个够。

这间会议室仅仅比她和提丹在森林村第一晚住的房间大一点点。这种房间随处可见，土墙上盘满了树根。那八个委员在低声讨论着，看起来好像越来越不满。“他们内部有分歧！”米蒂尔担心地想。她开始确定，森林村绝不只是一个隐藏在森林底下的普通村庄，她的直觉告诉她，这里存在着某种东西，拥有可怕的力量，只不过米蒂尔还不能确定那究竟是什么。

米蒂尔试着集中精神，想运用感知力去寻找令她不安的来源。

在蓝莓村的那些年里，每天放学后，当村里其他孩子都在外面玩耍的时候，米蒂尔就要去找汤姆的父亲，上一堂叫做“公主的军事教育”的课。

布里吉上校，米蒂尔父亲忠实的老部下，确实尽心尽力地教授给她自己所知道的一切知识。每天晚上，布里吉上校都在他的办公室里接待米蒂尔，布里吉上校每次都背对着夕阳坐着，而米蒂尔则总是面朝阳光站着。透过布里吉上校办公室里那扇朝向布里吉家花园的大大的观景窗，米蒂尔可以看见云层的边缘还有那之外的天空。天空底下，是被夕阳的余晖染成鲜红色的一望无际的海洋。

米蒂尔一次不落地听着上校的讲课，有时候也会想着去找提丹和汤姆。他们两个总是跑到云层尽头，坐在离云层边缘几米远的地方，看着像被火烧着了的绯红色天空，还以为躲在那里就没有人看见他们了。不过米蒂尔是没有这种机会的。因为她并不是普通孩子，她是公主，是整个蓝莓村的居民都希望有一天能够重新夺回故国的公主。对于他们而言，米蒂尔就意味着一个更美好的未来，一个没有暴君的世界。

“但是你们什么都不明白！战争很可怕！我不想打仗！”米蒂尔有时候真想这样对他们喊。

只不过，根本没人在意她的想法，也没人在意她的内心渴望。对他们而言，她只是个拯救世界的公主，别无其他。所以，米蒂尔只能听着上校讲述关于战役和国家纷争的课程，既不发牢骚，也毫无兴趣。

然而，面对这个奇怪的会议，她却想起了上校为她将来参战而讲授的许多课程。她记得上校曾给她讲过，在战争结束时，会出现一些穿着蓝绿色裙子的女人，她们无论胜者或败者，只全心全意照料伤员。

“她们从来不参与战斗，只是有时，她们会在战前对战争双方进行促谈劝和，希望可以避免战争。”上校这样告诉她。

“她们是怎样做的？”米蒂尔听得入了迷，于是问上校，“她们对双方说些什么呢？”

“这个我们就很难知道了。传闻很多，各种说法都有！我所听到的是这样的：她们通常会从君主的亲信中挑选一位看起来最友善的人，愿意真心诚意用她们的观点去游说君主。不过这个人往往也是最危险的人！敢于公然反对领袖的人是坦率正直的，但是跟风的人则会隐藏自己的真实想法，通常来说，在君主身边，后者不计其数……公主啊，您一定要记得这一点，这很重要！”

米蒂尔从往事中回过神来，扫视了一遍森林村委员会的人。在这些人身后并没有天空，有的只是土地和树根，但是公主的目光却变得更加坚定，就好像她能感觉到上校就在她身边一样。不过老人们没有发现她的异常，他们仍然像一群小孩一样低声讨论着。

“您对我们村庄来说会是一个隐患，”他们中的一人终于开口了，“所以，请您告诉我，如果您不遵守我们的法律，那我们为什么还要保护您呢？”

米蒂尔心想，现在才提这个问题是不是有点太迟了，没准暴君的军队已经占领了整个森林……

“没有人强迫你们必须这样做。”米蒂尔无畏地答道。

“好啊，看哪！”刚刚说话的老人听到这话后大叫，“您听到了吗？格林泰勒先生，您听到了吗？”

老人俯身紧盯着村长说：

“云上的事情根本就不关我们的事！还有，是谁说她真的就是公主？嗯？又是谁说他们……”

格林泰勒村长没有转身看他，他只是慢慢举起了手，然后那个人就闭嘴了。

“提丹在找什么东西？”村长看着米蒂尔问道，“这我们必须知道。”

“是啊，这才是我们应该要知道的！”坐在左边的人附和着村长的话，这回轮到他盯着米蒂尔了，“告诉我们，提丹到底在找什么？”

米蒂尔想了一下，难道提丹真的在找什么东西吗？从前天晚上开始，他们就没有交谈过。那天她实在很累，一躺下就立刻睡着了。所以她虽然和提丹住在一起，却什么也不知道……

“为什么在我们禁止他走出房间之后，他还要出来呢?”坐在村长旁边的人又问道。

所有的目光都齐刷刷地看向米蒂尔。

“我不知道，”公主回答，“很有可能他就是无缘无故啊，提丹跟其他人不太一样……”

“那是一个傻子，没错！”第四个人肯定地说。

如果米蒂尔不是因为听到铃声分神了，那么她冷冰冰的目光一定可以冻结这个人的血液。

“早餐时间到了！晚些时候我们会搞清楚所有问题的。”村长宣布道。

在会议解散之前，其中的一个委员会成员悄悄地在格林泰勒村长耳边说了一句话，然后村长宣布：

“我临时决定：为了保护我们的村庄和村民，米蒂尔将搬到莎妮·杜瓦乐的家中。在我下达新的命令以前，您不能再跟提丹说话，否则我马上把您监禁起来。”

“您说什么?”米蒂尔低声问。

“就应该这样做！”所有的老人都齐声欢呼，然后一个个走出了会议室。

当所有人都走光了的时候，一个巡逻队员进来领着米蒂尔到莎妮家里去。

第九章

“今天，我们就去参观洞穴。”阿尔沙先生说。

所有的小孩子都高兴地跳起来，只有提丹很恼火，不仅仅是因为他根本看不出一个洞穴和另一个洞穴有什么不同，更因为这次“出游”剥夺了他跟莎妮一起吃午餐的机会，而莎妮是他现在得知米蒂尔和中尉情况的唯一信息来源。自从他被禁止去见公主的那刻起，他已经试过很多方法，试图逃出巡逻队员的监控去跟公主会合，但是没有一次成功。

他拖拖拉拉、不情不愿地跟在同学们后面，走进了那些从大厅延伸出去的隧道里。

被固定在岩石上的小煤油灯只能照亮最前方三百米，再往后，就完全一片黑暗了，所以阿尔沙先生给他们分发了火把。

他们已经走了足足半个小时，提丹低着头，慢慢地走，时不时看一看身后，任由队伍走远。现在已经过了中午，虽然明知道莎妮不可能跟来，但提丹还是希望可以看见她：他这个新朋友受到的惩罚应该已经结束，所以她现在可以跟米蒂尔一起上课了吧……

通道的墙壁上不断有水珠渗出。远处，阿尔沙先生正在跟学生们解释水珠是如何从岩石中出来的：因为岩洞里的空气蒸发的速度要比在地球表面慢四倍。不过提丹并没有听老师的讲解。当队伍的火把亮光消失不见的时候，提丹正想着汤姆，不知道他被敌军抓到天上的哪个地方去了。提丹不想落单，所以他赶紧加快脚步追上人群。一会儿之后，提丹来到一个分叉路口，就是那种洞穴分岔路。提丹看了看，右边的路足够宽敞而且容易通过，左边的路则是通往地心的羊肠小道，而且布满了从地面和洞顶突出来的尖利石头，看起来就像是怪兽的牙齿。这条路看起来似乎无法通过，但是老师的声音却好像是从那里面传来……于是提丹溜进了石头怪兽的嘴里，继续独自一人的旅程，远远地走在其他人后面。

这时，突然背后传来一个声音，把他吓了一大跳。他伸长耳朵仔细听：除了水滴落在地上发出的噗通声之外，就是远处凄厉的风声。

提丹吓得浑身直打哆嗦，他无法理解为什么有人会喜欢生活在地底下。

“有人吗？”提丹轻声地问道。

他一动不动地等了一会儿，但是没有人回应他。突然，他想起了莎妮之前指给他看的巨型昆虫。“人们是在地底下的岩洞里找到它们的。”记得莎妮当时是这样说的，他忐忑不安地继续往前走去。

一想到他可能被一只长着巨大的触角和上腭的巨型昆虫跟着，他就浑身都是鸡皮疙瘩。

过了一会儿，他从通道里走出来，刚松一口气，却发现自己来到了一个新的岩洞里。这个岩洞比森林村所在的那个岩洞还要大上一倍，一堆崩塌的巨大岩石块好像房子一样堆在一个角落里，从地面或洞穴顶生长出众多天然的巨型雕塑，遍布整个岩洞。孩子们闪烁的火把在这些巨型雕塑表面投射下舞动的光影，使它们看起来就像是活的一样。在这个好像是巨人挖掘出来的岩洞里，老师和学生们都显得无比渺小。

“提丹，过来听讲！”老师喊他过去。

阿尔沙老师以极大的耐心等待着提丹走进地下岩洞，来到那堆岩块前。

“你知道这些岩石是怎么来到这里的吗?”老师问他。

提丹低下头，生怕阿尔沙先生又问他一些不知道怎么回答的问题。

“嗯，听着，岩石是因为水的作用才到这里来的，”老师接着解释，“六千五百万年前，一块来自太空的、比山峰还要巨大的岩石撞碎在地球表面。这一撞击使得土地都熔化了，空气也因此变得滚烫灼热，引发的海啸在近陆海洋上肆虐。于是，带有巨大冲力的海水，便把这些巨大的岩石冲进了这里的岩洞。

“那块陨星就是使恐龙灭绝的同一块陨星。”在教室里坐提丹前面的、叫米娜的小女孩解释道。

“说得很好，米娜，”阿尔沙老师称赞道，“好，继续往前走，我们就能追溯到更远古时候了。从现在开始，所有的人一个跟着一个，不要有人走远了。听明白了吗?提丹也清楚了吗?每隔一分钟我都要听到你们一个接着一个地报自己的名字。”

“知道了，先生。”提丹的同学齐声答道。

“那么我们现在就出发去老虎洞!”

一片赞叹的窃窃私语声顿时在学生们之间传播开来，因为在这些小孩子有权参观的岩洞中，这个老虎洞是最令人向往的。米娜走过来对提丹说，那个洞的中间有一条河，河里的水清澈纯净得不可思议，那是她最喜欢的洞穴。“我们甚至能够在岩洞的墙上看到化石！”这个小女孩兴奋地叫道。她好像很满意自己能够来参观这个洞穴，这令提丹忍不住对她微微一笑，可是米娜却因为他的这一笑而羞得满脸通红，急忙加快脚步追上老师。

提丹仍走在最后，他感到局促不安：这些地下岩洞带给他一种可怕的压迫感，他一点儿也不想待在这里！他想到外面去，到天上去，到云上去。只有这一次巡逻队员没有在监视他，可是他仍觉得自己处处受困。

“提丹，走快一点！”阿尔沙老师喊道。

“就来了！”提丹嘟囔了一句，跟上了他的同学。

他没有发现这时候有一个影子正悄无声息地溜进他和众人之间。

石笋和钟乳石

地球上有几种不同类型的岩石，其中一种是由矿物质构成的，也就是说在这种岩石中，分子是以晶体的形态存在，这种岩石就叫做矿石。

当雨水落到含有矿石的丘陵或者山峰上的时候，雨水会渗入到岩石里面，从岩石中流走的时候顺道带走其中的矿物质。

有时候，这些带有矿物质的水会流到岩洞里。在它流经岩洞顶的时候会一滴一滴地滴落到地上。这些矿物质一接触到空气就会变硬然后形成长长的石柱。

当这些石柱从洞顶倒悬而下时，我们就把它们叫做钟乳石，而那些看起来像是从地上生长出来的则被叫做石笋。当上面的钟乳石和下面的石笋连到一起时，它们就形成了一根柱子。

在长达几万年的时间里，这些自然形成的石柱会慢慢地越变越大。人们甚至还在某些石柱里面发现了花粉，这些花粉据悉已有超过三万年的历史了，我们也正是通过这点才知道那个时期地球上生长着哪一种植物。

另外，在火山附近的山洞中还可以发现一些熔岩钟乳石和石笋，同样道理，在含盐量高的地方也存在一些盐石笋。

第十章

提丹已经独自一人走了很久，脚下这条通道比之前走过的那些要宽一点。提丹无论是伸开双臂还是高举双臂都触碰不到潮湿的岩壁，手中火把发出的橘黄色火光照亮了他身边几米的范围。对于提丹来说，这点亮光已经足以让他确定附近有没有隐藏着任何巨型昆虫。

他的小同学们这会儿已经走远了，他只能勉强听到孩子们仍然一个接一个地报上自己的名字。但是他已经不再关心这个，因为就在刚才，他做了一个很重要的决定：如果米蒂尔和中尉不赶快行动的话，他就自己一个人离开。他会找到方法从洞穴里逃出去，然后上天，之后再回来找公主和中尉。他不能再违抗村长的命令，可他也不能丢下汤姆不管，他坚信莎妮会帮助他的……

提丹只顾陷入自己的沉思里，没有看到脚下高低不平的地面。突然他被一块石头绊倒了，整个人摔倒在地上，火把也差点熄灭。在这种半明半暗的洞穴里待了一阵之后，提丹才突然意识到不妙，如果他在这地下通道里迷路了，那该是多么可怕的一件事啊。

意识到这一点后，提丹赶紧爬起来想尽快追上大部队。不幸的是他又遇到了一个新的分叉路口，这一次他不知道该走哪一边。左边的通道里一点声音也没有，而右边，听起来有某种气流的声音，就好像是从遥远的地方传过来的呼吸声。

“喂喂！”他朝着右边的通道喊着。

回应他的只有回声。

“等等我呀！”提丹怒道，“自己报名字有鬼用啊？”

他犹豫不决地又等了一会儿，直到一缕彩色的光引起了他的注意。在右边地道的岩壁上，有一小块撕碎的布条被挂在一块石头上。

“哈哈！”他笑着跑进右边通道。众多的钟乳石和石笋使他很难前进，但即便如此，他还是走得很快。路上虽然接二连三地出现一些通道和岔道口，但是每次他总能找到给他指路的布条。远处的风声已经慢慢变成了流动的河水声。

“那是老虎洞里的河……”提丹寻思着，可能是米娜撕碎自己的衣服给他留下了这些指示。

于是提丹便安心地跑起来，最后来到一个比之前那个更大的岩洞里。这个岩洞非常空旷，在火把的照射下，岩壁泛着绿色的光。提丹看了看他周围，惊讶得目瞪口呆——他发现自己正站在峭壁上，就像站在一个悬空的窗台上，俯瞰一条河从巨大的石笋群中穿流而过。

提丹往前走了一步，看了一眼河面，大约有10米宽，碧蓝色的河水澄净清澈，正沿着一条天然形成的水道，在岩洞的石柱之间倾泄而下。

“喂喂！”提丹叫道，“你们在哪？”

但是，就算提丹把喉咙喊哑了也是徒劳，轰轰隆隆的水声将他的喊声淹没了。他举起火把，想要看看岩洞顶，但是洞顶实在太高了，火光无法照到。

“你们在哪？”提丹又喊了一遍，但是这一回他已经不抱太大的希望了。

即便这里有人，也不可能听到提丹的喊声，更何况岩洞里一点亮光都没有。整个岩洞只有提丹一个人。

“我真是受够了！”提丹大叫，下定决心回村里去算了。

正当他转过身想要沿原路返回时，他惊恐地发现原来岩壁上不止一个出口，而是有六个！那他刚刚是从哪个口出来的呢？他把六个洞口都一一地搜寻了一遍，想看看是不是还能找到那些给他指路的布条。但令人沮丧的是，他一块也没有找到。

他颓然地回到岩洞里，想着如果阿尔沙先生能够找到他的话，他肯定又要受罚了！这一次再受罚的话，他就得跟那些三岁的小孩子一起上课了……

就在这时，某一个通道里突然闪过一道亮光。

“提丹？”一个小女孩的声音喊道。

提丹惊讶地往后跳了一步，皱起了眉头，在他所有期待听到的声音当中，显然这一个是他最没有料到的。

“提丹！”公主叫着他的名字出现在他面前，又问道：“发生什么事了？”

公主看起来很担心：“我尽可能快地赶过来了！发生了什么事？”

“什么呀？”提丹问道，“你也是跟着你们班的人一起来的吗？其他人呢？”

“什么其他人？我是跟着你留下的布条过来的！我按照你所说的，是独自一个人过来的啊！”

“嗯？”

“你说有很重要的事情不能在村里说！”

提丹瞪大了眼睛，惊讶地看着公主。

“可是，我根本什么都没说啊！”

“你忘了吗？是你让塔德奥来告诉我，让我来这儿找你。”

“可是我什么都没叫他做啊！”提丹叫道，“我都有一个星期没有见过他了！”

米蒂尔不说话了。她眉头紧皱，看着提丹的火把。它差不多就快要熄灭了。

然后，米蒂尔伸长耳朵，想试试能不能从河水的嘈杂声中听出点什么。接着，她又返回自己刚刚出来的通道里。

不一会儿，她从通道里回来。“布条都不见了，有人把它们拿走了！”

“我的也被拿走了……”提丹跟着说。

就在这时候，提丹的火把熄灭了，于是他靠近米蒂尔。

“你想不想一起去岩洞里四处找找？可能在某个地方会有出口……”提丹问米蒂尔。

“不要。你知道我们现在在哪吗？”米蒂尔逼视着提丹，生气地叫道：“我们现在可是在一百米或者两百米深的地底下啊！我们迷路了！没有人能找到我们！”

“哦，那样的话，我们就只能回村里去了。”

“你认识路吗？”

“呃……”

“我也不识路，你想想！我们现在有什么！布条消失不见了，你的火把也熄灭了，现在只剩下我的这只火把，但是也不能支撑很长时间啊！”

提丹一脸迷惑，他没有想到这一点……

“塔德奥一定是受了某个人的指使，”米蒂尔说道，“有人故意让我们到这里来。我就知道，一场灾难马上就要来临了！”

米蒂尔眉头深锁，开始在洞里走来走去。她知道在这里大叫一点用也没有：洞里的流水声会盖过所有声音，根本没有人可以听见，他们现在只能靠自己想办法。但是，他们的火把支撑不了多久，如果洞里没有了光源，那就糟糕得不能再糟了……

“可是，这是为什么呢？”米蒂尔小声嘀咕。

在米蒂尔思考问题的时候，提丹并没有去打扰她，而是自己走到峭壁突出的边沿坐了下来，双腿垂在空中。时间一分一秒的过去，依然没有一个人出现，这回连米蒂尔的火把也熄灭了。眼前除了无尽的黑暗什么也看不到，在黑暗彻底笼罩的洞穴里，轰隆的流水声似乎变得更加可怕，因为看不见，所以听觉就被放大了十倍。

“我们就在这里等着吧，除此之外别无选择了。”公主走过来坐在提丹身边说道。

恐龙灭绝之前的地球

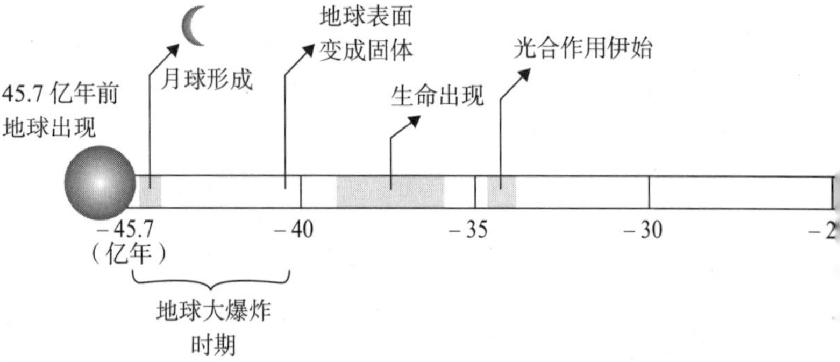

古生代：恐龙出现之前的地球

物种大灭绝
全球冰期

寒武纪	奥陶纪	志留纪
形成大量水生植物的化石	陆地被植物占据，水生动物来到陆地生活	珊瑚虫 无叶植物

– 5.42（亿年） – 4.88 – 4.44

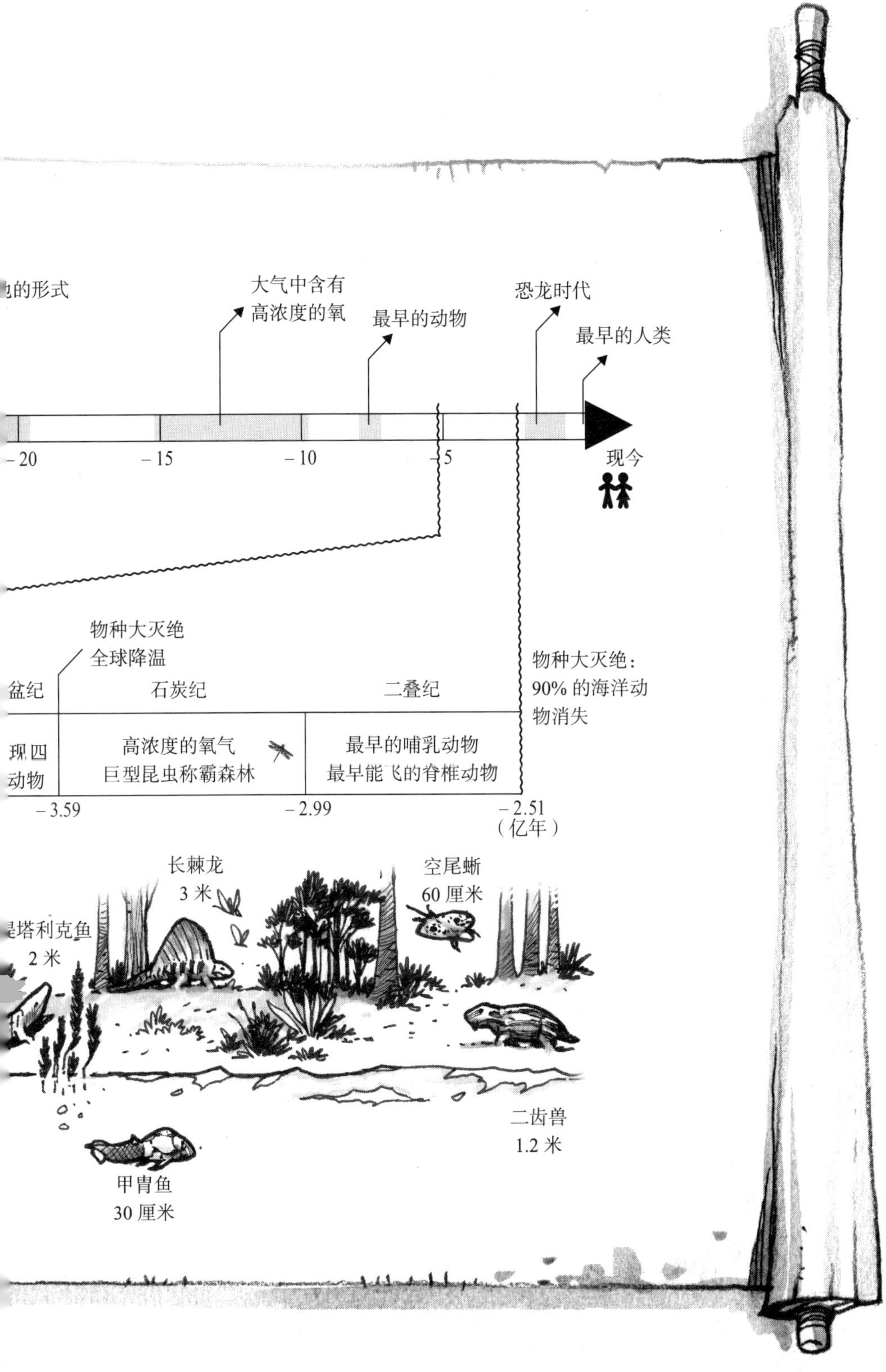

的形式
大气中含有
高浓度的氧
最早的动物
恐龙时代
最早的人类
– 20
– 15
– 10
– 5
现今
物种大灭绝
全球降温
盆纪
石炭纪
二叠纪
物种大灭绝：
90% 的海洋动
物消失
现四
动物
高浓度的氧气
巨型昆虫称霸森林
最早的哺乳动物
最早能飞的脊椎动物
– 3.59
– 2.99
– 2.51
（亿年）
长棘龙
3 米
空尾蜥
60 厘米
塔利克鱼
2 米
二齿兽
1.2 米
甲胄鱼
30 厘米

第十一章

米蒂尔和提丹就这样肩并肩地在黑暗中坐了一个多小时。公主谈到她觉得森林村的居民很奇怪，提丹表示完全同意，因为在地底下生活本来就不正常！

“但是，不止这样，”米蒂尔接着说，“他们可能隐瞒着某种东西……”

“他们有很多巨型化石。”提丹低声说道。

“是的，我看见了，但是问题不在这。我觉得他们好像拥有一个惊人的秘密，正是因为这个秘密，他们才不得不生活在地底……”

“说真的，化石到底是什么东西呢？”提丹问道。

“就是很久以前死掉的动物的残骸被困在岩石中，石化之后形成的东西。就是因为有了这些化石，人们才知道几百万年前的动物长什么样……”

米蒂尔的手臂紧贴着提丹，使得他根本无法集中精神听米蒂尔到底讲了些什么。当他们还在天上的时候，也就是在摔落到地球表面之前，他曾经和公主被人绑在一起，但是自那之后，他就没有跟公主如此靠近过。现在虽然隔着衣服，但提丹还是能够感受到她肌肤的温度，感受到自己的身体随着公主的每一次呼吸和每一次讲话而颤抖。这几乎只有一秒钟的亲密接触，已经让他的大脑停止了运转，心也跳得飞快。

“你感觉到了吗？”米蒂尔突然小声地问提丹。

提丹吓了一跳。

“感觉到什么？”提丹猛然移开自己的手臂结结巴巴地问，“呃，没有，什么也没感觉到，你呢？”

“在我们周围，好像有什么东西！”

提丹转过头去，四处看了看。但是他什么也看不见，周围依旧是一片黑暗。

“是蝙蝠！”米蒂尔大叫。

“在哪？地上吗？”

提丹以前从来没有听说过蝙蝠，所以在他的想象中，蝙蝠是灰色的、没长毛的、会咬人的小动物，此时正群集在他们周围。

“不是，是在空中。它们到处飞来飞去！有好多啊！”

“蝙蝠会飞？”提丹很惊讶，“这么黑也可以飞吗？它们不是老鼠吗?”

提丹很担心。他寻思着，他的朋友会不会因为在地底下住了一个星期所以脑子就坏掉了。

“蝙蝠是靠声波取代眼睛来辨别方向的，所以它们不需要亮光……”米蒂尔向提丹解释道。

提丹刚想试着让米蒂尔恢复理智的时候，听见他周围的空气也有小小的动静，是一些奇怪的呼啸声。没错，毫无疑问，的确……有东西在他周围飞!

“可是，既然它们会飞，怎么不从这里飞出去呢?”提丹激动地说，“这些蝙蝠真是傻透了!”

提丹简直不能相信，一种长着翅膀的动物居然不生活在天上而是选择生活在洞里。

“你刚刚说什么?”公主问道。

“这些蝙蝠真是傻!”

“不是这句，是前面那句!”

“如果它们会飞的话怎么不从这里飞出去呢!”

米蒂尔一下子就跳了起来。

“你说的没错!你真是个天才!”

“我吗?”提丹问，“是吗?”

“等一下!让我集中精神好好想想。”

提丹安静地闭上嘴。过一会儿，他慢慢地伸出手臂，但是却没有摸到公主。

“你在哪？”提丹问。

“嘘！”米蒂尔出声制止了他，“我正试着用风力感知……”

“哦……”

“你也应该试一试！”

听到这话，提丹僵住了。他不想听到什么感知力啊、集中精神啊、学校啊之类的话。但是，此时岩洞里令人入迷的黑暗给了他一次绝好的机会：因为这一次没有人会看到他，即使他失败了，也没有人会嘲笑他。

这样想着，提丹就睁着眼睛，慢慢地把头往后仰，努力使自己什么也不多想，他发现这倒是挺容易做到的。

奇怪的是，他很快就看见了一丝微光，很微弱，跟黑暗比起来，只是一片淡淡的橘黄色雾气。他不知道自己是真的看到了，还是这仅仅是自己的想象，因为亮光的颜色很漂亮，而且看起来还有一点点眼熟……

几分钟过去了，光线变得越来越强烈。但是这变化太细微了，以至于提丹也不确定它是不是真的在变化……

“我失败了！”米蒂尔说，“我什么都感受不到。空气在流动，但是我没能够跟上。蝙蝠让这一切变得太过复杂了……”

“那束橘黄色的光线呢?”提丹问道。

“什么橘黄色的光线?”米蒂尔很惊讶。

“看哪！就在那呢！”

“哪呀?”

“那里啊！”

蝙蝠继续在他们俩头顶上盘旋。这时候，提丹突然感觉到米蒂尔的手滑进了他的手里。

“指给我看！”公主说道。

提丹举起手，指向那亮光的方向。

“是啊，是啊，就是这里！”公主激动地说，“你找到了！这是出口，从这出去我们就可以看见天空了！”

“不对啊，天空又不是橘黄色的……”提丹反驳道。

“不是天空，是月亮！快！我们看看能不能爬上去！”

米蒂尔说着，把提丹的手握得更紧了。他俩一起站起来，因为看不见，所以只能沿着岩壁先找一个可以朝着亮光爬上去的地方。

他们试探着摸摸那些岩石，终于发现一些自然形成的像台阶一样的石头。他们高兴坏了，于是抓住这些石阶开始攀爬陡峭的墙壁。他们越往上走，就越觉得空气温润清新。他俩心中不约而同地燃起一个极大的希望：他们就要离开地下，回到天上去了！

大约两小时之后，他们终于来到一条狭窄的通道上。这条通道朝着地面的方向延伸着。

当终于来到通道口时，他们看见月亮在天空中闪耀着。

“太好啦！”提丹大叫着冲向外面。

为什么植物是绿色的？

太阳照射出来的光线其实包含了我们肉眼能看到的所有颜色，混合了从红色到紫色的所有光，也就成了白色光。（详见《云间王子 I》第 27 页）

当太阳光照射到一个物体表面时，通常情况下，它所发出的能量都被转化为了热量。这也是为什么当我们躺在太阳光下的时候会觉得热。

不过地球上还生活着一些物种，它们使用一种更聪明、更复杂的方式来利用太阳的能量，绿色植物就是其中一种。

绿色植物利用太阳光结合空气中的二氧化碳和土壤中的水分，将它们转化成糖分。为了实现这种转化，它们需要一种特殊的分子，就是存在于所有绿色植物叶子中的叶绿素。

但是叶绿素并不是什么颜色的光都能使用，它只摄取太阳放射最多的红光和蓝光。

当我们看一片叶子的时候，我们只能看到叶片表面反射出的颜色光，而不是叶片所吸收的颜色光。当红光和蓝光被叶绿素吸收之后，我们所看到的太阳光呈现出来的就是绿色。这就是为什么在我们看来植物是绿色的原因。

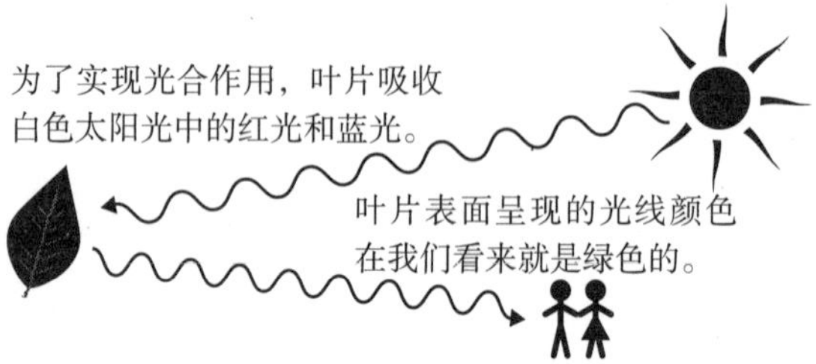

第十二章

在银灰色月光的笼罩之下，一望无垠的山谷隐没在群山之间。此时，呈现在这两个孩子面前的大地，显得如此生机勃勃，几个世纪以来，因为云层的阻挡而远离天上人的视线。

在悬崖边上，提丹和米蒂尔站在一块突出的、自然形成的平台上。在他们脚下，洞中那条轰隆作响的河流从山体的裂口处倾泻而出，在空中激荡出一朵朵巨大的浪花，足以把树的顶部淹没。此时夜幕当空，他们还可以看见一弯新月。提丹深深地吸了一口气，他的眼睛闪烁着光芒：他已经好久没有感到像现在这样幸福了。

“原来我们根本不是在地底下，而是在山体里啊！”米蒂尔难以置信地说。

他们正好在半山腰，距离山脚的森林有几十米远，距离山崖的顶端也有好几十米，而崖壁既陡峭又光滑，根本不可能爬上去。

往下看去，微风一阵阵温柔地拂过树林，吹弯了树梢，仿佛在这片树叶的海洋中掀起了滚滚波浪。周围的丘陵永远保护着这个山谷，使之不受远方平原上酸性空气的入侵。

米蒂尔惊叹地看着树林，而提丹则望着天空。透过弥漫在空气里的薄薄雾气，可以看到银白色的云正悄悄地从星星底下飘过。云朵从远处出现，飘过山谷，最后消失在悬崖后面。提丹朝云朵伸出双臂，好像这样做就可以抓住它们往上爬，然后骑着云朵飞到他们的王国去。

“小心！”米蒂尔突然把提丹拉到后面，使他紧靠在岩石壁上，然后说，“我看到有亮光……”

提丹小心翼翼地从悬崖突出的边缘朝下方看去。他看到平台下面还有一个平台，上面铺满了一层厚厚的树叶。提丹眯起眼睛仔细看了看，那些长在岩石上的、高高的灌木丛里好像藏了什么东西。正在这时，一朵云散开了，一缕月光照亮了四个三角形状的东西。

“是三角翼滑翔机！”刚刚溜到提丹身边的米蒂尔轻声说。

“怎么可能啊！”提丹满怀惊喜地叫道。

他笑得十分开心，转过头去看米蒂尔。米蒂尔也正看着他。

米蒂尔很想回到云上，很想离开这个令人窒息的地下村庄。对于这一点，这两个朋友无需明言就知道彼此心里的想法。

他们又重新俯下身去，不去想正在森林里巡逻的士兵，也不去想森林村的村民，他们只想着天空。

“真是太好了！”提丹仔细看着悬崖的突出部分，然后低声说。

“有人吗？”米蒂尔大声问。

“有人在吗？”提丹加大了声音。

他们的声音飘荡在山谷里，被周围的丘陵反弹形成回音，最后消失在空气中。

“你确定看到了人？”提丹问道。

“没有，我只是好像看到了一个影子……”

“我们要确认一下。”提丹说道。

他站起来，深深吸了一口气，双手拱在嘴巴上做喇叭状，然后大叫：“有人在吗？”

他一喊完，就有一阵可怕的嘈杂声从身后的岩洞里传出，声音大得连空气都震动了。米蒂尔和提丹齐齐转过身来，很是担心。

“是、是我干的？”提丹问。

声音变得越来越响亮，就好像一只巨型怪兽正朝出口走过来。

“快躺下！”米蒂尔突然拉住提丹的袖子说道。

提丹吃了一惊，结果一个踉跄扑倒在米蒂尔身上，正在这时，一大群蝙蝠从洞里蜂拥而出。

提丹紧贴着米蒂尔，他感觉有好几十只蝙蝠飞过的时候掠过他的背和他的头发。

“哎呀！”提丹尖叫一声，抬起头来正好看见最后一只奇怪的、会飞的老鼠消失在空中。这群蝙蝠数量真是多得惊人啊！

“黑漆漆的，我们不能下去。”米蒂尔重新站起身，说道，“我要再试着感受一下风。”

提丹看着米蒂尔，努力克制着自己想将她抱进怀里的冲动，也极力克制自己不要高兴地跳起来。他和米蒂尔虽然迷路了，不过他们找到了一种飞行器，而且终于能够再次看见星星，还有最重要的是，他们在一起。

第十三章

“我们所拥有的五官并不足以让我们完全看清世界的一切，”蓝莓村的感知课老师布瓦卡先生曾经这样说过，“比如，这个世界存在着一些我们肉眼无法察觉到的光线。”

“我们的眼睛已经熟悉了某几种颜色，例如我们通常所说的黄色、红色、绿色、蓝色等等。然而除了这些颜色，在我们周围还有许多其他看不见的颜色。但是有一些动物却可以看见这些颜色，他们有时只需要利用眼睛就可以察觉到热量。动物们也一样具有视觉、味觉、触觉、听觉……因为我们的感觉是有限的，所以大自然远远要比我们能够感知到的更加丰富多彩。不过我们可以学习怎么去聆听大自然的声音……”

在蓝莓村的时候，早在米蒂尔去学校上课之前，她就已经知道这个世界远比人们想象中的要广阔许多。她一直觉得，自然界中有某种神秘莫测的力量，某种巨大的力量，某种她既不能够理解也无法表达、更别说是掌握的力量。后来布瓦卡先生教他们感知学，于是米蒂尔学会了怎样让思想脱离肉体，像风一样自由地在空中畅游。

此后，米蒂尔经历了颇为传奇的历练，她不再是个公主，也不再是肩负整个北方云国希望的女孩，而只是一个跟其他孩子一样的凡人，一个认识了世界，然后从中感知到它惊人力量的孩子。

身边的提丹已经睡着，米蒂尔独自一人背靠着岩石，面对着黑夜。此时她又重新感觉到这股紧紧包围着她的力量，这股超出了她的意识却一直驱使她去探索的力量。

“有时候，你们的眼睛反而会使你们看不见。”布瓦卡先生说过。

米蒂尔于是把所有注意力都集中在她的呼吸和皮肤上，然后卸下脑子里一个又一个阻碍她专注的障碍，试着什么也不去想，全心地去听，就只是去听，听听大自然对她说什么。

猛然间，她听到百米之下的山谷中，风在树叶间钻来钻去，听到提丹的呼吸声，就在离她很近的地方，一种感动瞬间占据了她的情感。她的朋友提丹热爱天空和星球。也许，他并不知道这个世界上的很多事情，不知道那些老师试着要在课堂上教会他的东西，但是在他内心深处，却比大部分学生都更接近自然……

米蒂尔现在可以感觉到自己的心跳声，和周围所有的声音混杂在了一起，就变成了现在这样。但是，还有其他什么东西……啊，有说话的声音，奇怪的低语声……

米蒂尔突然心跳加快，而这时说话声也越发清晰了。她听到有好几百个声音同时在跟她说话，但是米蒂尔并没有听懂这些陌生的语言，除了其中一种。

“闭上眼睛，公主……不要害怕我们……”那个声音说道。

这个像狂风暴雨一样沉重的声音，让米蒂尔全身都在颤抖。这个声音颇具威严，但却温柔而令人陶醉，而且还特别强烈有力！

“我们正等着你们呢，等你和你的朋友。看哪！看一看，听一听。”

转眼间，黑暗消散了，米蒂尔看见了所有的树，一棵接着一棵，树干全都指向天空，树枝一层一层地铺展开来，树叶也在尽情地呼吸着空气。她还看见树根深入地底，向四周伸展。这些树根甚至比枝干还要长，它们汲取土壤里的养分，还有清洁而纯净的水。

米蒂尔颤抖得更厉害了，她不再跟随着风，而是已经成为这个世界的一部分，好像连她的身体也成了一种非物质的存在。她无需眼睛就可以看到，无需耳朵就能听到，她已经跟大自然融为一体。

突然之间，她背后森林村的山体也变成了透明的。米蒂尔一转身，就看见山体里面无数的通道和岩穴接连不断。还有，山体里的水道——位于不同高度的淡水湖泊，随着地势越来越低，水面也变得越来越广阔。这么多的淡水湖泊，可以提供足够多的饮用水，让众多的城市使用好几年。还有一些从岩石中流出的水流，连通着各个湖泊，而这些水流好像都流经一个大洞穴附近。米蒂尔看着这个岩穴，它的外面有一个平台，就是刚刚他们看到那些隐藏在灌木丛里的滑翔翼停放的地方。

米蒂尔没有再听到什么说话声，但是她明白了，自己刚刚听到的众多陌生语言都来自森林，而且，还有某个人在帮助自己理解森林的这些语言。没错，是有人在向她传达树木的信息，而这个人现在就在这里，就在这座山里，就在她附近。

“不要走神……”那个庄严的声音继续说，“看好了！我们需要你。”

在这个声音的指引下，米蒂尔感觉到树木想要告诉她某些东西，于是便由着它们进入她的心里。果然，她看到了一个非比寻常的秘密，一个森林村所有村民用生命在守护的秘密。

“森林村的秘密！”米蒂尔心里想。

这片在她脚下铺展开来的森林正在清洁这个世界。天空中的水降落到地面，被森林的层层泥土过滤，之后由树木的根须将它们送回地球表面。当水重新到达地球表面时，水就和其他养分一起滋养树叶，树叶又进一步净化空气。

米蒂尔惊讶于自己的这一发现：她刚刚发现了暴君对所有生活在云上的人们所隐瞒的秘密——大自然自给自足，并照料着地球。

“地球并不需要人类啊……”米蒂尔小声说。

“不，并不完全是这样。”另外一个声音说道，米蒂尔吓得一下子就睁开了眼睛。

站在她面前的是一个驼背的老人。他的右手撑着一根木拐杖，头发上满是树枝和树叶，一直注视着米蒂尔。

“您是谁？”米蒂尔有些害怕，退到提丹的身边。

“我是老罗伯，”老人回答，他的声音听起来就像森林里的树木一样老迈，“你并不了解你所看到的一切，你对人类没有足够的信心。”

公主盯着这个奇怪的老人：他很小，很瘦弱，似乎风一吹就会倒下。

“你不应该认为力量是由身材的大小来决定的。”陌生人又说道。米蒂尔很奇怪他怎么会知道自己心里在想什么。

“他就像提丹的妈妈一样！”米蒂尔这样想着，转过头去看了看正在熟睡的提丹。她伸出手正想叫醒他，却突然发现老人的表情骤变。

老人此时瞪大了眼睛，双手也哆嗦得厉害。

“不，不可能！”他一边嘟哝着一边走近提丹，“项链……他有项链……”

他连忙用手捂住嘴巴，但还是惊恐地大叫起来：

“你们不能待在这里！有人在等你们……你们必须离开……马上离开！希望现在不会太晚……”

“您怎么啦？”米蒂尔担心地问。

那个陌生的老人看了一眼天边，闭上眼睛冥思了一会儿。

“他们已经在路上……他们就快到了！”

“谁？”米蒂尔说着也扫视了一下周围。

她只看到月光下丘陵的轮廓。

“快点，必须马上离开！”老人急忙说。米蒂尔还没反应过来，老人就已经用他的拐杖碰了碰提丹。

提丹伸着懒腰，睁开眼睛，对着这个陌生人微笑。

“好啊，早该来了！”提丹叫道，“我们等您很久了，每隔一分钟就报自己的名字一点用都没有！你们这个方法很糟糕！还有……”

提丹没有接着往下说，因为他意识到自己从来没有在村里看见过这个像流浪汉一样的老人。

“您是谁？”提丹起身问道。

就在提丹站起来的时候，他那条项链上的水晶从他上衣的破洞里露了出来。

老人惊讶地目瞪口呆，着迷地盯着那块在提丹胸前闪耀着的小彩虹石。提丹觉得很意外，用眼神询问米蒂尔。小女孩耸耸肩膀表示自己也不清楚。这时，老人慢慢地半跪在地上向提丹俯身跪拜，而视线却不曾离开提丹的项链。

这个场景是如此诡异，以至于米蒂尔和提丹都不知道应该做什么。而当他们看到陌生的老人面颊上流下了高兴的眼泪时，他们更是惊讶到了极点。

“我已经等您很久了……”老人说道，他仍然面朝提丹跪着，“我之前感觉到了小女孩的出现，但不知道您也来了……请原谅我！如果我早知道，我就会早点过来，您要相信我！您本就不该在山里待那么长时间，现在必须离开了，必须马上离开。”

提丹看了米蒂尔一眼，想看看她是不是也跟自己一样觉得这个老人已经疯了。但是他没有得到回答，因为公主正俯身把老人扶起来，还用一种对孩子说话的语气对老人说道：

"您能告诉我们去村庄的路吗？我们两个迷路了。我们的老师应该正在找我们……"

"不，不要回去！你们应该马上离开！你，小丫头，你刚刚看见了我的办公室，不是吗？"

"他完全疯掉了！"提丹说。

米蒂尔皱紧眉头后退一步，示意提丹不要说话。而老人似乎颇为震惊，因为这个小女孩居然胆敢这样打断项链主人的话。

"您是想说那间所有水流都经过的洞穴？"米蒂尔问道。

"是的！"老人答道，"就是那里！快去！快跑！快去奥德尔！他们会把你们送到北方。要快点，不然就太迟了！"

"您知道我是谁？"

"你是北方云国的公主，你拥有可以脱离肉体感知自然的能力……至于水晶的主人，我之前没有认出他……可能是因为他还不懂得如何控制它……"

米蒂尔不知所措地看了一眼提丹，提丹正将手指按在太阳穴上，不停地转动着，他想说老人是疯子。

“你们必须离开，必须马上离开！”老人坚持道，“骑上滑翔翼，它们就停在下面。你们到奥德尔去，我会送个口信给达琪，她会保护你们，会把你们领到你们的王国去的。”

“那些飞行器是您的？”提丹问道。

“是的，是我制造出来的，用的是……”

“我们没有时间可以浪费了！”小男孩说着就冲进山洞里，但是很快又折回来。

“是走哪条路呢？另外，您有没有火把？”提丹问道。

“公主认识路的，她刚刚已经看过了。”

“但是我们要先回趟村庄。”提丹解释说。

“不！不！马上就离开！”陌生老人命令道。

“我们不能撇下莎妮和中尉就离开！”提丹生气地说。

站在他身边的米蒂尔也表示同意提丹的看法。

“你们不明白！”老人简直快疯了，“现在每一分钟都很宝贵！他们就快到了！”

米蒂尔还想再问问老人，他口中所说的“他们”到底指的是谁时，突然听到一声猛烈的爆炸声，震天动地。

“这是什么？”提丹问道。

“是他们！”老人说道，“他们到了！”

第十四章

回到一个小时之前。那时，阿尔沙先生和他的学生们正顺着洞中的河流往上游方向走，来到了老虎洞。

孩子们一个接一个地从通道里走出来，满心惊奇地看着他们周围的东西。比他们个头还大的水晶在火把的照耀下闪烁着细碎的光芒。老虎洞里差不多有好几百块水晶，地上、岩壁上、洞顶上几乎到处都有。洞的正中有一块几百万年来被河水冲刷而成的岩石，看起来就像是一只巨型的老虎端坐洞中。

从老虎石大张的口里喷射出一股清凉澄净的水流，这与米蒂尔和提丹在半山腰上俯瞰到的清澈水流是同一水源。

“多漂亮啊！”米娜转过身来，笑容灿烂地指着这惊人的景象对提丹说。

只不过提丹并不在那里，阿尔沙先生察觉到这一点后，俯下身来往通道里看了一眼。

“提丹？”阿尔沙先生叫了一声，他举起火把以便看得更清楚。

但是没有人回答他。

“提丹！”阿尔沙老师很担心地又叫道，他问米娜，“发生什么事了？那个新同学到哪去了？他不是走在你后面的吗？”

米娜耸耸肩膀表示自己不知道。但是阿尔沙老师的焦虑感染了其他同学，所以大家都不再关心那些水晶或者河流，都安静地盯着阿尔沙先生。

“提丹！”阿尔沙先生照亮了空荡荡的通道大声地喊着。

他的声音消失在地球深处，但是提丹仍旧没有回答。

“不可能啊！”老先生苦恼地抓了抓脑袋上为数不多的头发，“我明明一路上都有听到他的名字啊！他一分钟之前都还在这儿呢！”

“我也是，我也有听到……”米娜答道。

“我们往回走吧！”阿尔沙老师最后决定。

于是全班同学都跟着老师又走回通道里，一路上谁也没有心思再欣赏洞穴里的奇特景观。

小孩子们一个接一个原路折回，每经过一个分叉口的时候都大声叫着提丹的名字，但一切都是徒劳。

当他们回到森林村的时候，阿尔沙先生脸色惨白，在他的教师生涯中，他还从来没有弄丢过一个学生，这对他来说简直就是一场灾难！

“他的火把很快就会熄灭，那时他就没有照明的光了！”他哀叹一声，气喘吁吁地快步跑到村长的办公室。

几分钟后，格林泰勒村长惊慌失措地走出他的办公室，宣布全村紧急戒备。

巡逻队员们很快把守住村庄的各个出口。而这时，消息已经在整个村庄传开了：米蒂尔和提丹逃跑了！

巨型昆虫

地球大气的组成自形成以来已经发生了巨大的变化。比如一开始的时候，大气中并没有氧气。

氧气是随着某种细菌的出现而出现的。这种叫做藻青菌的细菌大约出现于三十五亿年前，是一种利用太阳光来生存的细菌。三十亿年之后，植物也开始自己产生氧气。到石炭纪的时候，地球就已经被植物覆盖了。那时候，森林面积广阔，地表水量充沛，大气中的氧气含量远远高于今天。这很可能就是某些物种体形巨大的原因。

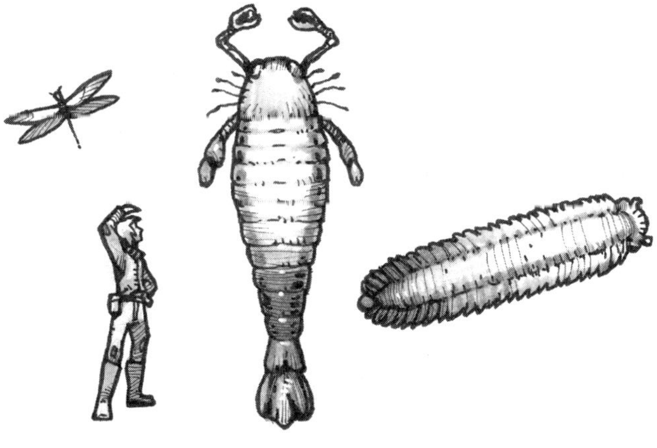

以上插图中，我们通过找到的化石还原了古生物的原貌，并以提丹的身高为参照物，以此对比出那些昆虫的真实大小。现在对时常在森林里游荡的人来说，非常幸运的就是这些巨型昆虫已经消失了（或者说它们已经变小了）。

第十五章

瓦金中尉坐在他的房间里，背靠着墙，双眼紧闭。今天，他保持着这个姿势度过了一整天，不吃不喝，甚至一动也不动，只是脑子里不停地分析他、米蒂尔还有提丹三人现在的处境。得出的结论让他很不安。在岩穴外，暴君的士兵肯定还在仔细搜查森林，因为如果不把米蒂尔带回去的话，他们没法跟暴君交差。

还有一点瓦金也很确定，暴风雪战队，也就是暴君的精英部队已经来到森林。尽管村长劝慰过他，但是瓦金知道他们迟早会发现丘陵里所掩藏的秘密。这些人拥有一种异乎常人的洞察力，而且冷酷无情，令人闻风丧胆，一旦森林村被发现的话，无疑会是一场杀戮。

现在，村民们把瓦金当囚犯一样日夜看守，所以他根本没有机会可以采取行动来阻止这场灾难。

在这个丘陵里，这场战争迟早会爆发。而战争之后，森林村的居民们还能不能活下来，瓦金对此已不抱任何幻想。村里的巡逻队也许懂得怎么打仗，固然也比暴君的人更了解和熟悉森林，但是他们的人数实在太少了，绝对无法和经过专业训练并且还全副武装到牙齿的士兵对抗。

此时，瓦金中尉的脑海中突然闪过一个可怕的念头：有没有可能森林村委员会的成员们早就知道了这一切呢？他们会不会不战而降，任由他们杀掉村民呢？

“不，不可能，他们又不想自杀！他们完全知道自己在做什么。”瓦金否决了自己的想法。

然而由此引发的另一个较为符合逻辑的后续念头狠狠地刺激了他：说不定他们和那些士兵是一伙的！他们会出卖米蒂尔！

瓦金中尉站起身，立刻警觉起来，同时他的头脑高速运转着：“那他们还在等什么呢？”

“可能他们内部无法达成一致！”瓦金自问自答，“他们不惜一切代价想拯救他们的村庄，但是他们不知道可以怎么做，也不知道可以用公主来交换什么……”

瓦金坚信自己的推论是正确的，虽然这些推论似乎有些矛盾之处，但却使他又看到希望。因为他可以利用委员会内部发生分歧的这段时间来好好安排一下。但是会不会真的有用呢？瓦金对此表示怀疑。

“那些不顾道义的人总会想方设法达成目的，即使无法得到期望的回报也在所不惜。所以最终，士兵们一定会把这里夷为平地的。”

于是瓦金便开始拟定一个逃亡计划。两个受他保护的孩子必须在北方云国会合，米蒂尔要跟起义军重新取得联系，提丹则需要学会集中精神。啊，要是提丹能够学会感知风就好了！

“我一定会找到办法来帮助他发挥自己才能的……”正当瓦金自言自语的时候，他房间的门突然被大力地撞开了，一群巡逻队的人闯入了他的房间。

他猜想一定是发生了什么大事，但是他依然装作平静。

“跟我们走！”其中一个人命令道，“提丹和米蒂尔逃跑了！所以你现在被逮捕了。”

中尉仍是坐着没动，却用一种他之前做警察时的眼光审视着他们。

“他们不是逃跑了。”过了一会儿之后，中尉终于开口说道：“他们是被人抓走了！”

“跟我们走！”那个巡逻队员又说。

瓦金跟着押送队伍沿着悬空的天桥走过时，看到所有的村民都集合在了大厅里，围着一个木台。木台上面，委员会中最年长的人面对人群站着，正在指责中尉策划了两个孩子的逃跑，使得他们的村庄陷入危险。他想利用森林村居民的恐惧和疑虑来煽动他们反对中尉。

瓦金的眼神在人群中扫视了一圈，停在了一个巨大的洞穴前。在洞口上方垂下来的纷乱树根中，他看到一个小女孩的身影，正对他做着手势呢。

是莎妮。瓦金顺着她指的方向看过去，是第一天晚上她和提丹被抓住的那个地洞。

“米蒂尔和提丹是从那里离开的。”中尉想着，又把目光转回到居民身上，此时居民们正用充满仇恨和恐惧的眼神看着他。中尉再明白不过了：从这些人的眼光中可以看出来，他们都是那种宁愿把责任归咎于外地人，归咎于陌生人，也不愿意把问题重新提出来讨论的人。

巡逻队员们押着瓦金走上木台。

“瓦金中尉，您被指控犯有叛国罪。”刚刚那个煽动人群的人宣告。

瓦金冷冷地看着他，使得他不敢再往下说了。

“您是怎么让那两个孩子逃出去的？”另一个委员会的成员问道。

瓦金本想回答说，提丹和米蒂尔并不是逃跑了，他们现在有危险，必须派人去把他们找回来，但是一阵轻微的空气震动打断了他的思路。

他全神戒备地抬眼看了一下天花板。

“回答委员会的问题！否则的话……”那个最年长的委员会成员命令道。

“安静！”瓦金打断了他。他的声音听起来如此具有力量，如此威严，令所有村民都安静下来，站着不动了。

这一下，他突然从被指控者变成了战争的指挥官。

“瓦金先生，”村长说道，“请您，让审讯……”

但是中尉根本不听村长的话。刚刚传来的又一声震动证实了他心中的忧虑。

那个最年长的委员因为瓦金中尉对他们不够尊重而生气。他紧皱眉头，给了巡逻队一个指示，于是巡逻队爬上木台，小心翼翼地走向中尉。尽管有一百多名村民在场，但是大厅里却安静得连一根针掉在地上都能听见。所有在场的人都屏住呼吸，看着瓦金中尉一动不动地盯着岩穴的天花板。他在凝神静听。正当巡逻队想抓住中尉的胳膊时，瓦金突然转过身来对着人群大喊：

“士兵们来了！快躲起来！快逃！”

他的这一番话，并没能阻止巡逻队把他从台上拽下来，其间，中尉依然大喊不止。

在场的所有人都像看一个疯子一般地看着瓦金。

莎妮站在大厅中央，看到中尉被她的族人用这种方式对待而羞愧得红了脸。她抬起头，看到的景象使她的背脊都发凉了：悬在岩洞顶上的树根正摇晃得厉害。

莎妮还没来得及想明白到底发生了什么事，突然之间，一阵强烈的爆炸震得整个丘陵都摇晃了。岩洞的穴顶瞬间被炸成碎片飞了出去，只是一眨眼的工夫，从地下村庄就可以看见头顶上的月亮了。接着，无数的泥土块从高处掉下来，所有的男人、女人还有孩子们分散逃跑，惊惶失措。

至于中尉，他立刻冲向刚刚莎妮指给他的隧道。暴君的士兵抓着树根滑落下来，已经有十几个落到地面。整个大厅里尘烟弥漫，士兵们手里拿着弓弩，瞄准浓烟中惊恐不安的村民。

莎妮穿过人群找到中尉。

“走这边！”莎妮看见中尉折回来就对他喊道。

瓦金没有动。刚刚在嘈杂的人群中，他看到了一个与众不同的士兵：身穿一件黑色长袍，上面绣着暴风云的标志。那是暴风雪战队的成员！

就在这时，莎妮递给他一把火把，然后跑进了隧道。瓦金连忙跟上她。

“活要见人，死要见尸，无论如何一定要抓住他们！”那个暴风雪军官指挥道。听到这个命令后，他身后那一大群嗜血成性的士兵就冲了过来。

第十六章

米蒂尔和提丹惊恐地看着从丘陵顶部升起来的黑色浓烟。

“暴君的军队已经攻占了森林村！他们炸飞了岩洞的穴顶！”米蒂尔说道。

“我们必须回去帮助村民们！”提丹大叫。

“不！”老人悲叹一声，伸出手想拉回提丹。

但是提丹已经跑进洞里去了。

岩穴顶的一部分已经坍塌了，月光斜斜地照进洞里，照亮了道路。提丹爬下岩壁，米蒂尔跟在他身后。老人看到这一切，仿佛一下子老了十岁，他发出一声绝望的喊叫：“我要通知奥德尔的人！”

米蒂尔和提丹刚刚爬下岩壁，跑出几十米，就看见莎妮和中尉突然从岩壁上六个通道中的一个出来。

莎妮也看见了他们，但是她一点儿也不惊讶，只是用手指了指河流。

“走这里！”说完，莎妮就跳进河里。中尉也跟着跳下去。

他们顺着水流消失在岩石下面。

“他们会从悬崖上掉下去的！”提丹惊恐地说。

“不，不会的，”米蒂尔答道，她想起刚刚所看到的一切，接着说，“不远处有一条通道，可以通往老人的办公室，还有滑翔翼……”

米蒂尔话没说完，暴君的军队已经闯进岩穴。

“在上面！”其中一个人发现了公主和提丹，他喊道。接着，所有士兵立刻朝他们冲过来。

米蒂尔和提丹看着岩穴底下，十米之下，急流正奔腾在石柱之间，轰隆作响。

“跳吗？”提丹问。

“跳吧！”米蒂尔答道。

于是提丹抓住米蒂尔的手，一起跳进了急流。在他俩坠落的过程中，米蒂尔觉得时间仿佛停止了，而之后，冰冷的流水冲击又使得时间加速。这一回轮到士兵们目瞪口呆地看着水流把他们两个冲到瀑布那里去。

提丹和米蒂尔因为受到水流的冲击，所以什么也看不见。他们不顾一切地想抓住岩石以使速度慢下来，但是一切都是徒劳。仿佛这是他们生命中的最后一刻，因为没有人可以从这里摔下去之后还能幸存。然而就在这时，却有一双手抓住他们，并把他们从水里拖了出来。

缓过劲来，他们发现自己躺在地上，在一个由火把照亮的通道里。站在他们面前的是已经恢复军人样子的中尉，还有莎妮。

“快点！走这边！”莎妮说。

中尉不给提丹和米蒂尔喘口气的时间，扶着他们站起来，三人一起紧紧跟着莎妮往前跑。莎妮沿着通道小跑着，还不忘熄灭一路上的火把。他们朝着地底越走越远，身后只留下一片黑暗。

他们全身湿透地跑了很长时间，最后终于到了一间存放着几百只巨型昆虫化石的大洞里。

“这是我爸爸的办公室。”莎妮说道。

“她的爸爸？”米蒂尔惊讶地想，“那么刚才那个老人就是莎妮的爸爸？”

“我们得救了！”提丹高兴地叫起来，冲向当初他和米蒂尔从悬崖高处看见的平台。

他着迷地看着停放在灌木丛里的滑翔翼。当米蒂尔和莎妮过来找他的时候，他已经从里面推出一架了。

“它们很轻啊！”提丹高兴地叫道。

“把它放回去。”中尉命令道。

中尉站在平台边，脸绷得紧紧地仔细看着天空。远处的山谷中回荡着一阵机械的轰鸣声。

“蜻蜓器！”莎妮叫道，“如果有蜻蜓器的话我们就没法离开了……”

“只要不找到米蒂尔，他们就不会离开。”瓦金说完，转过身问莎妮，“这里还有其他出口吗？”

小女孩摇了摇头。

“我们可以悄悄飞走！”提丹叫道，“我知道怎么驾驶飞行器！”

瓦金冷冷地看了他一眼，提丹马上就闭嘴了。因为之前，提丹两次操纵飞行器，不论是没有发动机的飞翼还是蜻蜓器，都是以摔在地上而告终的。

“森林在呼吸。”米蒂尔突然说。

三个同伴惊讶地注视着她。

公主背靠着平台的墙，好像快支撑不住的样子。

“米蒂尔！”提丹喊了她一声然后扶住她，以防她倒下去。

他轻轻地摇晃着她，想让她清醒过来。

“森林在呼吸！”米蒂尔又重复了一遍。

“你在说什么？”提丹担心地问。

“夜晚的时候，树木会呼吸，所以森林里会有雾气。等到早晨，雾气就会很浓。我们可以趁着早晨的浓雾离开……”米蒂尔回答道。

“你怎么，怎么知道这个的？”莎妮问道，“你之前也到过森林？”

“没有，是树木告诉我的。”

中尉并不想弄明白树木究竟如何告诉米蒂尔这一切的，他只是转身对莎妮说道：

“这么说，我们必须等到明天早上。所以，我们必须用这个堵住通道。”他用手指了指化石，接着说：“干活吧！”

在四个逃亡者跳进急流的那个地方，暴君的士兵们已经呆站了好几分钟，只是看着汹涌的河水，无计可施。

没有一个士兵愿意跳进这冲向悬崖的急流。

“怎么办？”其中一个问道。

“不如回村庄里去？”另一个提议，“我们就说他们掉下了悬崖……”

于是他们很快回到通道里，才走了两三步，一个黑影出现在他们面前。一个身穿黑色长袍的人，是暴风雪军官！

士兵们都僵住了，只能赶紧又退回洞穴。

“他们，他们从那里逃走了……”其中一个士兵指着湍流，结结巴巴地说。

暴风雪军官一言不发地盯着河水。士兵们站在一旁，害怕得不敢出声。

“是他！是他说退回来的！”那个想要卖力讨好暴风雪军官的人指着罪魁祸首说。

暴风雪军官逼视着那个提议退回的士兵，依旧什么话也没说。然而那个人已经开始颤抖了。暴风雪军官尽管很年轻，但是看起来却非常残忍。

他指了指河流，那个士兵只犹豫了一会儿，他明白暴风雪军官严酷眼神的意思，如果违抗他的命令的话，一定会受到很严厉的惩罚。他双腿直打颤，却也只能鼓起勇气转身走向湍流，屏住呼吸跳了下去。

水流把他倒栽着冲向悬崖。一会儿之后，他从山谷峭壁的半山腰冲出来，被瀑布冲到了森林里。当米蒂尔、提丹还有莎妮正在用化石堵住通往办公室的通道时，正好听到了他的喊叫声。他们吓得背脊发冷。

雾和霭

雾和霭是地表大气中的两种云状物，它们的唯一区别就是能见度不同：霭的能见度是在一千米至五千米之间，而雾的能见度不超过一千米，有时甚至会出现伸手不见五指的情况。

和空中的云层一样，雾和霭都是由空气中的小水滴冷凝而形成的。冷凝发生的条件有以下几条：

空气要足够湿润，也就是说含有足够水分。

气温要低到足以使水气凝结成水滴（即冷凝）；

还要有一点点流动的风可以使水滴悬浮在空中，但是风不能太大，否则水滴就会被吹到远方去了。

雾的种类有好几种。提丹和米蒂尔在山谷中看到的，是一种由太阳辐射形成的雾气。夜晚，当地球表面冷却之后就会形成辐射雾；而当太阳升起，大地暖和之后，雾气就会消散。

夜晚，当树木呼吸时，会往空中释放水汽，这些水汽有助于雾气的形成。

在田野或者山谷里的早晨，我们经常可以看见，在田野上方，雾气会慢慢地自上而下消散。这种景象，在我们看来，就像在离地面只有几米高的地方漂浮着一朵云一样。

第十七章

这个夜晚过得特别漫长。经过一个晚上的时间，森林里已经升腾起一片雾气，在黎明初现的几缕曙光中微微泛着玫瑰色。计时器显示，现在是早上五点。提丹正在平台上踱来踱去。

“可以了吗？”提丹已经问了不下二十遍，“我们可以走了吗？”

米蒂尔和中尉正靠着办公室的墙坐着，想要休息一下。

“不，还不行。”中尉看了一眼外面，然后说。

房间深处，莎妮正守在一堆垒到通道顶的化石堆旁边站岗放哨。原来放化石的隔板上，这会儿已经空空如也了。中尉他们把一切能用得上的东西都搬到了通道里，筑起一道大型的路障。在平台出口的前方也有一个路障，只不过这会儿还没有完工。

“他们来了！”小女孩突然喊起来。

米蒂尔和中尉立马站起来，冲到提丹身边。

现在，外面的雾气已经漫上了平台。虽然雾气还不够浓，但是再不起飞就来不及了，他们别无选择。

“快上这架滑翔翼！我们往北边飞，也就是山的另一边。”中尉命令道。

提丹抓住中尉指给他的那架飞行翼，手臂伸进翅膀的背带里；米蒂尔紧紧地抱着提丹，而中尉则分开灌木丛以便他们起飞。

“走吧！”他指挥着。

于是，提丹和米蒂尔后退几步准备助跑，脚下飘浮的乳白色的云状物荡开，又渐渐合拢。紧接着，提丹驾着滑翔翼冲了出去。他使尽全力地助跑，努力保持着双翼的平衡：一个微小的错误，就可以让他们掉到地上，摔坏滑翔翼，那么逃跑的计划就功亏一篑。

峭壁边缘已经近在眼前，但是突然有一种可怕的预感，迫使提丹停下来。

“你还在磨蹭什么？”中尉喊道，“快点冲过去啊！”

然而提丹非但没有听中尉的话，反而转过头去。他看到莎妮就站在通道入口处，向他们轻轻地挥着手说再见。

“莎妮！”提丹叫道。

一阵风吹过，扬起了小女孩的头发，提丹看见莎妮那双翠绿色的眼睛正对着他微笑。提丹突然明白了莎妮的意图。

“不！”提丹一边大喊着，一边想折返回去。

但是已经太迟了！莎妮从化石堆底下用力地拉出一块木板，木板上面的化石全部滚下去，砸在正要冲进办公室的士兵们身上。然而，莎妮自己没有逃开，为了掩护三个陌生人的逃亡，她选择了自我牺牲。

看到这一切，提丹心里难受得要命，他的双腿开始打颤。正当他就要瘫软在地的时候，突然有一只手抓住他的领子，把他带到阳台边。那一片漫无边际的灰白色的浓雾再一次出现在他眼前。

“走啊！”中尉一边催促一边将他们推到空中。

米蒂尔赶紧抱住提丹。她抱得那么紧，害得提丹差点喘不过气了。然而正当他们起飞的时候，却没有风来推动他们的滑翔翼。飞翼只好从空中倒栽下来，往山谷掉去。眼前的浓雾使得他们看不清楚方向。

“把推杆推向前！”米蒂尔喊道。

提丹推动推杆。很快，他们俩又冲向了高处。成功了！他们飞起来了！他们飞上天，一下子冲出浓雾，飞翔在高空中了。

晨曦给群山的山脊染上了各种的色彩，有的呈玫瑰色，有的是淡蓝色，还有的变成了金色。

在他们身后几百米处，森林村的丘陵已经被摧毁，丘陵顶峰还不断冒着烟雾。米蒂尔和提丹胆战心惊地看着这团黑色浓烟，就在这时，突然一支箭从他们的耳边呼啸而过。

“飞下去！”米蒂尔说道，“我们沿着河床走！”

提丹使尽全身的力气拉动滑翔翼的操纵杆，冲进雾气里，这时候飞箭像雨点一样射来。

在两个小孩听来，那仿佛是风的怒吼。

“慢下来！不然要撞上了！”公主慌乱地提醒提丹。

提丹并没有听她的。他既没有减速也没有改变航向，而是直直地冲向地球表面。

在离地面十米的距离，高度刚好够提丹重新把操纵杆往前推。滑翔翼又飞起来了，然后飞行在河流上方，就是他们前天夜里从高处看到的河流。滑翔翼像一只捕食的猎鸟全速飞行，顺着林间河流的流向，时而飞向左边，时而飞向右边。他们再也看不到天空，所以也不知道暴君的军队是不是还在追捕着他们。

提丹一直保持着这个速度飞行，还得注意不让飞翼撞到岩石或者树干。突然，他又一下子飞上天，紧贴着树林穿过浓雾，飞回了洒满阳光的天空。

暴君的飞行员立刻发现了逃跑者的踪迹，向他们冲了过来。

“我们这种速度是不足以飞越山顶的！”提丹懊恼地说道。

“那就去对面的丘陵吧！”米蒂尔出主意，“大地在太阳的照射下开始回暖，所以风正沿着山坡往上吹，我们可以利用这个优势让飞翼飞到高处去……”

提丹正想依照米蒂尔的建议把飞翼飞到对面丘陵去，就看见中尉从雾里飞出来，来到他们旁边。他也打算这么干！

“提丹！米蒂尔！我们在奥德尔见，奥德尔就在这些山的后面！”中尉说道。

“那莎妮呢？”提丹喊道。

中尉来不及回答提丹的问题，因为敌人已经发现他们的踪影，正全力朝他们射弩。正好一支箭射向中尉，他赶紧冲回雾里去了。

提丹和米蒂尔也跟着中尉飞回雾中。

飞了好几百米远后，当提丹再次从雾里出来的时候，已经没有敌方的蜻蜓器跟在后面了，而中尉的后面还远远地跟着几架。只见中尉突然出现在浓雾上方，但是很快又消失了。他在云雾中忽隐忽现，仿佛一只在波浪里跳跃的海豚，把敌人都引了过去。

“我们把他们甩掉了！”提丹高兴地叫道，“我真是太厉害了！有这雾在，他们就永远也找不到我们！”

“但是万一我们飞不过去……”米蒂尔看着前方环立的群山说道。

群山被云雾笼罩，而那些冲破云雾的山峰十分陡峭。如果滑翔翼不能飞越山顶，那他们也绝对不可能徒步走上去，那就永远到不了奥德尔，瓦金和莎妮也白白牺牲了。

提丹和米蒂尔别无选择，只能硬着头皮向前飞去。离岩石只剩下一百多米了。米蒂尔神情凝重地观察着浓雾、悬崖和云朵。突然，她发现一只巨大的老鹰展开双翅在空中盘旋，然后慢慢地飞向高处。

“飞去那边！”米蒂尔说道。

她等不及提丹，干脆自己推着提丹的手臂启动了滑翔翼的操纵杆。于是他们改变了航向，朝着那只巨鸟的方向飞去。

提丹一开始很惊讶，但是当风开始从下面推动着他们的滑翔翼慢慢往上升的时候，他发出了一声胜利的欢呼。

“我们就要到了！”提丹惊讶地大声喊道，“你真是天才啊！”

“我们是学老鹰的……”米蒂尔高兴地说，“这样我们不用马达也能飞高……”

沿着山坡上升的热气流把他们送上山，几乎快到山顶了，可就在这最后的时刻，风却突然转向，使他们的滑翔翼撞上了山岩，机翼折断了。眼看着悲剧发生，可提丹完全不知道该怎么办，什么也做不了。紧接着，他们跌落在离山顶几米远的一小块突出的石台上，并沿着另一边的山坡滚下山，最后停在了山脚，而这山脚到处都是水。

一路滚下来，他俩都感到头昏目眩，全身疼得厉害，衣服也被扯烂了，但是他们居然都还活着！他们慢慢地站起身，相互看了看，然后转过头去，目光不约而同被一片广阔的海洋吸引了。海面浪花一波一波翻滚，拍打在峭壁的黑崖上，溅起了细碎的浪花。他们惊讶地发现，这里是一个巨大的港湾，有一朵硕大的白云像巨轮一样停泊在空中。

米蒂尔和提丹惊讶地说不出话来，因为从空中往下看的时候，完全看不到这一惊人的景象。这可是一朵静止的云啊！

“这里有人？”提丹问道。

“这里一定就是奥德尔了。”米蒂尔补充说。

云层底部是白色的，但是隐约可见木头做的堡垒耸立在云的表面。云层上还固定着两只螺旋桨，这两只螺旋桨在海面上投射出一片阴影，此时正静静地一动不动。有几只黑色的鸟儿在云朵周围盘旋，但是刚刚他俩看到的那只老鹰并不在那儿。

第十八章

米蒂尔和提丹背对着太阳靠着一块岩石坐下来。他们现在又累又渴，刚刚因为找到一块有人居住的云层的喜悦也已消失殆尽。

“我们永远不可能上去……”公主嘟哝着说，“怎么办好呢？如果我们待在这里的话，很快就会渴死的……”

“才不会，这里到处都是水……”提丹看着大海想道。

“他们在上面，不会看见我们的……”米蒂尔接着说。

“可是刚刚在森林村的那个老人应该已经向他们报信了啊。”提丹想起这件事。

“可能这里不是奥德尔，也可能在报信之前他就已经被抓住了。”

夜幕很快降临了。天空中除了那几只黑色的鸟儿还在盘旋之外，没有一点其他的动静。

提丹站起来向海边走去。他实在渴得难受，便一头扎进水里想要喝上一口。但是他突然又愁眉苦脸地站了起来。

“这水是咸的！”提丹叫道，“米蒂尔！这水里有盐！”

“这是海啊！”公主答道。

“所以呢？”提丹不解地问，米蒂尔一点也不惊讶的表情使他觉得诧异，“为什么海水就是咸的？真是倒霉！”

米蒂尔没有回答他，她焦虑地注视着海洋，一种不舒服的感觉困扰着她。她总是觉得有一种看不见的危险正在迫近，威胁到他们的生命。但是四周确实什么东西都没有，除了大海、波涛和岩石之外，就是一朵高到他们没法上去的云。

“可能不是所有地方的水都是咸的。”提丹说着，走到远处去尝一尝另一个地方的水。

公主看着提丹俯身重新去喝水，然后又抬头把水吐掉，她本可以告诉提丹，他是不可能在这里找到淡水的，大海和大洋经过了好几百万年的时间已经变得很咸，尽管这些海水原本就是山间流出的雨水。但是米蒂尔却说不出话来，她不知道自己的心为什么跳得很快。随着时间一分一秒地过去，她觉得他们的处境似乎越来越危险。

米蒂尔闭起眼睛集中精神，感受着岩石和海洋，也感受着湿润的、饱含盐分和碘的空气。空气分子掠过她的脸颊、颈背还有她的双腿。

自从在山上听到森林的声音之后，她就学会了用一种新的方式来感知自然：她能看见生命。面对着那些群山，她闭着眼睛，可以看见延伸到地底的树根，可以感知在风中颤动的新生树木的力量，可以追随那些为领土而战的昆虫和动物。而在这里，面对着大海，她本应该感知到那些鱼、藻等等，然而她却只能感受到一片空白，一片可怕的空白，死一般的空白。

"集中精神到海面上去。"米蒂尔给自己鼓劲，但是她依然什么也看不到。最后她只能睁开眼睛，开始思考。

突然，她明白了。

如果她什么也感知不到的话，那就是因为这里没有什么可以被感知的！在他们面前的这片海洋根本就是死的！海里没有鱼类也没有藻类。海洋死掉了！堆满海底的垃圾，污染了海洋，也夺走了海里所有的生命。

"多可怕啊！"米蒂尔震惊地说。

就在这时候，大自然好像想让米蒂尔看看它积存已久的怒气似的，海水朝着海岸边汹涌而来。米蒂尔看见一个巨浪以一种异乎寻常的速度朝他们扑过来。她赶紧跳起来，用眼睛搜寻着提丹的身影。他在远处，正从一块岩石跳到另一块，并没有注意到这边的情况，也没有察觉到危险。

“提丹！小心！退后！”米蒂尔喊道。

但是提丹还没来得及弄明白公主为什么叫他，一个巨大的浪就扑了过来。他被淹没在泡沫和浪花里，被一股惊人的水力冲得站不住脚、颠簸摇晃。有一会儿，他甚至不知道自己是头朝上还是脚朝上，也不知道自己是在上升还是下沉，脑袋是不是撞到了岩石，还是说已经被沉到了海底。

提丹完全没明白这突如其来的巨变，又突然被大浪托出了海面，置身于两个海浪之间。

“米蒂尔？发生什么事了？”提丹喘着气地问，想找到他的朋友。

但是没有人回答他，到处都看不见公主的身影。海岸线渐渐远去，因为有一股看不见的水流把男孩带向海洋。

“米蒂尔！”提丹高声喊着。这时候又一个比之前还要汹涌的浪朝他扑过来，提丹恐惧地看着这一切。

浪很高，高得好像都遮住了太阳。

提丹害怕极了，他挥动着手臂想要朝岸边游回去，但是这样做只是让他更加精疲力竭而已。他每动一下，那湿透的衣服就变得更重，而且海浪还在继续不停地把他冲离海岸。

“米蒂尔！”提丹绝望地喊着。

突然一声巨响，这堵液态的墙碎裂开来，海浪变成了肆虐翻滚的可怕浪卷，似乎已经没有什么东西能够阻止它的前进了。

“潜到水里去！”米蒂尔喊道。

声音是从上面传来的。提丹抬头往上看：一只小船在那朵静止不动的云和海面之间摇晃着。一个男人正站在飞旋的螺旋桨下，竭力保持着小船的平衡。

那个人右手拿着一根粗壮的绳子，绳子的一头绑着公主。他刚刚把她从水里救出来了。

“帮帮我！”提丹声嘶力竭地喊道。

“潜到水下去！”公主用她那只还能自由活动的手指了指水底，大声喊道，“快潜下去！”

于是，提丹潜下水去。海水很快就灌进了他的耳朵里，一切变得难以置信的平静。他进入了一个宁静的世界。

他被一束光包围着。光束斜斜照进海面，然后消失在黑暗的深处。海里没有一条鱼，也没有一只虾，有的只是水，深暗的水，强烈的水，翻腾的水。提丹从来没有见过这么令人惊奇的景象，但是他没有时间细想，因为浪卷又突然把海洋变成了一个漩涡。他潜得还不够深！他的身体被一股下沉的水流逮住，像一根在风暴中的树枝被摇来晃去。他觉得全身的骨头都碎掉了，因为海水使劲地往各个方向拧着、扭着他的身体。

他什么也看不见了，海水压得他喘不过气来，只能不停地把肺里的空气吐出去。

他必须要上去，必须浮出海面去呼吸！只是，他像陀螺一样转了几圈之后，早就不知道哪个方向才是天空了。时间一分一分地过去，海面却一直没有再出现。他的胸膛越来越灼热，原来是他脖子上戴着的项链发出了光，放出了热，周围的水都在它的热度中变成了泡泡。

提丹张开嘴，一大口盐水滑进了他的肺里。刹那间他吓坏了，接着他眼前一黑昏过去，什么也不知道了。

为什么海水是咸的？

地球上的水是以几种方式在循环流动的，水从海里来又到海里去。我们把这叫做水循环。在所有的水循环中，我们最熟悉的就是水变成咸海水的循环，因为这个循环是通过天空进行的，所以我们很容易观察到。

每天，海洋表面的水会因为太阳光的照射而变热蒸发，蒸发的水蒸气升入空中形成云朵，之后再变成雨。雨水流过土壤和岩石时，会带走其中的盐分。这些盐分浓度并不是很高，所有当我们喝着河里的水时，并没有咸的感觉，但是盐确实是存

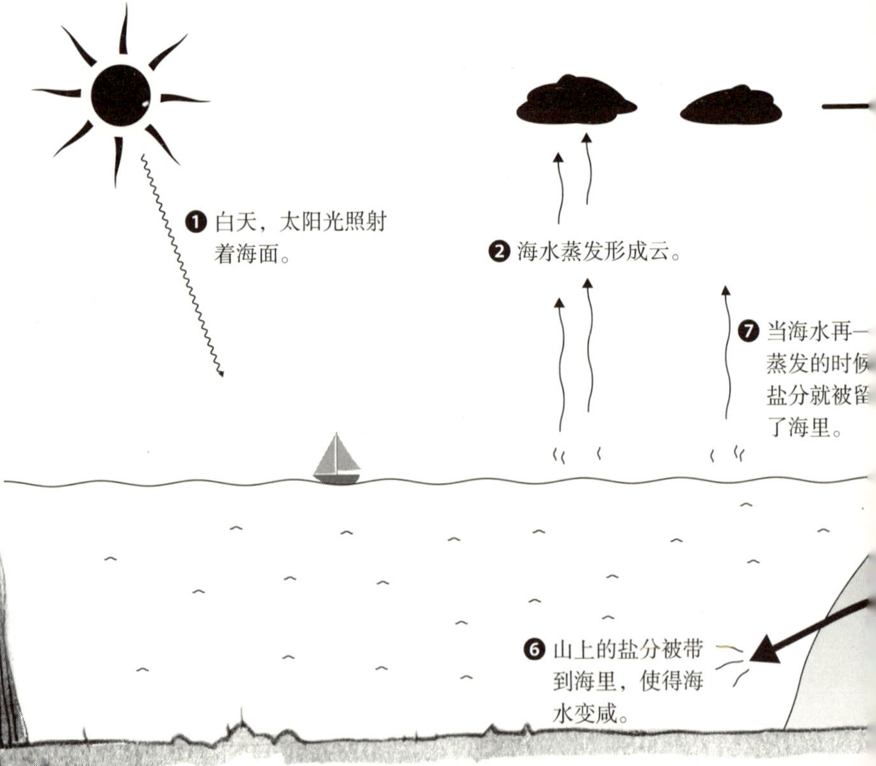

在的。

当河水流进江里的时候，盐分也被带到了江里。当江水流到海里的时候，也把它们的盐分带进海里，如此循环往复。

但是当海洋表面在太阳光的照射下再次蒸发的时候，只有水分才会上升形成云，而盐分则留在了海里。

只是几天的雨水或者几条河流的水量并不会很大程度上地改变海洋水的成分，但是这个循环已经存在了好几千万年，所以到了现在，海洋就变得这么咸了。

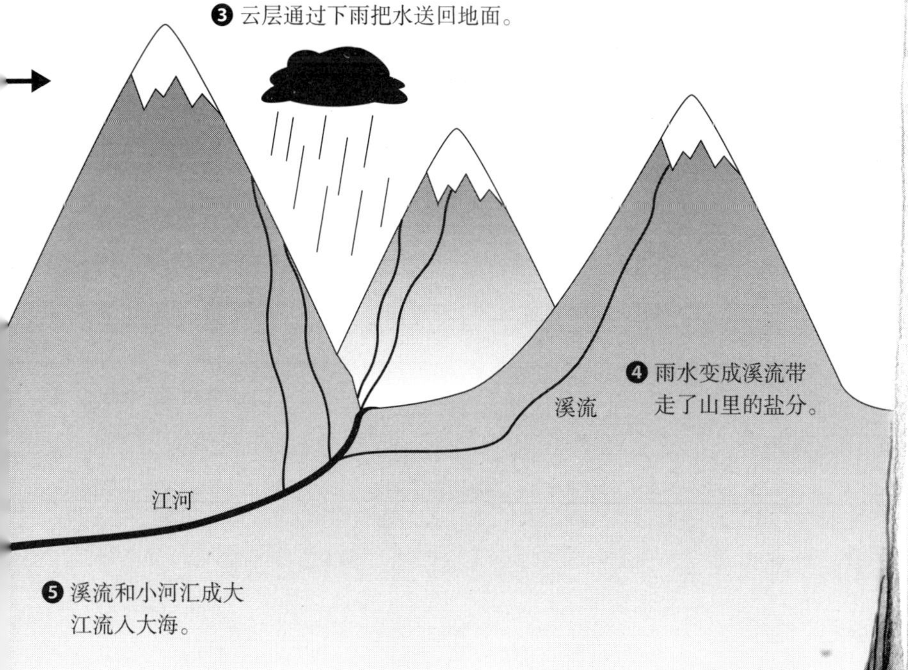

第三部

考　试

第一章

今晚的暴君王国是一个无月之夜。云层之上没有一丝声响，甚至连风声也没有听到，只有皇家城堡的冰墙发出漫射光，温柔地照亮汤姆所在的科学学校。几个小时之后，就是学校进行水平考试的日子了。此时，学校里的其他学生都还在熟睡，以便恢复体力准备明天的考试。但是汤姆到现在都没有睡觉。

他坐在书堆里，拼命不让自己闭上眼睛。他刚刚看完《宇宙中最强大的恒星指南》，这是大纲指定必读书单的其中一本，而且他还准备攻下最后一本他必须要读的作品，是由埃里克·海恩所著的《云国简史》，不过他还没开始读就已经头晕了。

算算日子，汤姆来学校已经一个月。这一个月以来，他一直跟着室友唐纳一起上课，一起学习。除了唐纳，乔安娜和亨利也成了他的朋友。但此外，汤姆就没跟其他人讲过话了。他有生以来从没在这么短的时间里学习这么多的东西。课堂上，他研究宇宙、星球、原子还有物质的秘密，而当他不去上课的时候，也是一头扎进教科书里，一心只想着尽可能多地储备知识。

“加油！”汤姆给自己鼓劲，顿时全身都充满了力量。他周围的成百上千本书好像给他的记忆设置了一道屏障，使他将蓝莓村、米蒂尔和提丹，还有那些他再也没法相见的人都埋进了记忆深处……

在汤姆来到这所学校的第二天，当唐纳第一次带他到阅览室的时候，他简直不敢相信自己的眼睛。他觉得自己仿佛走进了一个书的保护国，所有暴君禁止云国人民看的书籍都在这里，根据字母表顺序整整齐齐地排列在那里，很容易就能找到。他只需要伸出手就可以拿过来阅读，然后尽情地沉浸在书中的知识里。

“你可以把书借走或者就在这里读，现在你也属于精英的一员了。你有权利发现一切，学习一切。我们都是国王千挑万选出来的。”唐纳笑着对他说。

走在图书馆里，汤姆的心嘭嘭嘭地像打鼓一样直跳。他正置身于宝藏里，一座知识的宝藏。科学家们关于世界的认知都是在这些书中学到的，而现在，这些书就近在咫尺，触手可及！有一些作品解释了花朵的颜色，另外一些则阐释了宇宙的运行，还有一些是研究云层地理学和地球形成学的。

不仅如此，这里还有一些军事论著，而且，居然有好几百本这样的书！在这里，汤姆可以知道，如何才能成为风力大师。要知道风力大师拥有掌控云和风的能力。看着这些书的标题，汤姆不由得将自己想象成一个带兵粉碎了暴君军队的将军：杜卡尔上校写的《利用风的怒吼摧毁一座城》；赖宁上尉的《云战》三部曲；法拉海阿将军的《怎样将敌人击毙在睡梦中》，还有埃德蒙·布拉斯的《利用雨来淹没敌人》……

“正是因为暴君掌握了大自然的威力，所以他才能征服这个世界。”蓝莓村教天体物理学的阿祖老师曾这么说过。然而现在，汤姆在这里也能拥有这一切，而且终有一天他也能够掌握这一切……

汤姆急切地抓过《云战》的第一卷，立马开始读了起来。他很担心有人禁止他接触这些作品，但是并没有人来将他手里的书夺走。

“还不止这些！还有比图书馆更好的东西呢，那就是专业课。”唐纳说道。

“什么课？”

“你目前上的都是一些普通课程，跟我们所有人一样，都是为了应付考试而学的一些普通课程。不过，如果你通过了水平测试，你就要上一些专业课程了，就是学校专门为最好的学生量身定制的课程。普通学生无法知道那些课堂的教学内容，但是上过这种课的人好像都变得特别厉害！我和乔安娜还有亨利，一直都在努力，希望有一天能成为其中的一分子。如果你能做到的话，那你将不再需要别的……”

自从知道这一点之后，汤姆变得躁动不安。这不，一个月之后，水平测试前的当晚，当睡意向他招手致意的时候，“风力大师”“士兵”“强大”等字眼仍然在他的脑海里盘旋。他摇摇头试图使自己的精神重新回到书本上去，但是没有成功。在过去的这短短几个星期里，汤姆除了看完学习大纲上列出的书籍，还另外读完了十几本军事书。他一下子学习了那么多东西以至于现在脑袋里的所有东西都混在一起，有些模糊不清了。他试着回想，怎样在地面战争中利用陆龙卷①，怎样利用闪电使得树干的水分急速挥发从而劈开树干，还有怎样利用热气流使飞行器飞上丘陵的山顶……这一切，让他

① 陆龙卷：产生在陆地上空的龙卷风。

有一种仿佛自己亲身经历着战争的感觉。

“我要成为暴风雪军官，成为风力大师，成为国王……”汤姆自言自语地说。

但是此时他的脑袋却像铁砧一样沉重。“加油！”他暗暗鼓劲，又投入到书本中去。

在《云国简史》的简介一章中，讲述了当初为了逃离地面的污染，人们是如何登上云层的。汤姆早已熟知这一切，于是他跳过简介，直接看第一章的内容。第一章讲的是关于暴君的历史。但是汤姆刚一开始阅读，疲倦感就一拥而上，那些书本上的字还有图画顿时模糊一片，最后他困得倒在了书上。

当他再次睁开眼睛抬起头的时候，看见乔安娜站在他的面前，而且图书馆里所有的灯都亮了。

“该死的，你醒醒啊！”乔安娜一边摇晃他，一边喊道。

汤姆看了看他周围。周围到处都是书，堆满了各个角落，让他一时不知道自己在什么地方……

“站起来！”他的同学不耐烦地说道。

汤姆用那双眼窝深陷的眼睛呆呆地盯着她。

“你根本就没回宿舍睡觉吗？”乔安娜问道，“你真是……”

“现在几点了？”汤姆突然来了精神，打断乔安娜的话问道。

汤姆站起来径直走到窗边。外面早已经发亮，清晨的第一缕曙光沉浸在天空的湛蓝中。

“已经八点了！”

“不可能！”汤姆惊讶地说道，又抓起他的书继续读起来，“我居然睡着了！我还没看完呢！”

乔安娜把书从他的手里抢走。

“不要！”汤姆叫道，“把书还给我！”

乔安娜往后退了一步。

“你没时间了！考试半个小时后就要开始了。唐纳还有亨利都在到处找你呢！”

汤姆很想生气地怒骂，但是一种异样的情感阻止了他。

“你怎么了？”乔安娜惊讶地问道，“你为什么这样看着我？”

汤姆没有回答。他刚刚突然意识到，这所学校令他喜欢的原因，不仅仅是这里的图书馆和所上的课程。在蓝莓村的时候，所有人都只把他看作是上校的儿子，不然就是班里的第一名。没有一个人是真正对他感兴趣，甚至连提丹也不是。提丹一点也不明白关于这个世界的知识，而当汤姆试着为他解释为什么天空是蓝色的、太阳是黄色的、云是白色的时候，提丹总是一副很厌恶的表情……然而在这里，在伊格克多那，所有的学生都跟他一样，而且他的朋友们都很好，很友善……

汤姆突然站了起来，表情古怪，有些惊慌。

“谢谢！”他小声地道谢，然后赶紧跑回房间。

乔安娜眼睛一亮，立刻明白了：汤姆终于慢慢变得跟他们一样了！卡拉波尔老师预料得没错：“一开始的几个星期里，汤姆·布里吉就会像去年的唐纳一样，只知道学习。他想躲进书本和课堂里。然后考试就到了，再之后他就会成为你们的朋友了。”

“如果他考试失败了呢？”乔安娜问道。

“如果他失败了，他就会消失，从此以后再也没有人会听到有关他的消息。”老师这样回答。

第二章

在离暴君王国不远的地方，有一座公园，公园四处有一些高大建筑，而伊格克多那的考试室就设在一栋坐落于公园中央的建筑物里。园里的树木映照在建筑物的玻璃墙上，给人一种仿佛置身于森林之中的感觉。

汤姆还来得及回到宿舍换上校服。他匆匆往脸上泼了几把水，让自己清醒一下就赶紧跑到考试室了。一个穿着黑色长袍的老师已经在教室里了，在参加考试的三百名学生面前，他给汤姆指出了位置。

其余的老师坐在讲台上的长桌后，正在讨论着什么。汤姆坐到椅子上，松了口气，咽了咽口水。

他觉得喉咙很干。“所有一切都赌在今天这场考试上了！”一想到这，汤姆就激动起来，不停地喃喃自语。

“我们还等什么呢？”几分钟之后，汤姆问那个坐在他左边的男孩。那个男孩子看起来比汤姆年纪稍长，这会儿正在咬自己的手指甲。

那个男孩子嘟哝着给了一个汤姆回答，但是汤姆并没有听清楚。现在已经八点二十一分了。教室外面，公园里到处洒满了明媚灿烂的阳光，鸟儿也在窗边叽叽喳喳地叫个不停。汤姆突然很想像窗外的鸟儿一样，能够张开翅膀，自由自在地在天空中飞翔。

“就像提丹一样……”汤姆心里想。但他很快就把这个想法赶出大脑：现在还真的不可以像提丹一样，因为他从来没有在考试中成功回答出一个问题……

“集中精神！”汤姆感觉到自己的脑袋又有些混沌不清，于是默默地对自己说道。

“但是他们到底在等什么呢？”汤姆已经不耐烦了。

坐在汤姆附近的一个金发女孩正用脚使劲地跺着地面，就像要在地板上凿出一个洞。她结结巴巴地说道：

“校、校长来了。”

这时候，老师们身后的门打开了。

“啊，不！”汤姆倒吸一口气。

考试室里的温度瞬间降低了好几度。所有的学生都站起来，欢迎这个身穿红色长袍，看起来很威严的人。至于汤姆，他坐着没动，其实根本就站不起来。之前跟校长碰面的记忆还很鲜活地停留在他的大脑中，现在汤姆觉得自己整个人都僵硬了。

刚到这个学校的第一个星期里，汤姆每天早早起床，走出房间，坐在台阶上迎接黎明的到来，接着再去图书馆学习。还没跃出地平线的太阳已经把空中洁白纤薄的云朵染上了一层橘红色。伊格克多那其实是建在空中的一朵云上，而天边的云在汤姆看来，甚至比伊格克多那所在的云还要高很多。汤姆正心无杂念、出神地看着那些云的时候，突然听到林中传来一阵树叶簌簌摩擦的声音，响声惊飞了树上的十几只鸟儿。这时一个穿着红色长袍的人沿着通往庄园的石子路走了过来，周围的空气都随着他的走动而游移着。

汤姆下意识地躲在学校门口的一根门柱后面。他不知道自己为什么要这么做：眼前只是走来了一个看起来跟其他人很不一样的陌生人。

与此同时，那个人穿过那块禁止学生踩踏的草坪，走上台阶，正准备走进大楼。但是他却突然停了下来。周围空气瞬间变得冷冰冰的，连鸟儿好像也因为他的出现而不敢开口歌唱。

“啊，你在这里，”那人开口说道，他的声音听起来很威严，“我一点儿也不惊讶，陛下是很少会出错的。”

汤姆一直保持沉默没有开口说话，只是浑身直打哆嗦。他拼命忍着不让牙齿格格作响。

“为了让你能够来到这里，很多高层官员都被除掉了。所以，你不能失败。”那个人这样对汤姆宣称。

汤姆鼓起勇气，慢慢地上前一步，想看看到底是谁在跟他说话。那个陌生人却朝他转过身来了！汤姆看到的就是他那双嵌在黑色眼窝中的绿色眼睛，他的眼神很令人着迷。

“我是艾斯卡尔大人，也是本校校长。”那个陌生人说道，“汤姆·布里吉，你好好地听我说。对于我们学校到底能赋予你什么力量，你可能还没有什么概念，但是如果你的表现不令我们失望的话，你很快就会发现。”

说完这句话，校长就消失在庄园里了，而周围的空气好像瞬间回暖。很长一段时间里，汤姆一直紧盯着大门，他的心情很激动，然而同时，内心却觉得空荡荡的。汤姆觉得自己的内心深处好像因为校长的这番话顿生一股特殊的力量，然而那种力量随着校长的离开却消失不见了。

这时候看到校长走进考试室，汤姆又重新感觉到那种兴奋的心情在他体内苏醒了。他不知道这意味着什么，但是充满力量的感觉让他觉得特别舒服。

“站起来!”当校长开始发言的时候，坐在汤姆旁边的同学轻轻地拍了拍他的肩头提醒他。

“当中央云国的国王，也就是我们的君主，决定创办这所学校的时候，他就下令禁止科学知识在民众中传播。你们知道这是为什么吗?”

校长讲到这，突然停下来，似乎是为了留点时间让所有学生都能思考这个问题。然后他才接着说：

“因为民众需要领袖。民众必须相信他们的领袖所说的一切并且遵守。而知识是领导民众的力量源泉。陛下为你们所提供的教育比地球上所有的金子都还要珍贵。”

汤姆能感觉到其他同学也跟他一样，艾斯卡尔大人所说的话对他们产生了一种奇异的效果。所有的学生都高高地扬起下巴，对自己身为云国精英中的一员感到很满意、很自豪。他们知道，只要一出这学校他们就会在中央云国的官僚系统里身居高位。而中央云国是天上最强大的国家。

“去年，你们当中有六个被选拔出来上专业课程，”校长接着说，“对于那些想成为其中一员的同学，我想对你们说：把你们的同情心从脑中赶走，然后战斗吧!”

他做了一个手势，一声令下，那些老师每人拿起一叠卷子，分别站在一列学生前面。

“即使没有被选拔上，你们仍有机会参加下次考试，但是，最差的两个学生将被逐出学校。”校长这句话一说完，一阵恐慌的低语声就在教室里蔓延开来。优胜劣汰，就是这个世界的运行法则。

校长一说完，就走出了课室，空气又一下子温暖起来。然后老师们就走到那一排排座位旁，把考试题目正面朝下放在学生的桌子上。发完卷子，其中一个老师看了看挂在墙上的时钟，说道：

“现在是八点半。考试将在下午两点半结束。现在考试开始，你们可以答题了！”

汤姆于是马上全身心投入到面前的卷子中去。校长的发言使他浑身充满力量，但他还是特别紧张，紧张得连手心都出汗了。

然而他所看到的第一道题就让他感觉像被当头泼了一盆冷水。

问题 1 云国国王取得了哪些重大胜利？

“怎么可能！这是唯一一本我没有看过的书……”汤姆慌了神。

第三章

考场上的钟声响了，这也意味着考试只剩下了最后的十分钟。在过去的五个小时五十分钟的时间里，伊格克多那的学生们都拼尽了全力。他们只想着自己，汤姆也不例外，一旦他通过这次考核，那么“谁将被驱逐出学校”这个问题对他来说就毫无关系了。而且，他觉得自己完全有可能成为最好的学生之一，因为除了第一个问题问的是关于暴君的生平而他没能答出来之外，其余问题都尽在他的掌控之中。

于是，汤姆专注于自己的考试，专心致志地解答：冰河时期的形成有部分原因是由于太空中行星的运动；论证在三十亿年以前，地球上就已经有生命的存在；阐明恐龙因巨型陨星而灭亡的原因；解释地球上的六次物种大灭绝是如何造成生物大量死亡的……

之后，汤姆又解释了太阳光是如何作用于地球的气候来使地面获得热量，从而形成雨和风。

考卷的第三部分只有一个问题，而汤姆只剩下十分钟了。这个问题就是：论证气候变暖不会对我们的星球造成威胁。

汤姆觉得这道问题出得十分古怪，所以他反反复复读了好几遍题目。

过了一会儿之后，汤姆喃喃自语道：不会吧，这道题出错了。于是他抬起头来，说道："这题目出错了！"

"合上卷子！"坐他旁边的人生气地说。

"嘘！"

只剩下七分钟了。汤姆看了看周围的同学们，好像没有谁因为这道题目而感到困惑。

"可能他们都还没做到这道题……"汤姆心里抱着这样的想法，以便使自己安心。只不过片刻之后，他就看见两个女孩还有一个男孩站起身，满面笑容地把自己的卷子交到了老师的办公桌上。

"不可能！他们做完卷子了！"汤姆慌了。

考试快要结束了，而汤姆居然不是第一个交卷的人。这种情况是他这辈子第一次出现。

这时第二个男孩站起来了，紧接着又是另一个女孩。

还剩五分钟了，其他学生也跟着陆陆续续地交卷了。

"真倒霉！我完蛋了！"汤姆想。

只剩下最后一分钟了！汤姆赶紧抓起笔来快速写下自己的答案：

地球上的空气比过去早已升温了。上千种的物种因此而消失，但是生命却从未绝迹，即使亿万年过去，地球仍然生机勃勃……

“停笔了！”就在这时，其中一个老师命令道，他指了指时钟，表明时间已到，考试结束了。

汤姆没有写完他的答案，但他还是按老师说的停下了笔。他浑身是汗地站起身，把卷子合起来留在桌上，跟着其他学生一起朝门边走去。一个个看起来都跟游魂似的飘乎乎的。

汤姆跟在两个跟他同龄的男孩后面。那两个男孩是暴风雪军官们的儿子，汤姆已经遇到过他们好几次了，但是却从来没有同他们讲过话。

根据唐纳的说法，他们是这个学校里最富有的学生，所以他们总是用一种很鄙视的眼光看着其他同学。当然，别人心里也瞧不起他们……

“我没有答完题，我爸爸会杀了我的！”其中一个很沮丧地说。

“我呢倒是做完了，”另一个说，“但是有一些问题我根本就是乱答的。看来我的第四架蜻蜓器是没指望了，要跟它说拜拜了！”

“啊，看哪！”刚刚第一个说话的人朝汤姆抬了抬下巴，“是那个新来的。”

“哈哈，他也苦着一张脸！”

“他就快要被赶出去啦，这个新来的……”

“这下可好了！这里不是他们穷人上的学校。”

汤姆走在他们后面，但是没有听到他们的议论。当他走到庄园入口时，环顾了一下四周，他实在不知道自己为什么来这里。这个学校里的孩子们都是拉帮结派，各自结成团体。当伊格克多那的厨师们把菜端出来摆在草坪上的时候，这些小团体的人就边吃边聊，忐忑不安地聊着考卷的答案。

汤姆突然感到非常孤独，他有生以来第一次考完试后还带有这么多疑虑。虽然他回答出了大部分的问题，但是有好多人在他之前就已经做完了卷子。他用眼神搜寻着唐纳的身影，终于看到他跟乔安娜还有亨利一起坐在一棵树下。

“来啦！怎么回事，你怎么垂头丧气的？是考得不好吗？”唐纳看着汤姆走过来就这样问道。

“他太过努力啦！”亨利说道。

“而且还睡眠不足……”

“我去给你找点吃的吧。”乔安娜提议。

汤姆脸色苍白。唐纳和亨利在他俩之间挪出了一个位置给他，然后汤姆就顺势在那里躺了下来。几分钟之后，当乔安娜拿着一碟冒着热气的食物回来时，发现汤姆已经躺在草坪上睡着了。

当汤姆醒过来的时候，太阳已经落下地平线了。他的朋友们已经离开，不过他们走的时候给他盖了一件小背心，专门给他拿来的食物也放在他身边。

汤姆直起身来，往后挪了一下靠在树干上。周围的一切平静安宁，和他刚来的那天一模一样。鸟儿在树丛中歌唱，树叶在风中微微地颤动，花坛中的花散发出一股甜甜的香气，偶尔有几个学生在庄园旁边散步，整个云上弥漫着一股不寻常的气氛。

因为老师们都忙着批改试卷，所以从现在开始到考试成绩出来之前，他们都不用再上课。甚至连图书馆也因为盘点而闭馆了。

“现在能做的，只有等待了……”汤姆叹了一口气，抓起乔安娜留给他的东西吃了起来。

汤姆慢慢地吃着东西，什么也不再想。这时候，一只脖子上有黄色羽毛的蓝色鸟儿飞落下来，停在离他脚边几厘米的地方。鸟儿快速地往左边看了看，又朝右边瞧了瞧，这个有趣的小家伙靠着大树蹲了下来。

汤姆好奇地看着它。他嘴里塞满了吃的，手里也还举着餐叉，此时此刻却屏住呼吸，生怕小鸟受到惊吓。这只鸟儿的出现使他心里感到很温暖。他很想让它停在他的手上或者肩膀上，但是它却跳到草丛里，去啄那些掉在里面的面包屑了。汤姆就这样看着小鸟在那儿啄食，心中颇受感动。小鸟显然并不怕汤姆，它一直逗留了很长时间，直到从石子路上传来一阵轻微的脚步声，把它吓得拍打着翅膀飞了起来，然后消失在了树丛中。

汤姆倾身向前，想看看是谁从花园里走过。令他感到十分惊奇的是，他看到一个小女孩独自一人走了过来，好像是迷路了。她看了看地上，花朵，天空，太阳，然后又重新看了看地上，好像她这辈子从来都没有见过石子路一样。她看起来好像也不知道自己为什么来到这里。

汤姆惊奇地打量着她。她有一头乌黑的长发，几乎遮住了她半张脸，而她的脸色甚至比天上的云朵还要洁白。她没有穿校服，而是穿着一件很厚的衬衣，还有一条汤姆不知道是什么材质做成的裤子。她没有看到汤姆和其他学生，也没有看到正从考试室里朝她走过来的卡拉波尔老师。

当那个女孩来到学校前面的草坪时，她停了一会儿，左看看右看看，然后再朝左看看，这不禁让汤姆想起刚才的那只鸟儿。最后，女孩抬起一条腿刚想踩上草地的时候，卡拉波尔老师就在她后面轻咳了一声。

小女孩吓得转过身来，老师抬了抬下巴示意她看那块禁止学生踩踏草坪的布告牌。

“是一个新来的……”汤姆心里想道，他的目光追随着陌生的女孩。她就像一个月前刚到这里的自己，差点踩上草坪。汤姆寻思着，这个女孩会不会也跟他一样，刚刚在一个空中监狱中度过了几天……

第四章

唐纳和汤姆已经在他们宿舍里躺了一个多小时了。伊格克多那云上的夜晚早已降临，但是汤姆却一点睡意也没有。

“你睡了吗？”汤姆问他的朋友。

“没有。”唐纳回答。

“你见过国王吗？”

“没有，从来没见过。”

“那照你看来，他是一个怎样的人呢？”

“令人印象深刻。甚至比校长还要令人印象深刻。你刚刚感觉到了吗？当校长走进考试室的那会儿？”

“空气都变得好冷……”

“是啊，这真是稀奇，对吧？他似乎还是一位教授专业课程的老师。他的红色长袍表明他是风力大师。”

“哇！”汤姆惊叫了一声。

这几个小时以来，汤姆已经没有再想起那场考试了，但是这时候那种考得不够好的感觉又重新回来。如果他不是名列前茅的话，就会被驱逐出校……

“你好些了吗？”唐纳问道，“你刚刚在草地上昏昏沉沉的，昨天晚上你真该好好睡一觉。”

“可我没有看完……”

“所以呢？考得怎么样？今天早上的考试让你感觉好点了吗？”

“那你呢？”汤姆不答反问，声音里满是忧虑。

“还不错。”唐纳答道，但是汤姆怀疑他朋友的这个“还不错”更像是说“考得很好”……

宿舍里又重新陷入了安静。汤姆寻思着如果自己没能被挑选去上专业课程的话，那么等待他的会是什么。

“你紧张吗？”唐纳又问。

“是啊。”汤姆没有否认。

“你回答出多少道题？”

“除了第一道和最后一道，其他的我全部答出来了，”汤姆答道，又问，“你觉得我是不是死定了？”

唐纳突然从床上坐起来。

“我不知道……”过了一会儿，他回答，“这要看其他同学考得怎么样……为什么你答不出第一个问题呢？那道题非常简单！你应该读一下关于国王生平的书，图书馆里有好多呢。”

“我知道，可我昨天晚上睡着了。”汤姆说道。

“好啦，再想这个也没什么用了！”唐纳最后说，“明天就知道成绩了，现在还是睡吧。”

于是，汤姆像唐纳那样躺了下来，但他心里始终焦灼不安。他不想离开这个学校，不想再回到空中监狱，他想留下来，跟唐纳、乔安娜，还有亨利一起完成学业。

“你睡了吗？”过了几分钟后汤姆问道。

只不过这一次没有得到唐纳的回答。

可汤姆睡不着。他干脆起身穿上衣服，然后推开门。他实在需要呼吸一下新鲜空气。当他走进走廊通道的时候，注意到大部分的宿舍都还亮着灯。走下楼梯的时候，汤姆遇到了两个老师，他们表情凝重，也没有跟他说话，这更加深了汤姆的焦虑。

大楼外面，十几个学生正在讨论着什么。原来并不只有汤姆一个人睡不着啊……汤姆没有走到他们身边，而是远离他们走进树林。他眉头深锁，思索着自己的问题：“正常来说，我应该是不会被淘汰的……”但是他想要的并不仅仅是这样：他很想上那些能够让他成为风力大师的专业课程。

这是一个凉爽的夜晚。星星静静地在深邃的夜空中闪烁着，猫头鹰躲在树叶深处呜碌呜碌地叫着。沉浸在这夜晚的歌声中，汤姆不知不觉越出了学校领土的边界，继续一个人孤独地穿过森林。树叶和草丛湿润的气息使他陶醉，在树枝间时隐时现的天空干净得让汤姆觉得很不真实。

走了挺长一段时间之后，汤姆发现自己已经走到了树林的尽头。他站在安全栅栏前的草坪上，仰望天空。夜晚的星空漂浮着云朵。

汤姆又想起了过去，他和提丹一起肩并肩坐在蓝莓村边沿看着太阳落入海洋的那些黄昏。汤姆继续昏沉沉地往前走去，几乎快走到云层边界了。好几百朵天然的云朵层层叠叠地飘浮在他和地球表面之间，在明亮星光的照耀下，看起来就像是散布在黑色底布上的一些灰色小圆点。

汤姆在那儿待了很久。他想看看那个已经看不见的世界，住在那里的居民也早已不在了。然后他抬起眼睛看了看星星。

突然，在他的右边有一个影子动了动。他一下子转过身，看见十几米开外有一个女孩，就是他白天看到的那个女孩。汤姆不知道女孩是不是看见了他，所以朝她走了一步。那个陌生女孩急忙退后。

“她害怕了，就像我刚来这儿的时候一样……”汤姆心想。

他试着朝她微笑，想像唐纳当初安慰他那样，安慰这个新来的女孩。

“你叫什么名字？”汤姆问。但是他等了好久也没等到答案。

月亮升起来了。橘红色的光芒一点一点地照亮这个陌生女孩苍白的脸。

“你想要逃走吗？”汤姆没有等她回答，又补充说，“我之前也这样想，但事实上，这里只是个学校，我们可以学到很多东西。”

小女孩还是没有反应，就像一座冷冰冰的雕塑。

“我叫汤姆。在来伊格克多那之前，我被关在一座飞堡的空中监狱里，在那里我差点死掉……不过这里却很安全。”汤姆又接着说。

正当他说着这话的时候，突然响起一声树枝断裂声。他转身一看，只见两个暴君的士兵正朝他走来，其中一人手里拿着手电筒。

他们把灯光照向云的边缘。汤姆这才想起这里是明令禁止学生走入的范围，不然会受到严厉的惩罚，所以他赶紧跑到一棵树后面藏起来。

“谁在那里？”其中一个士兵放慢脚步问道。

汤姆朝那个小女孩的方向看去。她已经不在那里了。那两个士兵就在他藏身处停下来，手中的电筒在暗夜里扫来扫去。

“你喝多了！”其中一个叫道，“你这个酒鬼……”

“才没有呢！”另一个反驳道，“我发誓，刚刚真的听到有人。”

“好吧，蠢货！你看清楚了没？这里一个人都没有！快啊，呼口气，别开玩笑！”

“什么？”

“我叫你呼气！”

汤姆紧紧地贴着树干，听到其中一个士兵呼气，另一个则嗅着。

“你喝醉了！”后者很确定地说，“你不要否认，我闻出酒味了。你在浪费我的时间。”

就在这时，汤姆又听到一声树枝断裂声。汤姆的心脏都漏跳了一拍：声音是从刚刚那个女孩站的地方传出来的！

“哈！”那个被指控喝醉酒的士兵叫道，“你看！”

“闭嘴，快把你的弩拿出来！”另一个命令道。

汤姆看到他们从他身边仅仅一米远的地方跑过，朝着声音追去，但是没有看见他。

“他们要抓住她了！”汤姆喃喃自语，为那个陌生的女孩担心。

“让他们试试看吧！”在他头顶上，有人扑哧一声笑了出来。

汤姆吓得差点跌倒。他抬起头，看到女孩就站在他身后大树的树枝上。

“你、你在那里做什么？”汤姆问。

“快点，你最好马上回学校。这里还有其他的士兵。”

“你怎么知道？”

“我听到了。走，快一点！”

“不是走那边！”汤姆见她走错路，赶紧低声说。

“不！虽然这边会绕路，但我们可以避开士兵。”

汤姆惊愕地盯着这个新同学。她的皮肤很白，就像黑夜里的月亮，绿色的大眼睛就像绿宝石，撩拨得汤姆心绪不宁。

“但是，你认识路吗？你不是刚来吗？”

“没错，但我认得路。快点走，他们过来了！”女孩说道。

汤姆再没提任何问题，跟着她穿过森林。不知不觉中，他们走回了学校的领地，终于安全了！

“谢谢。”汤姆松了口气，对她说。

“不客气！晚安。”小女孩说着往回走。

“你去哪？”汤姆惊讶地问，“你还要回去吗？”

“是啊，”她回答道，“我更喜欢睡在森林里。”

说完，她就消失在黑漆漆的灌木丛中。汤姆目瞪口呆地站着，怀疑自己是不是在做梦。

第五章

在集会大厅里，所有学生正站着等待。他们仰望着二楼的平台，那里有一位穿着白长袍的老师，宽大的衣袖里捏着一卷金黄色的小纸筒。阳光从他身后照射进来，清晰地勾勒出了他的身影。

“那是优秀学生的名单。”唐纳小声说。

他和乔安娜、亨利还有汤姆都站在教室的最后面。大家都显得很紧张。

“去年有多少个优秀学生呢？”汤姆紧张地问。

老师手里的那个小纸筒真的很小……

“六个。一共有六个。”唐纳回答道。

汤姆咽了咽口水。至少有七个学生在考试铃声响起之前交卷了……以往宣布考试成绩的时候，汤姆还从来没有这么紧张过。他已经忘记昨天夜里那个在树上睡觉的女孩了，此刻心中只想着那张写着可以去上专业课程的优秀学生名字的名单。

大厅里死一般的寂静。

“根据成绩排名……”老师低下眼睛看了看那张纸开始宣布道。

所有人都僵立不动了。

“根据成绩排名，今年有以下学生获得了优秀成绩。听到自己名字的学生，明天早上七点在学校入口处集合，开始他们的第一堂课。”

然后他戏剧性地推了推眼镜，用一种庄严的声音开始宣读优秀者名单。

“第一名：巴尔萨·威尔文。”

“我就知道！”一个头发棕红的学生高兴地跳了起来，“我就知道！我是最棒的！哈哈哈哈哈！”

汤姆和他周围的同学都皱着眉头看着这个男孩，没有人喜欢他，因为他太过自负了。

“并列第二名，阿扎雷·杜西埃勒和唐纳·凡·弗拉克弗洛。”

“你太厉害了！”乔安娜大叫，使劲摇晃着唐纳。唐纳笑得嘴都合不拢。

“我变得跟提丹一样没用了……”汤姆默默想着，内心很失望。

“第四名，阿尔贝尔·德皮埃尔；第五名，伊莎贝尔·威尔苏勒；第六名，弗雷德里克·勒布朗。”

每宣布一个名字，学生们就鼓掌吹哨祝贺那些考试优异的同学。而汤姆呢，他则有一种天都要塌下来的感觉。

他不是前六名。他没有被选中去上专业课程……

于是，他的内心升腾起一个疯狂的愿望。他想要把自己的过去都告诉唐纳，他想告诉唐纳自己是从哪里来的，向他讲讲米蒂尔，讲讲提丹，讲讲他的爸爸妈妈还有那座被暴君毁掉的村庄。是的，他想要告诉唐纳，那个被他们尊称为国王或者君主的人，他则称之为暴君，对于汤姆来说，他就是魔鬼，是汤姆必须打倒并夺取其地位的人……

但是很快又有另一个念头盖过了这一个。那就是离开这里去找提丹，跟他一起在蓝莓村看夕阳，就像从前一样，一起讨论怎么战胜暴君的军队，梦想着一起旅行，一起作战，然后成为世界的主人。

汤姆的心思全都不在这里了，他觉得自己好像迷失了。突然有人抓住了他的肩膀，但是他没有动，眼睛还是一直盯着自己的脚尖。他不想面对他的朋友，面对他们的失望，还有自己的失望。就在这时，他听到了老师的宣布：

“第十二名也就是最后一个被选入上专业课程的学生，玛丽·路易斯·杜拉克鲁斯。”

“他完全不在状态！”唐纳说道。

“汤姆！你是第八名！”乔安娜兴奋地大叫，“你只来了一个月就是第八名了！这是从来没有过的事呢！”

“我们在同一个课室！”唐纳说道。

“嗯？”汤姆惊愕地抬起头。

“他们今年录取了十二个学生！”

“而且你是第八名！你成功了！”乔安娜又说了一次。

那天晚上，学校为这些优秀学生举办了一场大型庆祝晚会。伊格克多那庄园的大花园里点亮了上千盏灯，树底下的桌子摆满了食物，天空中也燃起了烟花……

十点钟的时候，乐队开始演奏一些汤姆从来没有见过的乐器，乐声盖过了风声还有猫头鹰的叫声。

汤姆、唐纳、乔安娜还有亨利，他们全部都被录取了！他们完全沉浸在这种喜悦之中，汤姆更是觉得自己像个明星一样。才来一个月的新生就被选去上专业课程的消息很快传遍了整个校园。女孩子们都围在汤姆身边，十分崇拜地看着他。

汤姆一阵狂喜。不仅因为在这些高官和政要的孩子中他不再是一个陌生人，还因为从今以后他就是这所学校里最重要的学生之一了。他现在不必再担心会被送回空中监狱或是别的地方。他得救了，终于能够全心投入学习，尽情去挖掘大自然的秘密了！

乔安娜等到祝贺汤姆的人群散开后才走来问汤姆：

"在你以前的那个学校里，你肯定已经上过一些很了不起的课程了吧！"乔安娜说道，"你不想跟我讲一讲你的村庄吗？你们那儿叫什么？"

"我的村庄？"汤姆反问道，"呃……也没有什么了不起的事可以讲……"

他转身面向唐纳还有亨利问道：

"明天的课我们不用准备点什么吗？"

"不用，什么都不用准备。"唐纳回答。

"既然这样，那就走吧！"乔安娜说，"我们去跳舞！"

"啊，不……"汤姆叹息道。他长这么大还从来没有跳过舞呢。

但是亨利和乔安娜已经牵起了他的双手。

"既然你已经成为一个名人，那么你就应该接受邀请去参加舞会！"唐纳嬉笑着把汤姆推向乐队，"你不会就更应该学啊！”

一开始，汤姆试着移动双腿来跟上音乐的节奏，但是他觉得自己的样子非常滑稽可笑，不过最后他还是学会了。虽然跳得不算好，但是他已经放松，开始和他的朋友们一起玩笑，直到上床睡觉的时间到来。

“我会成为风力大师的……”汤姆躺在床上，心里默默地想道，不由得脸上笑开了花。他觉得自己很幸福。他微微地抬起头看着星星，突然，他觉得好像看见了那个神秘女孩的头。他一下子爬起来，跑到窗户边，打开窗然后探出头去，但是那个女孩已经不见了。

汤姆关上窗户，拉上窗帘，很困惑地回去躺下。两天以来，这是他第一次一下子就进入梦乡。梦里，他又重新感受到那股校长带来的奇特力量。

第六章

天刚蒙蒙亮的时候，唐纳、乔安娜、亨利还有汤姆就起床开始准备今天的课程。六点半的时候，他们来到学校的食堂，其他被选中的优异者早已分成两组在那里吃饭了。这次考试中获得第一名的巴尔萨并没有和同学们在一起，而是独自一人在角落里看书，边看边时不时发出一阵爽朗的笑声。巴尔萨把书举得很高，以至于所有人都能看到他正在读书。正因为这样，乔安娜看清了那部作品的书名。那是一本关于天文学的专论，而巴尔萨却像在看一本笑话书一样。

“他就是想引起大家的关注。”唐纳这样评价。这时他们四人也找了一张桌子坐下来，桌子上方正好是历代校长的肖像画。

“这方法还挺有用的，”亨利偷偷地瞟了一眼巴尔萨，说道，“不过不得不说，他真是很厉害！我想知道我们是不是马上就会学……”

“感知？”乔安娜接口道，她正把面包分成一小块蘸着热咖啡吃。

“才不要呢，”唐纳说，“我们已经上过感知的课程了。这回该学点新东西，学一些完全不一样的……汤姆，你在想什么？”

汤姆并没有回答，他在回想校长带给自己的那种奇特感觉，但这会儿他却体会不到。他很想再重新感受一次……

“汤姆？你还没睡醒？”

“不，不，我不知道，也许乔安娜说的有道理。感知，比我们想象的重要得多……”

“你在家乡的时候就已经上过感知课了？”乔安娜问道。

“是的，上过几堂。”

“是吗？”乔安娜很惊讶，“一般来说，这是不允许的！你不想跟我们说说你是从哪来的吗？你是怎样变得这么厉害的？”

“让他安静一下，”唐纳打断乔安娜的话，“你很清楚他不喜欢谈论这个。”

“对不起！”乔安娜说道，然而她的目光并没有离开汤姆，似乎想从他的脸上读到某些关于他家乡的信息。

吃完早餐，四人走出食堂，和其他优异者一起在学校大门前坐了下来。

七点的时候，就会有人来接他们，他们的新生活就要开始了。现在离七点只剩五分钟，所有的学生都安静了下来。

六点五十九分的时候，小路上出现了三个身影。两个男人和一个女人朝他们走过来，他们身上穿着跟校长一样的红色长袍。

“风力大师们。”汤姆惊愕地说道。

这三个老师走过那块禁止学生踩踏的草坪。原本汤姆以为，这三位老师也会让他周围的空气变冷，但结果却不然，空气并没有发生变化。看来，这几个老师没有校长那种控制自然的能力……

“跟着我们！”那个女老师说完就往前走，甚至不曾停留一下，也没有看一眼那些学生们。

十二个优异者紧紧跟着她的脚步。一走进大厅，他们就朝着楼梯后面的那扇门走去，走进了一个盘旋而下通往地下室的走廊。

走廊很窄，一次只能通过一个人。汤姆是最后一个进去的，而他身后的门在他进入后就自动关上了。

学生们安安静静地跟着他们的新老师走了一会儿，最后来到一间明亮的大教室。那是一间建于云层里面，位于学校庄园底下的教室。教室里有一扇巨大的观景窗朝向天空，透过观景窗可以看见远处的山峦。房间另外三堵墙则是由水蒸气形成的。在房间中央，三行四列地摆放着十二张桌子。

“坐下！”那个女老师命令道。

汤姆在门口停了下来，着迷地看着周围的一切。他发现靠墙排列着几十台实验仪器；那边还有一些实验桌，桌子上摆满了各种各样的实验器材，有很多的试管，试管里装满五颜六色液体，正腾腾地冒着烟气；有一些金属圆锥，锥尖对着那些一人高的铁笼子；有一些铅封的箱子，上面贴着“危险”一词的大写字母缩写；另外还有一些天文望远镜……

“布里吉，过去坐下吧，不要让斯多姆老师等您。”其中一个穿着红色长袍的男老师经过汤姆身边的时候，温柔地对他说道。

于是汤姆赶快走向那张还空着的桌子。走到桌子前面的时候，汤姆才看见原来桌子上面刻了他的名字。他忍不住轻轻地用手指抚摸那个名字，好像只有真实的触觉才能让他确信，眼前的这一切是真实的，而不是在梦中。

女老师就站在讲台后面，她的头顶有一块巨大的白板。这时，她开始讲话：“欢迎你们。我是斯多姆老师，也是你们的班主任。这两位是教你们感知课的曾杨老师，和教放射现

象的库里老师。”

听到“感知”这个词的时候，坐在汤姆前面的唐纳和亨利就转过身去和乔安娜相视而笑。

“你们是中央云国最好的学生，”斯多姆老师接着说，“在接下来的几个星期里，你们将要接受的教育是独一无二的。正如你们的艾斯卡尔校长在考试前对你们说的一样，知识是一种力量。知识不仅能够让那些不如你们的人敬畏你们，还能够让你们领导这个世界。”

巴尔萨、乔安娜、唐纳、亨利还有这个班上的其他学生脸上都闪现着一种光芒。老师的这番话让他们个个激动不已。他们做到了！他们就要从黑暗步入光明，最后变成最优秀的……

“现在你们已被授权可以越过学校边界，走遍整朵云，”斯多姆老师接着说，“而且，如果你们想的话，也能够惩罚那些不是精英之列的学生……”

她停了一下，接着补充说：

“现在你们的命属于国王，所以你们必须谨遵一个不可违抗的命令：永远不能跟别人说起你们在这里所接受的教育，永远不可以！违者处死！你们听明白了吗？”

“明白了，老师。”同学们齐声回答。

“很好，库里老师，接下来我就把时间留给您了。”女老师说道。

于是她退开，而另外一个老师则走到了讲台前。库里老师看起来五十多岁的样子，小小的黑眼睛闪闪发亮，嘴角微微翘起，使他看起来好像在微笑一样。他似乎也跟学生一样，因为能在这里而感到很兴奋。

“早上好。”他双手插在口袋里，注视着全班同学。

“老师早上好！”孩子们回答。

“你们知道放射现象的威力吗？”老师单刀直入地问道。

巴尔萨举起手来。老师炯炯有神的目光停留在了他身上，然后他那奇特的笑容还在继续。

“好，巴尔萨，你来告诉大家。”

“放射现象的威力特别强大！”巴尔萨高兴地回答。

“没错，”老师赞赏道，“很好，我的孩子，现在，我来给你们讲一个小故事。”

他往讲台前走了几步。

“当人类居住在地球表面的时候，他们就开始思考我们星球的年龄了，”老师说，“他们制造了一些铁球，把它们加热到几千摄氏度的高温，之后等在一旁观察，看看铁球需要多长时间才会冷却下来。根据观察的结果，他们得出一个结论，那就是地球的年龄不可能超过一万年。按照他们的说法，一万年的时间就能让整个地球变得冰冷，地球的核心也会结冰。”

库里老师停了片刻，然后对学生们讲道：

“只不过，做这个计算的那些人并不了解放射现象，”老师说，“地球的核心是具有放射性的，正因为如此它才能获得这么多的热量，以至于直到今天，地球内部都还是滚烫的、灼热的、液体的、熔化的、酷烈的……我们的地球不是只有一万岁！它存在至今已经超过四十五亿年了。”

老师重新站回讲台上，他的双手始终没有离开口袋。

“在我的课堂上，我将教你们掌握这种强大的力量。这就是我今天想要跟你们讲的。”他说完这些，就轮到曾杨老师走上前来。

“大家好。”曾杨老师的声音听起来轻飘飘的。

“老师好。”学生们回答。

曾杨老师比库里老师年纪大多了。他的皮肤很黑，眼睛比暗夜还黑，但是他的嘴角也挂着跟他的同事一样的笑容。

“生物的种类比构成它们的物质要多很多。”曾杨老师以此开始他的自我介绍。

他的声音听起来就好像是先慢慢地飘浮在空气中，然后再轻轻掠过学生们的脸颊。

“在你们身上存在着一个地方，这个地方住着你们的梦想，藏着你们的思想，”他接着说，“现在还没有人知道这个地方是用什么做成的，也不知道这个地方究竟在哪里，但是我们可以通过感知到达那里，然后再从那里出发去探索世界、发现自然。”

随着曾杨老师的这些话在空气里传播开来，汤姆感到教室里的每一个人都充满了一种前所未有的信念。这些执著的信念慢慢膨胀，最终把他包围起来。他浑身发热，感到自己和这里的每一个同学一样，渐渐地淹没在这种集体情感中。

“我会帮助你们发现那些你们以为不能做、但其实有能力做的事情，”老师接着说道，“然后，你们会具备无需我的帮助就能独自完成的能力，你们很快就能学会的。放轻松，忘记你们的身体……”

曾杨老师的这些话在汤姆的血液里流动着，他任由自己沉醉在老师所说的话里。汹涌而至的能量是如此强大，汤姆不禁想转过身看看乔安娜的反应。但是乔安娜并没有看他。她双手放在桌子上，无比专注地望着老师。汤姆知道，乔安娜也跟他一样感受到了这种力量。

“闭上眼睛，平静地呼吸！”曾杨老师说道。

就这样老师和他的学生们融为了一体。汤姆感到自己绕过观景窗，毫不费力地就被那些从学校云层吹过的风带到了外面。这种感觉真是不可思议！他刚刚达到了一种感知的新境界，假若他继续待在蓝莓村的话，也许永远也不可能达到这个水平。汤姆虽然超脱于他的身体之外，然而他的感观却完全听命于他。他跟着风一直飞到云层表面，飞过树林。国王的城堡在太阳光的照耀下闪烁着细碎的光芒。汤姆跟随着风，走遍整座城堡。这种感觉如此舒适，如此强大，汤姆不由得陶醉其中。

他任由自己随风飞到低处，开始全速地在树林间穿梭，直到来到城堡的冰城墙前，他又重新飞上去，然后，就看到了整座富丽堂皇的宫殿。

“布里吉，”有一个声音在他的脑海里响起，“不要靠城堡太近，这是禁止的。”

“对不起。”汤姆一边道歉一边飞离城墙。

曾杨老师刚刚是在精神上与他对话，汤姆来不及吃惊，因为他的旅行是如此精彩。他甚至没有开口说话，仅仅只是在脑海中想了一句“对不起”，但是老师已经听到他的思想……

汤姆飞到高处，停下来欣赏这个世界：树林，城堡，庄园，蓝天，远山，所有的这一切都如此美妙，如此强大。

他低下眼睛看了一眼那天晚上遇见神秘女孩的地方。果然，他看见她了。那个小女孩正蹲在树林边缘，中央云国的安全栅栏旁边。女孩也正看着天空，只不过她看不见汤姆。

老师的声音又再一次在汤姆的脑海里回响：

“谢谢你，布里吉，我们刚刚都没看见她……”

“她真漂亮……”汤姆这样想到，然后又继续自己的飞行之旅。

几分钟后，曾杨老师拍了拍手，所有学生都睁开了眼睛，每个人的心都跳得好快。

“看哪，几个星期之后，就算没有我的帮助，你们也能做到刚刚那样，”老师说，“你们已经成功地完成了第一次旅程。这也证明你们每一个人能来到这里都不是偶然。因为如果你们的知识不够的话，你们是不可能做到的。只有知识才能让你们以这种方式来感知风。”

学生们的眼睛闪烁着光芒，就像刚刚在天空中看到的太阳一样发出璀璨的光。

“在你们的书桌上，有几本书还有一张地图。展开那张地图。”老师接着说。

学生们摊开摆在他们面前的羊皮纸，看到了一张天空的地图。地图中央画着一座建在云上的城市，周围还有十几座其他小城市，城市与城市之间用一些冰桥连接着，到处都标有防御性武器的标志。

“今天的课到此结束，”曾杨老师说，“剩下的时间就留给你们好好地研究一下这张地图。我想，你们会找到方法攻下地图上所标示的这座城市。你们可以使用所有书中出现的武器。你们可以小组合作，也可以单独行动，随你们喜欢。最重要的是，能够成功完成这次任务。”

这时库里老师走近讲台然后宣布：

“这是你们的第一个作业，24 个小时之后，将由你们自己直接向国王展示你们的成果。”

第七章

乔安娜、亨利、唐纳还有汤姆围着位于观景窗附近的一张桌子坐了下来，他们想借着日光学习。在他们的身后，也跟之前在食堂一样，已经分成了两个小组，只有巴尔萨始终一个人单独行动。他就在自己的座位上，一边看书一边开始研究地图。这时，一个小组的人提议让他跟他们小组一起，他回答道："我是鹰派，而你们则是龟类。"听到这样的回答，其他同学也不再坚持。

汤姆还没有从感知之旅的兴奋中抽离出来，所以他这会儿没法集中精神。他盯着教室里那几堵由水蒸气形成的墙，还有墙角摆放着的各种各样的科学仪器。他很想去摆弄摆弄这些仪器，弄清楚他们的功能：看看那些标着"危险"的盒子里究竟藏的是什么东西，或者混合一下那些冒着烟的彩色化学试剂……

他正看得出神，唐纳用手肘推了他一下，他惊跳了起来。

“汤姆！你集中精神呀！我们明天就得做完这个作业！”

汤姆低下头，仔细端详着画在地图上的那座城市。城市里有一座非常巨大的建筑，看起来就像一座尖塔。汤姆又盯着那些连接大城市和周围小城的桥看了看。

“这些桥很奇怪……”乔安娜说。

“据说这些桥都是用冰制成的。”亨利接着说。

“是的，你说的没错……”

“如果想要这些冰桥一直不被融化的话，那么，那里全年的气温都要很低……”

“那它得在很高的地方……”

“不是啊，你看，它在很低的地方……”

“是的，”唐纳若有所思地说，“这真是奇怪！既然这朵云离地面那么近，那么住在这样的云上还有什么乐趣可言呢？”

按照地图上的比例尺进行换算，可以算出这座城市所在的云距离地球表面只有一百米多高。

“而且城里还驻扎了很多军队。”汤姆用指尖指着矗立在城市周围的瞭望塔说道。

“这不是一座普通的城市，它是一座叛军的城市！”乔安娜最后得出结论。

“一座什么？”汤姆问道。

“就是说，这座城市的居民不肯听命于君主，是一座叛军之城。”

“有这样的一座城市么？”唐纳很惊讶地问道。

“好像有的，我听人说起过……”乔安娜回答道。

“可能这座城市只是为了让我们做练习才杜撰出来的。”亨利说道。

“没关系，不管怎样，我们只需关心怎么才能把它攻占下来！”唐纳说道。

“是的，我们要毁掉这一切！”亨利宣布，“我们可以启动一座风力工厂，酝酿一朵雷暴云，然后制造闪电，这样的话我们就可以摧毁这一切了。”

唐纳和乔安娜都保持沉默，一言不发。虽然说亨利的方法并不是很精妙，但是，为什么不试一试呢……正因为这朵云离地面很近，所以在上面很容易就能制造一场雷暴，炸毁这座城市。

汤姆没有打扰他们的思考。他看了一眼他们能够查阅的书籍，发现几乎所有的书他都读过了，除了一本萨卡伊老师写的《冬天的战役》。他拿起那本书然后开始翻阅。突然，他恍然大悟了。

“这是北方云国的一座城市！”汤姆叫道，“正因为这样，所以那里才那么冷，所以那些桥才不会融化……”

“可能……没错，很可能就是这样。”唐纳也赞同汤姆的说法。

“如果是这样，我们不能用闪电来攻占这座城市，”汤姆继续说，“我们永远不可能在北方云国制造雷暴云……”

“他说的没错！”乔安娜插嘴道，“在遥远的北方，雷暴之云没法到达。”

“那我们该怎么做呢？”亨利问道。他们四个都不再说话了，只是盯着地图看。

“我们觐见国王的时候会发生什么事情呢？”过了一会儿，汤姆问道。

“不知道！”乔安娜回答。

“我觉得他会祝贺我们。”亨利说道。

“你见过他吗？”汤姆很好奇地问。

“我没见过。”乔安娜答道。

“我也没见过。”唐纳说。

他们见亨利没说话，于是都转过头来看着他。

“我见过他，”亨利说，“那是在我很小的时候，离现在已经好长时间了。他来我家跟我爸妈一起吃晚餐。那时我还太小，无权参加那次晚宴，不过我偷偷躲在门后面偷窥了他。”

“然后呢?”乔安娜急切地问，“他是怎样的?”

“他看起来很普通，既不像老师，也不像暴风雪军官或者风力大师。”

“晚宴的时候都发生了什么?”乔安娜问道。

“嗯，什么都没发生。他吃完就离开了。”

“他总说点什么吧?”

“这我就不知道了……可能聊到中央云国……没什么特别的……”

汤姆、唐纳、乔安娜感觉问题都白问了，亨利没有说出更多的信息。

“你讲的故事都老掉牙了!”乔安娜失望地说，转而投入到地图的研究中去了。另外几个也把注意力转移到了地图上。

“你们有想法了吗?”几分钟后唐纳问。

“我们可以派出一万架蜻蜓器，让它们把整个城市炸毁。”亨利说。

“这不能保证，”汤姆说道，“这些小塔很奇怪。它们没准隐藏着某些东西……”

“我们先读一读这些书，说不定从中可以找到解决办法。”

几个小时后，有人来叫他们去吃午饭，不过所有的学生都决定在教室里一边吃午饭一边继续研究地图。

他们在那里一直待到晚上，试图找到一种可以攻占这座奇怪城市的方法，但是都徒劳无功。每一次他们当中有人提出建议时，其他人就会证明那个方法并不可行。

夜已经深了，但是没有一个人离开。所有人都在认真学习，教室里静悄悄的。就在这时，大家突然听到一个声音，是椅子刮过地板时所发出的，所有人都抬起了头。

“好了，”巴尔萨伸了伸懒腰，好像对自己很满意地说，“真是太棒了！我希望接下来我的水平可以更进一步……”

说完这句话，他就走向旋转楼梯，上楼去学校庄园里了。

其他同学面面相觑，神色担忧：如果只有巴尔萨一个人在这次测验中成功的话那会怎么样呢？没有人离开教室。

“我受不了了！”一个小时过后，一个女孩子突然叫道，紧接着，所有人都开始抱怨起来。

“我也不行了！”一个男孩说。

“我也是！”

“这个巴尔萨，他是怎么做到的？”

“说不定他只是在虚张声势。”

“他为什么要这样做呢？”

“好把我们都累垮啊！”

“你说的没错！”

“太对了！”

“那我们就做该做的事！”有人说。

“我要去睡觉了。”塞西乐决定。

所有的学生都从他们的椅子上站起身，因为太过劳累，他们的眼睛都已经布满血丝。

唐纳和汤姆对乔安娜和亨利道了晚安，约好了第二天早上七点在食堂见面，然后默默地走回房间。回去的路上，他们遇到了一些以前的同学，那些学生都用一种交杂着好奇、畏惧、嫉妒的眼神看着他们。经过这一天专业课的学习，汤姆和唐纳已经不再是跟他们一样的人了。虽然他们还没有学到什么，但是从他们身体里已经散发出一种新的力量，他们曾经的同学可以感受到这一点。

“他们看我们的眼神很奇怪，是不？”到了宿舍的时候汤姆说。

“这很正常，”唐纳笑得很开心，“因为我们是最强的嘛。”

桌子上还放着已经冷掉了的晚餐，他们肩并肩坐着吃起来，但是都一言不发，都在想着怎么攻占那个神秘的城市。

几分钟之后，唐纳就睡觉了。

“晚安！”他说。

“晚安！”汤姆也躺到自己床上。

“喂。汤姆！”唐纳突然在黑暗中叫了一下汤姆。

“什么事？”

“我真高兴你在这儿。”

“我也是。”

为什么大海没有特别咸？

如果我们把每年通过河流流进海洋中的几百万吨盐加起来，就能计算出，海洋从原来的淡水变成今天含盐量这么高的海水，已经经过了几万年的时间。这听起来似乎很久，但是地球上的河流存在的历史至少比这个时间长100倍，已经有大约两百万年了。所以海洋的含盐量本来应该比今天的含盐量更高。

之所以海水没有特别咸，那都是因为在海洋的几个循环之中已经建立了一种平衡：某一个循环会带来盐分，而其他的循环则将盐分带走。

最能有效带走盐分的一个循环就在海洋的深处，在海岭附近，那里的海底山脉常常会喷射出一些岩浆，岩浆不断地形成新的大洋地壳。

在这些海底山脊附近，盐水流经岩石缝的时候会下渗，然后流进地球里面。一段时间之后，这些水因为吸收了地心热量而变得滚烫，就会像黑烟一样喷出，重新回到海洋里。经过这样的一个循环之后，重新喷出的海水就不带盐分了。至于盐分呢，则被留在了地球里面。这个循环叫做海底热泉。

通过这个循环，海洋不仅可以去除河流带来的大部分盐分，而且有些科学家还认为地球上的新物种也曾经在这些黑烟周围出现……

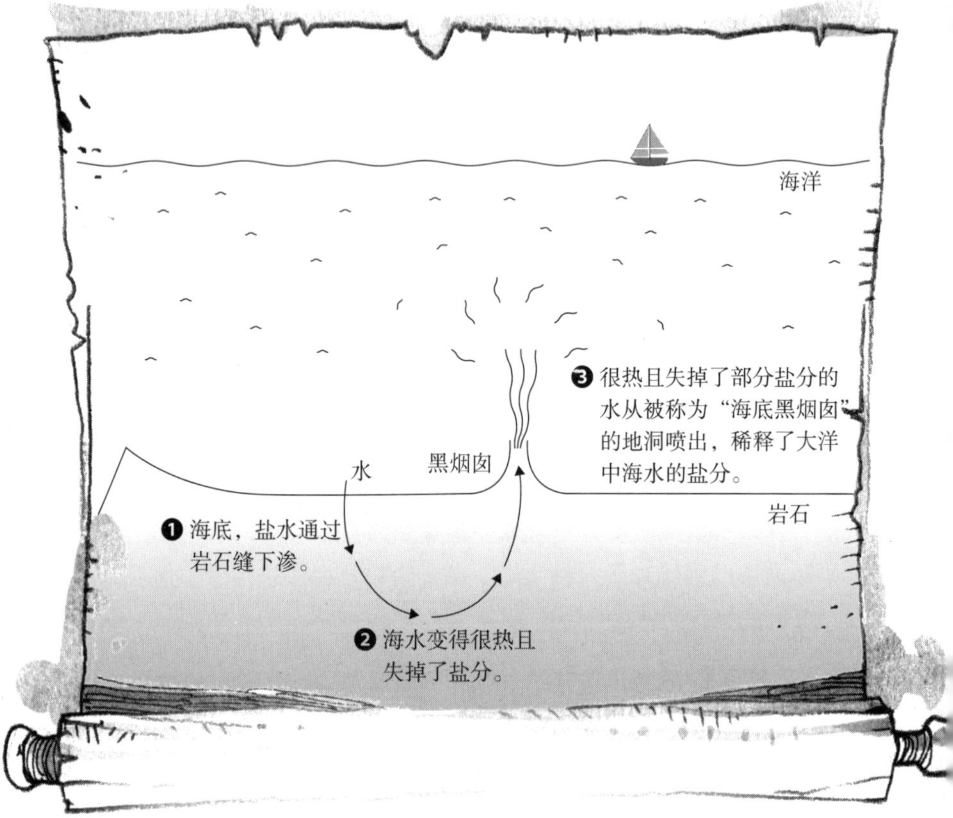
海洋
❸ 很热且失掉了部分盐分的水从被称为“海底黑烟囱”的地洞喷出，稀释了大洋中海水的盐分。
水
黑烟囱
岩石
❶ 海底，盐水通过岩石缝下渗。
❷ 海水变得很热且失掉了盐分。

第八章

汤姆突然睁开眼睛看了看周围。房间里的窗帘半开着，淡淡的月光柔柔地洒满了整个房间。房间的另一头，唐纳把头埋在被子里，睡得正香。汤姆看看挂在门上的时钟，已经是凌晨两点。

“我怎么了？”汤姆自问。这会儿他已经完全清醒了，却有一种极不舒服的感觉，好像自己做了一件很蠢的事。他不仅感到自己的胃一阵阵痉挛，还觉得连呼吸都困难。他从床垫上坐起身来，双手捂住自己的脸，这才发现自己双手早已出汗了。

“我做了什么梦吗？”汤姆思索着，“是关于那个被攻占的城市？还是我应该要读的书？又或者是关于巴尔萨？”不，他觉得应该都不是。

很长时间，汤姆就这样一动不动地盯着房间地毯上的一片亮光。然后，他起床走到窗边，感觉胃好像揪得越来越紧。

窗外，天空挂着一轮满月，皎洁而温柔的月光照耀着整个庄园的花园，像是洗去了树木的原色，披上了一层淡淡的月光。汤姆的目光不由自主地望向他第一次遇到那个女孩的地方。她才来这里短短几天，就已摸清了整个庄园，这一点让汤姆很惊讶。

正当汤姆寻思着这个女孩会成为什么样的人时，他突然想起白天的感知之旅，胃的不适感因为这个回忆而变得更加强烈。汤姆想起来了，他曾看见那个女孩，看见她就坐在云层边缘！而后曾杨老师还感谢他找到了小女孩……

“她被人抓住了！被抓到监狱里去了！”汤姆叫道。

汤姆这一叫，把唐纳从睡梦中惊醒。他迷迷糊糊地起身，枕头也掉到了地板上。

“嗯？已经上课了吗？”唐纳睡眼朦胧地问，显然还没睡醒。

“没，还没有，现在还早。”

“好吧，你是在研究怎么攻占那座城市？你可以明天再跟我讲。”

说完，唐纳又倒回床上，压根儿没有发现自己的枕头不见了，很快又进入了梦乡。

“他们把她抓走了，都是我害的……”汤姆喃喃重复道。

是的，对于这一点他毋庸置疑。

汤姆并没有多想，他捡起唐纳的枕头重新放回他床上，然后穿好衣服，走出房间下楼来到门厅里。

“监狱没准就在这里的某个房间……”汤姆停在一扇门前这样想着，这扇门就在通往他们新教室的那扇门的左手边。

汤姆抓住门把手拧了一下。令他大吃一惊的是，门居然打开了。进了门，走上两级楼梯就是一条长长的通道。然而这条通道黑漆漆的，什么也看不见。汤姆摸黑想找灯的开关，但是没有找到。于是他索性拿起挂在门厅墙上的一只火把，走进了那条走道。之前，汤姆从不认为自己有胆量做这种事，然而现在他的确这么干了。

房门发出一声恐怖的声音，在他背后自动关上。

“不！”汤姆朝门把手冲过去，心提到了嗓子眼。

确认门没有被锁上之后他欣慰地松了一口气，继续往前走进通道，不一会儿，来到了另一扇门前，他停下来试着打开它。

“谁来啦？”突然有人在他背后问。

汤姆转过身。

站在汤姆面前的这个人应该有两米高，他小小的黑眼睛看起来就好像是两颗果核，嵌在一张满是伤痕的脸上。

“你是谁？你来这里做什么？你是怎么进来的？”那个巨人问道。

汤姆后退了一步，咽了咽口水。他从来没有见过一个人的脸像眼前这人这般可怕，尽管他很想逃跑，但是却逃不了，因为体型如此壮硕的巨人完全挡住了他的路。

“快回答，不然我就捻碎你的骨头！”那个人边说边举起他的拳头，那拳头几乎跟汤姆的头一样大。

汤姆不知道还能说些什么或者做些什么，只是出于条件反射地向前举着火把，想用火来对抗眼前这个威胁自己生命的怪物。

“啊啊啊！”那个巨人看清了汤姆的脸之后大叫。

他突然双手朝天，手掌摊开，俯身跪拜。

“饶恕我，布里吉阁下。我没认出您……请不要伤害我！”

汤姆惊讶地目瞪口呆。眼前这个庞然大物，只需稍稍吹一口气就可以把自己吹走，可他却拜倒在自己面前求不要伤害他！

“他怕我！”汤姆心里想道，“是因为专业课的原因……他知道我会因此变得强大！”

“您，您能够帮我开门吗？”汤姆指着他身后的那扇门问道。

“马上，我马上就开。”巨人急忙从口袋里拿出一把钥匙递给汤姆。

汤姆接过钥匙，将它插进锁孔打开了门。

一打开门，汤姆就看见他面前有三十间牢房。借着火把的光线，汤姆才辨认出，原来所有牢房里都关着囚犯。黑暗中，汤姆手里的火把发出的刺眼亮光吓得囚犯们纷纷往后退了一步。

汤姆正想问那个巨人这些人被关在这里的原因时，他的脊柱感到一阵可怕的寒气。他转过身，看见了其中一个囚犯的脸，而这个囚犯恰恰是他认得的。他又看了一眼旁边的牢房，接着一个个地看过去，汤姆猛然全明白了：眼前这些被关在小牢房里的，都是那些在考试中失败了的学生！

明白了这一切，汤姆的膝盖开始颤抖。他费尽力气才得以恢复冷静：他不能让那个在门口站岗的守卫看出这一点……他现在属于精英团队的一员了，所以他应该坚强！

他走进房间，转了一圈，学生们看起来好像都惊恐不安。所有人都坐在牢房地上背靠着墙壁，汤姆看着昨天还是他们同学的一个小男孩，感到自己带给了这些人难以言说的恐惧，除了一个女孩，她看向汤姆的眼神充满鄙视。

“就是她！”汤姆想道。

当汤姆发觉女孩是那么漂亮时，他的心漏跳了一拍。

“嗯，你好！”汤姆走近女孩牢房的铁窗前说道，“我，我很抱歉……”

“你为什么要抱歉？”女孩突然问，“是因为你做了暴君的傀儡吗？”

听到女孩说出“暴君”的时候，汤姆觉得自己就像被人打了一个耳光，他不得不克制自己内心那股升腾起来的暴戾而疯狂的欲念。

“国王……”汤姆试着让自己冷静下来才开口说道。

“你还没有明白！”女孩说道。

“明白什么？”汤姆结结巴巴地问。

小女孩的话让汤姆很困扰，他不知道该说什么，不明白为什么这个小女孩会让他陷入这种境地。

“算了！”小女孩叹口气，“你来这儿干什么？你最好还是回到你温暖的床上去，继续上你的课……”

其他囚犯听到小女孩的这番话开始躁动不安。

“你，你可以让我们离开这儿吗？”其中一个问道。

其他人好像都在等着这句话似的，也纷纷说道：

“放了我们！”

“求求你了！”

“我想回家！”

汤姆吓得往后退了几步。

“你们不要吵了！”汤姆一边后退一边低声说。突然，夹杂在那些抱怨考试不及格、被监禁起来的哀怨声中，汤姆听到一句让他差点晕过去的话语，是从新来女孩的牢房里传来的。这个女孩低着头，像在祈祷一样不停地重复着：提丹，米蒂尔，快来救救我……

汤姆顿时僵在原地。

“有什么问题吗？布里吉阁下？”巨人走近他问道。

听到汤姆的名字时，小女孩突然抬起头。她本来已经苍白的脸上显得更加惨白。

“你叫做汤姆·布里吉？”小女孩问道，“你就是提丹和米蒂尔的朋友？”

汤姆十分震惊，仿佛脚下的地板瞬间崩塌。这个女孩到底是谁？为什么她会跟他讲起他已经死去的朋友呢？

因为其他囚犯还在继续呻吟着求救，所以那个巨人上前一步，喝道：“都给我安静！”他喊得那么大声，连牢房的墙壁都震动了，然后他又转过身对汤姆说：

“有什么问题吗？布里吉阁下？”

“没……”汤姆说道，眼睛却一直紧盯着女孩，“您让我一个人待会儿吧，我要跟这个……这个囚犯说说话……”

那个巨人扫了牢房一眼。

“你们其他人，给我闭嘴！”他威胁着说道，然后又站回门前的位置去了。

汤姆踉踉跄跄地走近陌生女孩。这时那个女孩已经站起身，走到铁窗附近等着他了。

好长时间，汤姆什么话也没说，只是面对面地看着女孩。关于提丹和米蒂尔的记忆又重新回到他的脑海里，如此清晰，如此强烈，汤姆整个人都震惊了。

“是你吗？汤姆·布里吉？”小女孩又问了一次，“你是提丹和米蒂尔的朋友吗？”

“他们已经死了，”汤姆答道，眼睛都湿润了，“我亲眼看见他们掉进了一朵雷暴云里……”

“他们没有死！他们在我们的森林里着陆了。当暴君的军队攻占我们村的时候他们就逃出来了。”

“你、你瞎说！”

“不，我以莎妮的性命发誓，我没有乱说。”

“莎妮？莎妮是谁？”

“莎妮就是我啊，我是一个来自森林的女孩。”

第九章

提丹躺在床上，一点儿也不想起床，甚至连眼睛都不想睁开。一种悲伤折磨着他，蓝莓村、森林村、妈妈、汤姆、莎妮，好像一切都离他很遥远，那些残存在记忆中的影像仿佛被一层浓雾包裹着，看不清楚。

提丹觉得奇怪的是，并没有一点儿关于过去这几天的记忆闪现在他的梦中。他好像看见一座黑色的悬崖，一朵漂浮在海湾上的云，上面有城墙围着的城堡。还有米蒂尔也在那儿。没错，那的确是米蒂尔。浓雾慢慢消散了，此时提丹终于想起来，他和公主乘坐一架用树枝和布条做成的飞行器逃出了森林村。暴君的飞行员在后面紧追不舍，为了让他和公主能够逃走，瓦金充当诱饵把敌军引开了。

提丹和米蒂尔一起朝北飞行，之后他们撞上了一座悬崖掉到了海岸边……但是这之后发生了什么事呢？

提丹在床上翻了一个身，此时他的双手和额头都已经汗湿湿的。肯定发生了什么可怕的事……一个巨大的海浪朝自己扑过来，然后他和公主就分开了。白色的漩涡把他卷向海洋深处。现在回想起来了，提丹觉得这一切再清晰不过，甚至觉得自己现在还在海里，喘不过气来！他要呼吸空气！他不是睡着了，啊不，他是被淹死了！

“啊啊啊啊！”提丹惊叫着睁开眼。

他赶紧吸入一大口氧气，把自己的双臂高举向上，像是在水里挣扎，然后突然僵住不动了。他彻底清醒过来，发现大海已经消失，他也不是在水底，而是在一间卧室里，有一扇大窗户朝向天空。

提丹一下子站起来。

“米蒂尔！”

他看见离他不远的地方还有另一张床，上面虽空无一人，但床铺却凌乱不堪。除此之外，桌子和凳子也被掀翻，房间里的东西散乱了一地，夹杂着花瓶摔碎的碎片。看起来这里好像有人打斗过……

“米蒂尔！”提丹一边急匆匆地跑向门边，一边不忘呼唤米蒂尔。

门锁住了。

提丹冲向那扇窗户，然而他却突然停下脚步，吓得目瞪口呆：因为窗户外面就是高空。

窗外左右两边各耸立着一座高大的塔楼，它们尖尖的塔顶直指苍穹。在塔的高处，有一个装有挡雨板的平台，一些武装的守卫正在那儿巡逻。他们用望远镜观察着远方的敌情，弓早已拉紧，蓄势待发。塔楼的周围，随处可见一些高达几十米的木制城墙，它们将整座城市团团围住。这一望无垠的天空，让提丹顿时明白了，自己正是在一朵云上！此时，地面已离他很远很远。地球表面的云雾如同棉絮一般，被覆盖着皑皑白雪的山脊刺破，看上去，就像是被弃于山谷之中的白色幕布。透过这片云雾，提丹看见了几个黑影好像正在慢慢移动。他还从来没有见过类似的景色：只有云，雾，还有一些神秘的黑点。

天边，白茫茫的云朵如原野一般，一眼望不到边，细长的浮云为碧蓝清冷的天空增添了几抹色彩。

提丹看得都傻眼了。他眨了好几次眼，才试着去打开窗户，但是一切都是徒劳，就像那扇门一样，窗户也被锁住了。

到底发生了什么事？为什么他会被关在这个房间里？米蒂尔又在哪里呢？

就在提丹失去意识之前，他明明看见一个男人站在一艘可以飞的小船上，把米蒂尔从水里救起来。那么，也是这个男人救了他吗？是他把自己关在这间屋子里的吗？

提丹扫视了一遍屋子：屋子左边有一个衣柜，墙上挂着几幅已经布满灰尘的画，画的是几种不同种类的云。提丹还没有完全清醒，他的头还有点晕，尽管觉得有些难受，但他还是想要到外面去……

这样想着，提丹走近衣柜打开它。柜子里的衣架上挂着一些粗布做成的背心和裤子。正当提丹想从中找些什么来穿上的时候，他突然发现在衣柜里有一缕亮光。他急切地推开那些衣服，看见了一扇半开的门，那扇门通向一条盘旋而下的楼梯。

“有人吗？”提丹把头探进去问道。

他的声音消失在楼梯里，没有人回答他。

提丹抓起一条粗布裤子和一件衬衣，连睡衣都没有脱掉，就直接把衣服套上去，又找了一双鞋穿上，然后走进楼梯。

他小心翼翼地走下一级楼梯，又一级，再一级。被提丹踩得吱呀作响的楼梯，好像没有尽头。提丹觉得自己应该在云层里了，他轻轻地把脚放在楼梯上，同时小声叫着：“米蒂尔？”

走到地下二层的时候，楼梯突然结束在一扇门前。从门锁中流泻出一点亮光。提丹转动门把手，但是门没有打开。

他倾身向前，透过门锁看进去，锁孔里的一切令他非常激动。

“飞行器！”提丹叫道。

在门的旁边停有十几架全新的蜻蜓器，它们就存放在一个隔板隔出的机库里。一群全副武装的人正在房间里忙碌着，这些人无论男女，身穿同一制服，脸上蒙着一块黑布，只能看见他们的眼睛。

提丹没有看到公主的踪迹，却突然头痛得厉害，不得不在楼梯上坐下来。他已经饿得要命，却又不敢去敲那扇门。因为他一点儿也信不过这些蒙着脸的人。

他艰难地站起身，想要回到房间。这时，楼道里的光线却突然暗下来，他回头一看，刚刚锁孔透出的那缕亮光消失不见了。提丹很好奇，又返身走下楼去，一只眼睛贴在门锁的孔上。大厅不在了，取而代之的是一个巨大的、圆圆的、红棕色的球体，周边还有一圈白色。那个巨大的圆球有一阵子完全不动，然后又突然滚起来。提丹费了好大的劲才看明白，原来那是一只眼睛。

“啊！”提丹惊叫着摔倒在地上，但他马上跳起来，惊恐万分地跑上楼梯。

提丹听到他身后有钥匙发出的叮当声，然后是嘎吱作响的开门声。

“他醒了！”有人说。

提丹继续往楼上跑，能跑多快就跑多快。这时楼梯上也响起许多脚步声。

“这里没有出口！”当提丹快跑到房间时，一个男人喊道。

然而提丹并没有放慢速度，继续全速地穿过衣柜，跳过那两张床，冲向门边。但是门始终打不开。

“救命！”提丹使劲拍打着门，大声叫嚷。

危险的脚步声正在慢慢迫近。提丹的大脑飞速思考着：虽然这些蒙着脸的人可能不是暴君的士兵，但是他们看起来也不像是反抗暴君的起义军……他必须逃走，必须找到米蒂尔。他瞪大双眼，紧闭呼吸，抓起那只倒地上的凳子，使尽全身的力气朝窗户冲过去。

玻璃窗就这样被他撞得碎片乱飞，一股强烈而清新的空气立刻就灌进了房间。风刮起了灰尘和床单，一直刮到衣柜，猛烈地刮着通向楼梯的那扇柜门，把它刮得吱呀作响，连带着，把一个正追上来的男人刮倒在地。那个人的鼻子差点摔坏了，提丹听到他嘴里的咒骂声。

提丹蹲在窗沿上，头发被寒风吹乱。他注视着窗外：墙上有一条引流雨水的檐槽；窗外，云层坚硬的部分只有几米宽；云层外面，可以看到高耸出浓雾、海拔几千米的山顶。

在这种高度，任谁都会感到恐怖，只是提丹却一点儿也不害怕，因为早在家乡蓝莓村的时候，他就已经习惯了坐在云层边缘，面对着夕阳，毫无眩晕之感。

那些塔楼上的守卫，只顾全神贯注地盯着远方，没有注意到他们脚下发生的情况：提丹正沿着檐槽爬下来，滑落到大街上，然后往左冲去。

经过塔楼下面的时候，提丹感觉空气变暖和了：原来那些木板建的城墙，可以保卫村民不受冷风的吹袭。

“停下来，笨蛋！”一个蒙着脸的人叫道，他从窗口探出头，难以置信地看着提丹跑远。

那些人拿出弓弩扫射，箭在云上到处乱飞，打得两旁建筑纷纷塌落下碎块。虽然提丹已经筋疲力尽了，但他丝毫不敢停下，他什么也看不到，什么也听不到，只是用尽最后的力气向前冲。

那些蒙面男人紧紧跟在提丹身后，准备抓他。

“走这边！”突然一个声音叫道。

提丹抬起头，发现在他前面有一个人也沿着城墙跑，还对他比着手势。

“快点！”那个陌生人催促道，一支箭正好擦过他的耳际。

提丹加快脚步。那支箭在地上弹了几下最后插进了墙根的垃圾堆里。提丹从旁边经过的时候，发现这支箭的箭头其实是一颗橡胶圆球。

“走这边!”提丹又听到那个人说。

现在路上已经有行人了。那些行人都紧皱眉头，惊奇地看着提丹。看到那些蒙面人跑来时，他们都谨慎地走开了。

提丹搜寻着那个神秘的身影，看见他向左拐，跑进一条通往城里的小路。于是，提丹也往这个方向跑，试图跟上那个人的脚步。他累得视线模糊，耳边只有呼呼作响的风声，渐渐地，隐约听到从前边传来喧闹声，紧接着，稀疏的行人和房屋在他眼前出现。提丹觉得越来越多的房屋阻碍了他的自由奔跑。这些房子其实并不大，至多也就两层楼。提丹本来可以试着跳上其中一栋的屋顶在高处奔跑，从一栋房子跳到另一栋房子，由此跳过一条条小街，就好像他的朋友梦笛在白云城上做的一样，但是在他爬上屋顶之前那些追赶他的人肯定就抓住他了。他必须赶上那个陌生人，让他保护自己……不过，提丹也不知道自己为什么会信任那个陌生人，就像他不知道自己为什么要逃走一样。他总是觉得那些人要抓他。

那个身影拐进一条更窄的小巷。小巷两边是一些老旧的房子，似乎得斜靠在墙上才能立着不倒。那些卖蔬菜的摊子就摆在小巷中间，只有寥寥几个顾客光顾。

提丹跑得腿都疼了，他的肚子也饿得咕咕叫。

他跑不动了，慢了下来，连保持直线地奔跑也做不到。而那些追捕他的人离他越来越近，只剩下二十多米。提丹甚至已经感觉到他们呼出的气息喷在他的颈背。他随时准备着头上会被猛击一下，然后在一间没有窗户的监狱里醒来，发现自己被链条锁住……

“就快到了！”那个陌生人对他喊道，然后快速拐进左边的另一条小路。

提丹使尽全身最后一点儿力气才勉强跟上他。几分钟后，他来到了一个广场。他被眼前的一切震惊了，失去了平衡的他倒在地上一动不动。在他面前聚集着几千人，他们都把手臂举向天空，大声欢呼着：“万岁！”

提丹急忙站起来。追捕他的人就在附近，但是提丹刚好来得及在他们到来之前钻进人群。他在那些人的腿之间匍匐前行，期间还换了好几次方向。那些追捕的人大叫着，但是人群的喊叫声更大，提丹居然奇迹般地甩掉了追捕他的人。提丹来到广场的另一头时，背靠着一面墙坐下来气喘吁吁。但是那些人还在高呼：“奥德尔万岁！奥德尔万岁！”

第十章

提丹试着集中精神，好好想想自己应该做些什么，想弄明白自己是怎么到这里来的，但他实在太饿了，而且人群的欢呼声散发出一种强大的力量，使得提丹的精神几乎呆滞了。但他仍感到有什么事在等着他，一些很重要的事情；他觉得自己不是一个人，好像有人在呼唤他，注视着他……

“他要来了！”在提丹旁边的一个年轻女人突然大喊一声，“我们终于可以看见他了！”

“奥德尔万岁！奥德尔万岁！”人群喊道。

提丹抬眼看了看那个女人。她双颊通红，双手因为兴奋而捂住自己的脸，眼里也因为感动而盈满泪水。就在这时，一声尖锐的口哨声突然划破长空，接着就听到人群中爆发出一阵震耳欲聋的欢呼声。先前的那个女人整个身体也因激动而颤抖起来。

“你好，奥德尔！大家好！”有个人喊道，然后广场上就响起一阵雷鸣般的音乐声。

这音乐的感染力非常强大，每一个迸发的乐音，都让提丹感到自己的胸腔甚至脾胃痉挛不已。提丹站起身，想看看到底发生了什么事，但是他的个子太矮了，什么也看不到。他随着拥挤的人群忽前忽后，眼下的情形让他感到很害怕。

提丹并没有想太多，本能地跳上窗沿，接着又攀上更高一层的窗户，就这样顺着墙一直爬到屋顶。到了屋顶之后，提丹找了一个隐蔽的地方躺下来。在屋顶往下看的时候，他终于看清了广场的全貌——他所看到的那一幕让他不由得倒吸了一口冷气。

广场上大约聚集着一万人，他们都围在一个舞台前面，而台上有一支乐队正在进行演奏表演。自从在辛迪城米蒂尔被执行死刑的那一天之后，提丹就再也没看见过这么多人像这样叫喊着……

提丹用眼光在人群中搜寻，想看看能不能找到暴君的军队、囚徒或是那些带着武器的人，但是一个也没有找到。就连刚刚那些蒙面的追捕者也没看到，还有刚刚帮助他躲过蒙面人的那个人也不见踪影。

提丹胆战心惊地在那里等着。当提丹看到广场上空出现三架蜻蜓器的时候，他终于松了一口气，这才明白并不是行刑，而是在举行一场体育庆典。

那些蜻蜓器看起来都极其漂亮，在阳光下闪着或红或金的光芒。飞行员都穿一身黑色连体飞行服，衣服上绣着一些黄色和红色的圈。这时，那群正在表演的音乐家们退到一边，在众人狂热的欢呼声中，蜻蜓器降落在舞台上。紧接着，一个笑容灿烂的男人拿着麦克风出现在舞台上。他身穿一件深绿色连体飞行服，衣服上还缀满了闪光片，在阳光中银光闪闪。

“你好！奥德尔！”这个人一边向空中举起一只手，一边大叫道。

他的举动也在观众中赢得一阵震耳欲聋的回应。

“奥德尔，奥德尔！”云上的居民大声喊道。那个双颊粉红的年轻女人当场跳起来，她一边手舞足蹈一边声嘶力竭地喊：“他到了！他到了！”

那些站在女人旁边的人都试着让她冷静下来，但是她这一喊，马上又有第二个、第三个女人也开始跟着她一起极度激动地大叫着。

“我们爱你！”她们声嘶力竭地喊道，眼眶里盈满了泪水。

舞台上，那个身着亮片装的主持人继续说：

“女士们，先生们，还有可爱的小姐们，我很荣幸地向你们介绍一下这三位在卫特本联赛后，经由你们选出来的、代表你们城市的飞行员！”

“奥德尔！”群众欢呼道。

“这是‘沙漠之风’！”主持人指着站在他右手边的人介绍道，而那个人也取下他的头盔跟大家问好。

“沙漠之风”看起来顶多二十多岁。他乌黑的短发在太阳光下闪闪发亮。他举起拳头，好像为自己感到很自豪。

“这是‘冰雪之球’！”

第二个飞行员也拿下他的头盔，然后对大家鞠了一躬。“冰雪之球”看起来年纪比较大，可能有四五十岁，不仅剃了光头，还在脑袋上纹了一个黑色的图案。

“最后就是你们的新任队长，‘黑夜闪电’！”

此时人群中激动高昂的欢呼声已经达到顶峰，差点把提丹藏身的屋顶都掀翻了。然而这个飞行员队长却没有取下他的头盔，他只是站在不动，透过那个略带颜色的头盔面罩，根本看不清隐藏在后面的脸是什么样子。

“我们爱你！”刚刚那三个女人又齐声叫起来。

“他应该长得很帅！”其中一个女人说道，另外两个也纷纷附和表示赞同。

“过来这边！”

“这边，这边！”

那个戴着头盔的飞行员从台上下来，在一群警察的保护下慢慢走到人群中间，毫不在意那些正朝他伸过来的手臂。当他终于停下来扫视人群的时候，有几个女人还因此昏了过去。但是提丹在屋顶上却看得很清楚，他知道，那个飞行员其实并不是在看人群，而是在找什么东西。就在这时，飞行员突然朝着提丹的方向抬起了头。虽然透过飞行员头盔的面罩看不清他的脸，但是提丹很确定，那个人在盯着他看。果然，那个飞行员走向提丹藏身的房子。

那三名女人情绪特别激动，完全无法抑制自己极度兴奋的心情，飞行员队长只是从她们身旁走过，她们就已经兴奋地摔倒的摔倒、晕倒的晕倒了。保护飞行员的警察只能推开这三个女人。

那个飞行员还在继续走，在一座商店前停了下来。提丹的目光一直追随着他。他看见飞行员轻轻地摇了下头，提丹很确定这个动作是冲着自己做的。提丹甚至在想要不要下去会一会他，不过他又改变了主意，因为这时城里响起了一阵新的警报声。

很快地，还留在舞台上的那两个飞行员骑上他们的蜻蜓器，展开飞行器的机翼，然后在发动机的轰鸣声中起飞了。

他们飞越群众头顶的上空，但是出乎大家意料的是，他们非但没有离开，反而开始表演空中飞行特技。那些妈妈们看到这样危险的行为一边吓得大声嚷嚷，一边拼命护住自己的孩子。而大部分的观众呢，都很高兴。飞行员每一次从他们身边经过的时候，他们都会发出喜悦的尖叫，期待那些飞行员做出更多的冒险动作。

提丹这时候出奇的清醒。面对如此众多聚集在广场上的人群，他却突然意识到自己的孤立无援，没有人关心他的死活，也没有人关心公主的命运。另外，从人群中散发出来的

力量使他感到很害怕，心中突然涌上一股忧伤。

他是多么希望汤姆现在就在他身边啊！他们很小的时候就发誓永远不分开，将来一起去探寻北方云国的秘密。汤姆看过图书馆里所有的书，学到了那些必须学习的宇宙知识；而提丹则会成为一个杰出的飞行员，甚至比他在这儿看到的那些飞行员还要优秀。只是在那场拯救公主的行动中，他俩在暴君士兵的攻击下分离了。现在，汤姆正被关在某个地方的监狱里，而他也是一个人，远离了公主，远离了所有人，身处一个陌生的城市，被一群极度兴奋的人包围着，而且还

被那个一直不断鸣叫的警报声吵得快聋了。

不过，飞行员们在空中表演的飞行特技深深震撼了他。看着他们无视重力法则在空中进行表演，提丹想象自己也像他们一样，面对着暴君的飞行员，指挥一场空中战役。和他们一样，他也会在飞行中突然停下来，把蜻蜓器的机头朝向天空并保持静止，然后让飞行器自己旋转。那些暴君的人民肯定会看晕的！

“我要弄到一架蜻蜓器……我应该找到米蒂尔……”提丹说。

蜻蜓器终于消失在城市的城墙外，而人群也唱着歌走向那两个塔楼，就是提丹醒来时看到的、位于房子两侧的塔楼。

提丹费力地从藏身的屋顶下来，冲向刚刚飞行队长停留的商店，他也不知道能在那里找到什么。商店的玻璃橱窗并不透明，一块歪挂着的布告牌表明商店已经关门了。

布告牌上写着几个金色的字：

水晶球古董店

星星们能回答你的问题

提丹走上前敲了敲门，等了一会儿没有人来开门。于是，他用脚踢了一下。

“冷静点，小子！”一个路人对他说，“店关门了，你没看见吗？”

提丹并没有听到路人的话。远处回荡着烟花爆竹声，提丹也没有听到。因为他已经精疲力竭，耳朵嗡嗡作响。此时，他必须进入这间商店，找些吃的，然后再找一架蜻蜓器。他没有时间可以浪费了！虽然不知道米蒂尔被谁抓走，也不知道那些人为什么要抓走她，但是他却很肯定，米蒂尔现在一定很危险，而且正等着他去救她。

就在提丹还想再对商店的门踢上一脚的时候，他失去平衡，倒在了门上。与此同时，门却打开了，一只手抻出来，抓住他的肩膀，把他拉了进去，并关上了门。

小路上没有任何人注意到他的突然消失。

第十一章

商店的墙上挂着一些壁灯，把整个商店内部照得亮堂堂的。提丹双手撑地重新站起来，只见一个年轻的女人面朝橱窗站着，背对着他，正盯着外面的街上看。透过商店橱窗的透明玻璃，可以看见外面的行人。

“还好吗？没有摔疼你吧？”女人确定外面没人之后，转过身来问提丹。

那个女人一头金色的头发但是被剪得极短，一张长着雀斑的脸蛋，看起来大概有二十多岁。提丹本想开口回答女人的问题，但是他实在太虚弱了，所以只能勉强摇摇头表示自己没有摔疼。那个陌生的女人走过来，蹲在他面前。

“很抱歉，我没能救出米蒂尔，我来得太迟了，”她说，“差点连你也没能救出……你是怎么从你的房间里逃出来的呢？”

提丹瞪大了双眼看着她。其实提丹只需要花一点点力气思考就能明白她的意思，但是他已经体力透支，肚子也咕噜咕噜叫得越来越厉害。

那个年轻的女人皱着眉头看着他，然后翻遍了口袋找出一个蔬菜煎饼，把它递给提丹。提丹抓过来甚至连嚼都没嚼，三两口就把煎饼吃完了。

“好些了吗？”女人微笑着问。

提丹感觉自己的体力正在慢慢恢复，于是站起来看了看周围。商店门脸其实并不宽，但是里面看起来却深不可测。离橱窗越远的地方，光线就越昏暗，而在最深处则只能看到一片令人捉摸不透的黑暗了。

桌子上乱七八糟地摆满了罗盘、天体图、占卜水晶球、顶针、小骨头，还有一些安放在木质底座上的、用稻草填充起来的鸟儿。天花板上悬挂着一些球体，直径大概有一米多，应该是一些遥远星球的微缩模型，而这些球体之间还用一个已经生锈的老旧机械装置连接着。

“你醒来之后有跟什么人讲过话吗？”那个年轻的女人看到提丹的脸色渐渐红润，便接着问。

提丹还是摇了摇头。

“你知道你在哪里吗？”

提丹的表情让那个女人明白他对这里真的是一无所知。

于是那个女人向提丹解释道："你现在是在奥德尔，一朵会移动的云，一朵巡游的云。我们飞过一座又一座城市去参加蜻蜓器联赛。正因为如此，我们才知道王国发生了什么事。大部分奥德尔的居民都不是很富有，所以悬赏两百两黄金逮捕公主可以让很多人垂涎不已。"

"米蒂尔！"提丹跳起来叫道，"他们抓她就是为了得到黄金？他们会把她带去暴君那儿吗？我们不能再待在这儿了！我们要去救她！我们要马上找到飞行队长，请他帮助我们！"

"你所说的飞行队长，就在离这儿不远的地方，"年轻女人的脸上泛起一丝微笑，"而且米蒂尔也不是被那些为了获得赏金的人抓到的，而是被起义军抓走了。他们把她带去了靠近北边的极光之国。"

"是吗？可是他们为什么要这样做？"

"因为暴君要抓她啊。"

"嗯？"提丹没有听明白。

年轻女人没有说话，而是从口袋里拿出一个信封递给了提丹。

"这是给你的。"

提丹惊讶地看着那封信。

"给我的？"

“是中尉写给你的。”

“中尉？你是说瓦金中尉？”

“没错。”

提丹抓过那封信，而那个年轻女人又走到玻璃橱窗去监视外面。

此时，刚刚追捕提丹的人正停在商店的橱窗前，他们趴在橱窗上试图看清商店里的情况。年轻的女人见状僵住了，而提丹还不知道危险已经找上门来。他在努力辨认中尉写给他的信，中尉好像并不擅长写信，而提丹也一样不是很会阅读……

提丹：

森林村已经不复存在，作为森林村的庇护所丘陵也已经被毁掉了。暴君的士兵放火烧掉了那些树木，因此整个森林都化为灰烬。我遇到一个有幸从火海中逃出来的巡逻队员，是他告诉了我这一切。不过他也没有其他村民的任何消息。从此以后，你和公主就是中央云国“最受欢迎”的两个人了。

然而还有更可怕的消息。

暴君利用米蒂尔的逃亡为契机，宣布北方云国的所有省份为叛军，并准备全面开火，他们的军队正在往我们的边境聚拢。

如果你读到这封信，说明你已经跟米蒂尔分开了。在你们将要溺死的时候，公主被人救起来并带走了。救她的人叫做马尔科。我几天前见过他，但是他不让我见你们。马尔科是一个头脑发热的激进分子，他想要发动战争！马尔科想以公主的名义带领起义军迎击暴君，然后赢回王国。但他不明白的是，面对暴君的军队，他根本没有任何能赢的可能。

另外他还把你当作他的人质。他向公主承诺，如果公主同意指挥战争他就把你放了。

他不知道我的一个部下会来救你的。跟着那个人，他会把你带到“水晶球”这家古董店去，然后把你引见给达琪。你要好好地听达琪的话，然后过来跟我会合。达琪知道我在哪里。

不要浪费时间了！

瓦金

提丹把信来回读了三遍，想着中尉没准真的已经疯了，他所说的一切根本不可能是真的！上星期瓦金怎么能跟马尔科见过面、谈过话呢？因为那时候他们三个都还在森林村呢！而且也没有人来他的房间里救他啊！和信上唯一相同的，就是这间商店的名字，“水晶球”……

提丹抬起眼睛望向那个年轻的女人，她正看着屋外蒙面人转身离去而稍稍安心。

“您就是达琪吗？”提丹问。

“不，我是玛莎。”

“那么，他就是乱讲一气！”提丹说着又重新看了一遍信，接着对玛莎说，“信里瓦金说他是上个星期来这里的，还说有一个人把我救了出来，另外还有个家伙救了米蒂尔但又把她抓走了……”

“瓦金真的来过奥德尔，不过你不知道罢了。”玛莎很肯定地告诉提丹。

“但这不可能啊！那时我跟他一起在森林村啊！”提丹简直不敢相信这一切。

“当马尔科把你和米蒂尔从海里救起来的时候，你已经半死不活了。你差点就被淹死，一直陷入昏迷状态。到现在已经过了三个星期了。”

“三个星期？我睡了三个星期？”提丹十分惊讶，之后又悲哀地说，“这可真是倒霉啊！”

这段期间，莎妮怎么样了？还有汤姆和自己的妈妈呢？为什么中尉什么都没说？三个星期啊！那米蒂尔呢？他不能再待这儿了！他必须做点什么……

“马尔科确实不顾公主的意愿把她强行带到北方云国去了。米蒂尔本来想待在你的身边，但是马尔科不让。无论你们对他有多么不满，他毕竟救了你们的命，你的，还有米蒂尔的。”

“而且他认为你还欠他一场战争。”另外一个声音说道。

提丹吓得转过身来。那声音是从商店深处传来的，从黑暗中走来一个奇怪的身影，那个身影看起来就像是一颗长了三条腿的球。

“是他吗？”那颗长了脚的球问道。

“是的。”玛莎回答。

“一颗会说话的球！”提丹大叫道，然后吓得往后跳，最后才意识到事实上讲话的是一个女人，而且是一个应该已经有一百多岁的女人。

她低着头，驼着背，拄着一根粗大的木拐杖走了过来。

“我是达琪，”她停在离提丹很近的地方说道，“你就是提丹，对吧？”

提丹因为把达琪错认成一颗球而觉得很愧疚，但是即使在光亮处，那个女人看起来还是像一颗球，这让提丹印象非常深刻。女人的驼背很严重，别人只能看到她的头顶，还有头顶上那几缕灰白的长头发。

“你真的叫提丹？”达琪又问道。

“呃……是的……”

“太厉害了……”达琪自言自语地说，“太厉害了，都过了这么久了！”

提丹转过身，用眼神询问玛莎。但是玛莎只是恭恭敬敬地站在一边。整个房间弥漫着一股沉重的寂静，这让提丹觉得更加不自在。

“您、您认识瓦金吗？”提丹为了打破寂静问道。

“嘘！”老妇人说道。

正当提丹还想再说点什么的时候，挂在他脖子上的水晶却开始发热了。没过多久，水晶变得滚烫！提丹被烫得轻轻叫了一声，然后把水晶提起来不让它贴近自己的皮肤。

“好！”达琪貌似很满意地叫了一声，然后水晶立刻又恢复正常了。

“刚刚是您做的吗？”提丹喘着气惊愕地问，“您是怎么做到的呢？您是谁？”

“玛莎，我们还剩多少时间？”达琪并没有理会提丹的问题，而是用一种非常温柔的声音问玛莎。

“还有几分钟。”

“那请你给我点时间吧，我需要单独和他谈谈。”

“是的，达琪，”玛莎说着就退了下去，“我在下面等你们。”

提丹就这样看着玛莎消失在商店深处的黑暗中。他实在很想叫她留下来，不要让他一个人跟这个头快碰到脚的老化石待在一起，但是一种奇怪的感觉使他没有这样做。

达琪拿来一张凳子，坐在上面问道：

“提丹，你知道‘地球王子’这个传说吗？”

小男孩摇了摇头表示不知道。

“那你坐下来，我讲给你听。”

“现在不是讲这些的时候。”提丹担心地说，眼神搜寻着玛莎的身影。

不幸的是，玛莎已经被黑暗吞噬了。

“我们要去找米蒂尔和汤姆，还有我妈妈和……”提丹接着说，“您知道的，我睡了三个星期！我们不能再拖延时间了！”

达琪把第二张椅子推到提丹面前说道：

“这个故事比其他任何事情都重要。”

提丹察觉到老人的声音已经变了：她好像不仅是在跟他的耳朵和大脑对话，而且是在跟他的血脉和灵魂对话。

“坐下吧。”老妇人说道。提丹照做了。

达琪慢慢地抬起头。当他终于看到老妇人的眼睛时，提丹才明白刚刚自己的不适感原因何在：她的眼睛里既没有眼仁也没有瞳孔，只是白茫茫的一片！

“您，您看不见？”提丹问道。

“是的，但是没有你那么瞎。”

提丹很想逃开，但是这不可能：他的身体根本不听使唤，四肢僵硬得无法动弹，只能紧紧地盯着那双令人震惊的双眼。

老妇人伸手想要摸摸他的脸，提丹就像被冻住般毫无反抗的能量，任由她的手掌抚上他的脸颊。

达琪白茫茫的双眼好像有一种魔力，它们好像要把提丹吸进一片空白中，吸进一种令他很害怕的未知中去。

“我会帮助你看清楚。”达琪说道。

“但是我看得很清楚啊！”提丹很想反驳。尽管提丹的话并没有说出口，但是达琪就像已经听到了一样，她让他冷静一点，也不必那么害怕。

“她在我的脑子里讲话！”提丹意识到这一点之后，觉得十分恐惧。

“不是的，是你在我的脑子里讲话。集中精神，我要给你讲故事了，你准备好了吗？”达琪说。

正当提丹想要大声阻止的时候，达琪手心里散发出来的热量已经传遍了提丹的脸颊和整个脑袋，然后顺着脖子，经过身体，传到脚上。现在提丹全身都被一股温暖的气息包围着。

“欢迎来到我的记忆中。”达琪说道。

“我这是怎么了？”提丹害怕地问。

他的视线闪烁着。突然间，房间里的光线好像全被达琪白茫茫的眼睛攫取了一般，提丹什么也看不见了。

“现在，放松！”达琪命令他，“这场旅途不会持续很久……”

第十二章

商店、墙壁、住房、奥德尔、蓝莓村、汤姆、米蒂尔……所有一切突然从提丹的脑海里消失了，而老妇人所说的旅行就此开始。

提丹在地球上空远远地飞着，眼前的地球好像刚刚经历了一场噩梦。地球上没有动物，没有植物，到处都是冒着缕缕黑烟的火山。地面的岩石熔化了，厚厚的、黏糊糊的，像被加热的沥青一样翻滚着小泡，发出咕嘟咕嘟的响声，汇聚成许多熔岩湖泊。火山不断地向空中喷出液化了的岩石熔液，滚烫的熔液重新落回地面，燃起火光。

“你准备好了吗？”达琪又重新问了一遍。

她的声音听起来闷闷的，好像从四面八方传来的一样。

“发生什么事了？”提丹诧异地问道，“我们现在在哪儿？您刚刚对我做了什么？”

“我的孩子，你没有任何危险，放轻松！你眼前的就是地球，年轻时候的地球，现在的科学家们认为地球刚刚诞生时就是这个样子。我根据我的知识还原出当时的地球。看哪，地球正在你的眼前慢慢形成呢！这不是一场噩梦，你只是目睹了我们星球诞生的过程。”

提丹一点儿也没有因为达琪的话而觉得安心，他绝望地看了看周围的世界，想要找到一件熟悉的东西，但是这个世界是如此陌生。当他抬起眼睛看向天空的时候，一个巨大的火球突然出现了。那个火球几乎只用了大概三秒钟的时间就穿过整个苍穹，然后直直地撞在不远处的一座山坡上。山坡被撞得粉碎。

接下来，爆炸震天动地，方圆几万米之内皆是地动山摇。那些像房子一样巨大的岩石被高高卷起，被一波明亮的球状波冲击，湮没，摧毁。所有被冲击波吞没的地方瞬间变成了粉末。提丹看着它就这样朝自己冲过来，动弹不得，完全来不及保护自己，甚至来不及闭上眼睛，那波浪就已经穿过他的身体。然而，他却一点儿也感觉不到疼痛。

“提丹，你很安全，”达琪说，“我已经告诉过你了，现在，你就好好看着，并且记住你看到的这一切。要知道，这很重要。知识能让我们突破身体的束缚，在时间和空间里自由遨游。掌握的知识越多，就能看得越广，走得越远。只是，我发现，你好像没法走得很远……”老妇人补充道，有点微微的担心。

山体的爆炸产生了一朵巨大的云，这朵云此时在空中慢慢铺展开，直至遮住了阳光。天开始变黑，就像没有月光的夜晚。几分钟的时间里，整个世界都是一片沉重的宁静，然后那些滚烫的灰尘就开始从空中掉落下来。

达琪悄悄地潜进提丹的思想里，她看到提丹对于这一切只是既惊讶又着迷，除此之外并没有别的，所以她认为提丹已经准备好听她的故事了。

“你眼前所看到的一切都发生在四百多万年以前，”老妇人用一种温柔又令人陶醉的声音继续说，“那时候，我们的星球曾遭受陨石和彗星的撞击。成千上万的陨星和彗星与地球撞击，但是现在地球上已经看不到当时撞击所留下的一丝痕迹了。因为那些因撞击而留下的坑，随着时间的流逝被雨水、地震抚平了。”

“那你怎么知道这些都是真实发生过的呢？”提丹问道。

“如果你抬头看看月亮，你就能够在那里找到证据。因为月球表面的任何东西都不会动，所以直到现在还保留着当初的痕迹。”

突然一道光闪过，一颗小小的月亮出现在提丹面前。毫无疑问，提丹所看到的月球表面到处都是坑坑洼洼的。接着，他眼前的月亮慢慢地自己转动起来。当月亮消失不见时，提丹才发现，原来达琪已经把他带到更高的天上去了。他现在正在爆炸产生的乌云上方。云中正不断地往地面掉下一些粉末物质，这些粉尘在地球表面弥漫开来，仿佛是一滴墨水在宣纸上晕开一样。提丹的身边，更多的陨星和彗星还在不断地冲击着地面，引起新一轮的爆炸，喷射出大量的黑烟和水汽。

“地球上，海洋的一部分水来自于这些彗星。”达琪肯定地说。

从出生到现在，提丹从来没有认真地上过一节课或者听别人解释一个问题，他总是会睡着。然而在这里，当他不再感觉到害怕时，他为看到的这一切惊叹不已，他听着——没错——他正集中精力，认真地听着老妇人为他讲述的这一切。

“地球出现好几亿年以后，”达琪继续说道，“地球上最早的生物就出现了。没有人知道它们是怎样形成的，也没有人知道它们到底长成什么样。有人认为生命是源自外太空，但是目前为止还没有任何证据支持这一说法。”

“在最早出现生物的时期，地球表面就富含一种特殊的物质，这种物质是生物形成所必需的。这种物质，跟水一样，都是地球上最珍贵的!”

“那是什么?”提丹急切地问。他满怀期待地想听到老妇人说那种物质就是黄金或者钻石一类的东西。

“那是一种有机物,”达琪回答,“它叫什么名字并不重要。你只需要记住一点:今天,不论是我们人类还是生活在地球上的其他生物,仍然需要这种物质。如果没有它,我们就无法跑动,无法思考,也无法成长;没有它,我们不复存在。然而,这种能被原始生物吸收的有机物已经不再存在于土壤中。你知道这意味着什么吗?”

如果是在蓝莓村的课堂上,即使提丹一点儿也不明白,他也会宣称自己已经很明白了,然后很快就睡过去。不过现在,鉴于达琪可以知道他心里在想些什么,所以他没法撒谎。

于是达琪接着说道:“我来帮你。”说完眨眼之间,地球表面又开始发生骤变,好像是老妇人加快了时间一样。

土地渐渐冷却下来,陨星的撞击也变少了。陆地上有些地方开始崩裂,裂开的两个部分渐离渐远,很快,它们中间已经隔了一个海洋。远处,巨大的地壳板块以一种惊人的力量互相碰撞,在撞击中,土地上升,形成了山脉。

“对人类而言,地球的表面看起来好像是永恒不变的,那是因为我们的生命相对地球而言,太短暂了。实际上,地球无时无刻不在改变。”达琪说道。

突然一块绿色幕布罩住了地球上潮湿而粗糙的广阔土地。

“你看到有一块绿色的东西出现了吗？”达琪问道。

“看到了，那是什么东西？”

“那是植物、菌类还有藻类。它们有一种很神奇的力量，可以通过自己的身体把太阳光变成生命所需要的物质。如果没有它们的存在，那么地球上就没有人类，也没有其他动物。”

在提丹惊叹的目光中，森林慢慢扩展，直至覆盖了整片土地。如果仔细看的话，还能看见丛林中有几只巨型动物在奔跑。

“活的化石！”提丹认出那是莎妮给他看过的虫子之后叫道。但是他没有时间仔细观察它们，因为一切又改变了。一颗巨大的陨星撞在了地球上。那颗陨星好像凭空出现，提丹根本没看清它到底是从哪来的。整个地球被一团浓浓的云雾包裹着，之后云雾也消失不见了。

接下来，提丹看到从极地开始出现的巨大冰原慢慢扩张，然后又收缩回去。有时候，冰面几乎覆盖了地球表面的一半，但是又融化了。

突然，时间慢了下来，提丹发现森林变得稀疏了。

“发生了什么事？为什么森林在消失？”提丹问道。

“看好了。”达琪回答。提丹眯起眼睛，想看得更清楚。

树木疯狂倒下，新的建筑物取而代之。

“城市！”提丹叫道。

人类居住的城市取代了森林。巨大的城市！第一座城市刚刚出现没多久，提丹就已经数出了好几千座城市了！地球上四面八方的人们都在不断地挖掘土地、找寻资源，扩张他们的聚居地。转眼之间，大自然好几百万年来诞生的风光被毁灭殆尽……

“他们为什么要这样做?”提丹震惊地问。

“他们只是想要生存下去。大部分人都不知道人类对地球的依赖到了何种程度。”达琪解答了提丹的疑虑。

突然之间，那些可怕的云雾又出现在眼前了，龙卷风和暴风雨开始肆虐，地球再次被这种气体包围了。闪电照亮了大气，城市一座座地消失，直到最后一座城市消失不见。

“发生了什么事？为什么城市消失不见了?”提丹问道。

“多个世纪以来，在地球上生活的人类祖先从来没有想过，有一天地球会发生这样的改变，会反过来对付人类。但是事实上，这种事情正在发生。土壤里的有毒物质越来越多，空气也变得越来越无法呼吸。经过几千年的发展，人类跳进了自己给自己挖的陷阱里去了。

“这真是灾难，几乎所有的人类都灭亡了。可正在这时候，传说中的‘地球王子’出生了。”

“地球王子……”提丹跟着念了一遍。

“多年来，那些过度汲取大自然丰富资源的贪婪人类，那些污染地球的愚蠢人类，还有那些看不清真相的人类都在攻击地球王子，就因为他跟植物讲话。”

“他做了什么？”提丹惊讶地问道。

“他跟植物对话，”达琪又重复了一遍，“可是你知道吗，那些植物对当时还只是个孩子的王子说了什么？它们告诉他，人类是世界上最脆弱的物种之一。

“‘这不是真的！’地球王子叫道。

“‘这是真的，’植物们坚持己见，‘没有人类的话，我们植物还是能够生活。但是如果没有我们的话，人类就注定要灭亡。只有我们才能制造出你们人类身体所需要的物质。’

“王子沉默了，他听着风在他身边呼啸而过。

“‘我们有一个问题要问您。’植物对他说。

“‘什么问题？’王子问道。

“‘既然你们需要我们，为什么又要毁掉我们呢？’

“‘我没有毁坏你们啊！相反地，我要保护你们。’”

“他说这话的时候是几岁啊？”提丹问道。

“跟你差不多一样的年纪。”

“那他成功了吗？”

“没有，所有人都在嘲笑他。他一辈子都在尝试，但是没有成功。最后，当他开始失去视力的时候，他创造了一些特别神奇的东西：第一朵可以居住的云。他被放逐到天空中，走的时候，他带走了一些愿意追随他的工程师、建筑师和农民。

“当命中注定的灾难都发生了之后，王子和他的朋友们目睹了地球表面的变化，并且接待了很多很多从地球来的逃难者。正是如此，他们建立了云上的第一个王国。”

就在这时，提丹眼前的一切都消失了，他发现自己还在商店里，坐在达琪对面的小凳子上。过了好一会儿，提丹才认出达琪来，因为她看起来好像已经精疲力竭了。而跟随着老妇人，在她的记忆中遨游的时候，提丹已经忘记了身体的疲累。此刻，那个刚刚带着他进行时空旅行的老人又变成了一个满脸皱纹的老奶奶，就算是坐着，也难以自控地颤抖着。只不过，提丹再也不怕她，她那没有眼珠的白色眼睛也不会再给他带来困扰。

“结束了。”老妇人说。

“那，他最后变成了什么？”提丹问道。

“谁？”达琪站起身来问道。

“就是王子啊！”

“他在云上快乐地生活着，因为他发现自己的孩子也继承了自己这方面的天赋。所以他们一起倾听植物的需求，然后帮助植物成长。后来，他的孩子也生了孩子，而那种天赋被继承下来。这种天赋就是我们今天所说的‘感知’。每个人都或多或少地拥有一些，通过学习就能利用它。但是，某些人的这种能力会比别人更多些、更强些。”

“但是，但是为什么您要告诉我这一切呢？"提丹突然担忧地问道。

“瓦金告诉我，说你能够预知天气。”达琪答道。

“才不是，我根本什么都做不到。”提丹说。

“但是你确实有这种天赋，”达琪肯定地说，“它就存在于你的身体里，在你的皮肤上，在你的脸上，正闪闪发光。只有你才会怀疑它不存在。”

“可是，不是这样的。”提丹低下头叹了口气。

他越来越担忧，他本来期待达琪会告诉他，一切灾难都将过去，事情会变得简单，可是她什么也没说，只是拿起自己的拐杖艰难地站起身来。

“云国的世界已经进入黑暗时期，只是很少有人意识到这一点，”达琪说，“战争是不可避免的。为了赢得战争，我们需要你的天赋，提丹。你知道怎么驾驶蜻蜓器吧？”

提丹惊讶地看着达琪，看到她慢慢往商店的深处走去。

“你知道怎么开蜻蜓器吧？”达琪又问了一遍。

“啊……是的。”提丹撒谎了。

“好，”达琪赞赏道，“跟着我！我们该离开了。”

提丹不情不愿地跟在达琪后面，他别无选择，因为外面马尔科的部下又开始新一轮的搜寻，他们一直徘徊在橱窗外面，想看看商店里到底有什么东西，但是总也看不到。提丹很想知道，既然达琪的眼睛看不见，那她是怎么知道他们就在外面的呢。

走到商店最深处的时候，达琪突然在一扇门前停了下来，门后面是一间昏暗的房间。提丹注意到房里左边的墙上到处都是手柄。老妇人拉下其中的一根，然后地板就出现了一小块亮光。那是地板上的暗门，下面有一条通向云雾深处的楼梯。

“我们要去哪儿？”提丹问。

“玛莎在下面等你。她会带你去找瓦金。”

“那米蒂尔怎么办？”提丹担忧地问。

“如果你想再见到她，你就应该唤醒你体内沉睡的力量。”

“我能做什么呢？”提丹惊讶地问。

“你所能做的就是学会怎么运用你的能力。”

“那，如果我做不到呢？”

“你会做到的，”达琪平静地回答，“现在，下去吧，玛莎会帮助你的。”

提丹转身看了一眼商店门口，现在那里聚集了越来越多追捕他的人。他再低下头看了看从地板暗门冒出来的水汽，水汽越来越浓，快看不到楼梯了。

“提丹，我很高兴见到你。我们会再见的，”达琪说着就将他推到暗门口，还不忘嘱咐他，“你自己小心点，楼梯可没有扶手。”

“那您呢？您要去哪儿？”提丹一边走下楼梯一边问道。

“在他们把我的橱窗玻璃弄坏之前打开商店。我可是给他们准备了一点小惊喜呢。”达琪说道，脸上露出一缕恶作剧般的微笑。

冰河时代

想知道什么叫做“冰期”(也就是冰河时代)，我们必须先了解，在宇宙中，地球是怎样围绕太阳转的。

太阳和我们星球之间的距离，大约是平均一亿四千九百六十万公里。因为地球的运行轨道并不是一个标准的正圆，而是一个椭圆，也就是一个有点被压扁的圆，所以一年中有时候地球离太阳比较近，有时候又离得比较远。

也正是因为这样，地球上才会出现四季的变换更迭。

接着，我们还需要了解，地球绕着中轴线的自转。这根中轴线稍微有些倾斜，正因为这样，整个冬天地球上的北极都处于黑夜，永无天日，漆黑一片。所以北极就特别冷，海面上也开始结冰。

结冰的面积越大，地球的温度就会越低，因为雪和冰就像镜子一样，会反射太阳光，把阳光反射回太空。反过来说，地球上的冰越少，地球上的阳光就越多，地球也就越温暖。

冰期是怎么开始的?

冬季快结束的时候，地球上还残余很多冰，一整个夏天根本不足以使它们全部融化，因此冰就开始保留下来，经过一年一年的积累，所以天气就变得越来越冷。冰期可以延续超过十万年。对于形成这种情况的原因，我们至少可以列出两个：

1. 如果夏天不太热，而冬天非常冷

太空里，所有的物质彼此之间都有引力。比如说，太阳对地球的引力使得地球能够停留在它附近。对木星和土星来说同样如此。当木星和土星从我们身边经过的时候，这两颗巨型星球产生的引力会吸引我们靠近他们。所以地球就会渐渐远离太阳，因而我们的地球得到的热量就会变少，所以即使是在夏天，冰雪也很难融化。

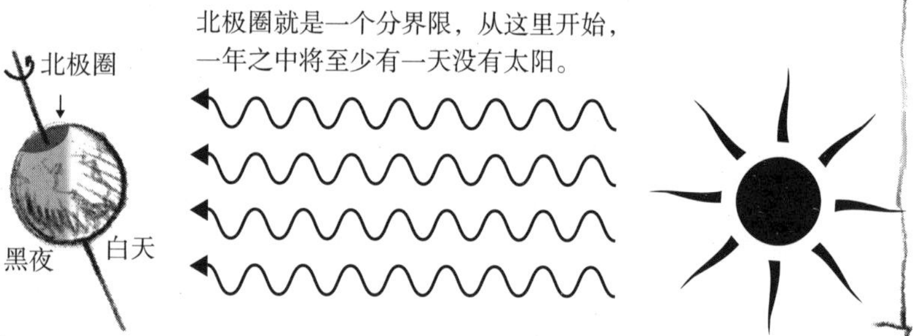

2. 如果冬天更长

地球自转的那根中轴线并不是固定不变的。中轴线会周期性地发生偏移，有时甚至会偏移得比较厉害，这就延长了冬天的时间，也就会生成更多的冰。

在最近的三百万年里，地球大概经过了三十个冰期。最近一次大概是在一万三千年前结束，而下一次应该会在三万年以后开始。

第十三章

提丹就这样下了楼梯，走了好一会儿，他只能看清前方一米以内的东西。他小心翼翼地向前走。楼梯的台阶很滑，而且云雾又亮得快要刺瞎了他的眼睛。达琪说的没错，通往云层深处的楼梯没有一点防护措施。在他周围到处都是饱含着水汽的空气，而且深不见底，如果他不小心失足掉下去的话，根本没有东西可以接住他。

“我可是在两千米的高空啊。”提丹想到这里，脸上露出了浅浅的笑容。这是他从昏迷中醒来之后的第一次笑。

新一轮的冒险又开始了！他现在是在天上，远远逃离了那个森林。要知道他被困在森林村好长时间，现在终于可以离开地面去寻找汤姆了。使奥德尔表面保持坚硬的风厂不断发出鸣笛声，这让提丹想起了蓝莓村，想起了有一天，他和汤姆为了不让他们学校的女校长找到，躲到了一座建在蓝莓村下面的桥上。那时候汤姆多么害怕啊！“我们可是在六千英尺的高度啊!”汤姆对提丹喊道。提丹那时候还不明白他的朋友为什么提到“牙齿”。“六千英尺就是两千米啊!如果掉下去,我们就死定了!”

“他还真是个胆小鬼呢,不管怎样……”提丹先是自言自语,然后又大声地说:

“我马上来救你了……”

刚刚的回忆让提丹有一点点激动,所以当城堡的木头围墙终于出现在他面前时,他感到有一股新的力量在全身蔓延。

“要坚持住!”提丹大声说着,然后加快了脚步。

顺着墙走,楼梯最后通向了一扇门。提丹跑得飞快,最后的几级台阶都是靠惯性冲下去的。如果那扇门不是在他到达之前就已经打开了的话,他很可能直接就撞上去了。

他差点摔个四脚朝天。门里面是一间四四方方、很简洁的小房间,没有窗户。这时,一个人走过来扶他站起身。

“走这里!”那个人命令道。

提丹惊讶地看了看他周围。这个用木板搭成的小间里,什么也没有,只有两扇门:一扇是他刚刚进来的那个门,另外一扇门就在正对面。

“走这里!”那个人说,“我们不能再浪费时间了。”

提丹盯着他,完全惊呆了。那个人穿着一身黑色连体飞行服，上面绣着一些黄色和红色的圆圈。他递给提丹一件蓝白相间的飞行服。

“你是奥德尔的飞行员！我要跟你们一起飞！”提丹高兴地叫道。

“你快点穿上这件衣服！”那个人一边把飞行服扔给他，一边不耐烦地催促道。

那件衣服直接扔到了提丹的脸上，即使这样，提丹还是面带微笑。他就要跟他至今遇到的最好的飞行员一起飞行了！

“我准备好了！”过了一会儿提丹说道。

那个人又递给他一顶头盔，并戴上自己的头盔，然后打开了另一扇门。

提丹简直不敢相信自己的眼睛：他现在就在之前从锁孔里偷看到无数蒙面人和蜻蜓器的那个机库！

那时，提丹从他房间衣柜里隐藏的楼梯来到楼梯尽头的一扇门前，透过门上的锁孔，看到了十多架蜻蜓器。可是现在，他却看到了好几百架。蜻蜓器的数量甚至比他学校图书馆里的书还多呢……而且，令他震惊的还不止这些！从敞开的大门望出去，透过云雾可以看到一朵飘浮在空中的云，那上面有一个比奥德尔还要大十倍的城市。那座城市四周也同样被城墙保护着，城墙上也有十几个塔楼。那些披盔戴甲的士兵就守在塔楼顶上，专心致志地监视着远处奥德尔的一举一动。

飞行员拉下他头盔上的护目镜，走进了机库。他左看看右看看，并示意提丹跟着他。

提丹也拉下他的护目镜跟了上去。

他们沿着墙走了好几十米，然后又拐向机库的中心。飞行团队的其他成员已经在那里了。那三个获胜的飞行员身边还有穿着蓝白色制服的一个男孩和一个女孩，他们都有自己的蜻蜓器。马尔科的部下把他们围在中间，和其他飞行员一起为他们鼓掌。

“祝你们好运！”当提丹和飞行员悄悄混进人群时，其中有人叫道。

“运气跟飞行没有关系，”那个飞行员自豪地答道，飞快地向前走去，“我们会打败他们的！”

他们在两架没有人驾驶的蜻蜓器前停了下来。所有的飞行员都准备好出发了。提丹看了看周围：根本看不到玛莎的踪迹。

“等我给你暗号，然后尽量自然地走向我们的队长，他就在后面。你取代德尼的位置，就是那个站在队长旁边的男孩子，听明白了吗？”

“我要跟队长一起飞吗？”提丹难以置信地问道。

“是的，去吧，趁现在！”

于是提丹尽可能自然地走到那人给他指定的地方去，但是他的心却“怦怦怦”跳得很快。公然出现在那帮曾经追赶他的人的眼皮底下，竟让提丹觉得特别刺激，他很想高举双臂，大声叫唤，但他还是努力克制住了。突然，那个本该跟队长一起飞行的男孩德尼，在经过提丹身边的时候狠狠地给了他一拳。

“我会让你偿还这一切的！”那个男孩从牙缝里挤出这句话，“等我知道你是谁的时候，我会让你偿还今天这一切……”

提丹看着他，没弄明白他在讲什么。

“快骑上你的飞行器！”一个男人命令道，他对最后一刻出现的变故很是紧张和不快。

提丹环顾四周，飞行员们已经发动了引擎。现在，提丹终于明白是怎么回事：奥德尔的飞行队马上要和其他城市的飞行队进行比赛。

机库里响起一声汽笛声，人群自动分开了，飞行员们斗志昂扬，紧紧抓住蜻蜓器的操作杆，升到了离地几米的高度。

当第二声汽笛声划破长空时，飞行器一个接一个飞走，那些蒙面人开始喊道：“冲啊！”飞行员们的小助手穿着蓝白色的制服，紧跟在飞行员后面，一起穿过那扇通往城堡外面的门，和空中静止不动的薄薄云雾。

当他们出现在天空的时候，雷鸣般的掌声使得整个云层都震动了。提丹这时候还站在那架被指定给他的蜻蜓器旁，正寻思着接下来到底会发生什么事。

“加油，小子！”马尔科的部下喊道。

“证明给他们看，谁才是奥德尔的年轻人。”

“冲啊！”

但是提丹却一直没动。他的蜻蜓器引擎已经轰隆直响，但是他却不知道该怎么驾驶……

“他害怕了！”有人低声说。

“大家都在看你呢！”另一个人说道，并快步地走向提丹，把他拎起来放在飞行器上，按下了按钮。

发动机吐出烟雾，然后提丹就这样被发射出去，冲进了雾幕中。

他甚至还没来得及想明白发生了什么事，就已经飞到了空中，而且还是在队长的旁边。队长对他微微点了点头。

突然从他后面传来了一阵震耳欲聋的吵闹声，提丹转过头去，看见奥德尔的城墙已经变成了看台。整个城里的人都聚集在那儿，为自己的团队加油鼓劲。

“提丹，你听到我说话了吗？”提丹突然听到从他的面具里传来一个轻轻的声音。他吓坏了。

“玛莎？”提丹叫道，“玛莎，您在哪里？”

“用力抓紧飞行器的把手，这样它就会自动跟队长的飞行器保持一致。比赛马上就要开始了，尽量待在队长身边……”

“但是我不懂规则啊！”提丹惶恐地打断玛莎的话，“我应该做些什么呢？”

“咔咔咔……咔咔咔……”

“玛莎？玛莎！”

“学着……咔咔咔……队……咔咔咔……做，他们干扰了我们的通讯……咔咔咔……”

“玛莎！”提丹喊道，但是再也没有收到回复了。

队长就飞在他前面，跟其他队员保持着一点点距离。奥德尔的飞行队排列成一个八字形，而八字形的顶端朝向一个巨大的红色圆球。那是个漂浮在两朵云城之间的巨大气球。

远处，另一个八字形的队伍正朝着这颗球飞来。

“是另外一个城市的飞行员！”提丹想道。就在这时，那颗红色的气球突然爆炸，爆出许多五颜六色的小球，朝着四面八方飞去。两个队伍的成员立刻飞散，奋力直追那些小球。而提丹只是跟在队长后面继续往前飞，飞向那团爆炸之后留下的烟雾。当他们进入那团烟雾之后，队长的飞行器盘旋着下降，然后突然朝下方冲去。

“不！”提丹惊叫道，在他的飞行器也跟着队长一起往下掉时，他只能紧紧地抓住飞行器的把手。

他们就这样朝着覆盖在地球表面的雾气直线掉落。

“救命！”提丹一边叫着一边试图调整自己的飞行器，但是没有用。

一会儿过后，他们钻进了那如棉絮般的雾幕。使提丹大为惊讶的是，队长突然间又转变航线，往天边飞去。因为突然的加速，提丹的身体被紧贴在座位上，他觉得好像整个人都被压扁了。

然后他的头盔又开始有声音发出来。

“喂？”提丹半晕半醒间结结巴巴地问道，“有人吗？”

“你听到我说话吗？”

“玛莎！您还在啊！”

“做得很好！你成功了！”玛莎高兴地祝贺。

“您在哪儿？”提丹环顾四周，然后支支吾吾地问道。

提丹的身下是群山，周围是灰色的天空，前面队长正对着他比一个手势。

“我在这儿。”玛莎的声音响起了。

“在哪儿啊？”

“在你前面啊，大笨蛋！”

“前面？”提丹惊讶地瞪大了眼睛。

“是啊。”玛莎答道。提丹看到前方队长的飞行器就瞬间明白了。

“但是队长去哪里了？”提丹问道。

“我就是队长啊！”玛莎答道。

“不可能！”

“为什么不可能呢？”玛莎笑着，然后加速飞起来，“就因为我是一个女人？”

“不是，是因为……”

“快走吧，我们必须在士兵发现我们逃走之前赶快飞走。”玛莎打断提丹的话，然后又重新加速。

同时，提丹的飞行器也被猛地推向前，钻进山峦中，在遮住了观众还有其他飞行员视线的薄薄云层下飞行。

第四部

三个太阳

第一章

第二天早上，在几千米之外的伊格克多那学校开始了第二天专业课程的授课。一个多小时前就已经开始上课了，汤姆虽然人在座位上，却心不在焉。也许他的眼睛正盯着他们的班主任斯多姆老师，但是他压根没有在听她讲课，他一点也不明白她画在黑板上的那些奇怪的符号到底代表什么。他此时满脑子想的都是莎妮，被关在监狱里的莎妮，她的身影好像深深地刻在他的脑海里，老在他眼前晃来晃去，挥之不去。

昨天晚上，莎妮对他讲的事情实在是让汤姆颇受震惊。他一直没缓过神来，所以没有跟她说再见，也没有回去找莎妮，就那样把她留在了牢房里。然而直到现在，莎妮说的话都还盘旋在汤姆的脑海里："米蒂尔和提丹还活着……"

他甚至想不起来他是怎么上楼、回到自己的房间、换上睡衣再去睡觉的，所以当清早唐纳叫醒他的时候，他仍觉得自己的思绪一片混乱。

“我找到攻占城市的方法了！”唐纳十分兴奋地告诉汤姆，“我昨晚上做梦，居然被我梦到攻占城市的方法！真是太神奇了！”

汤姆这会儿已经坐起来，看着唐纳匆匆忙忙地穿上衬衣。

“水！最重要的就是水！”唐纳特别兴奋地说，“我们马上就要攻下这座城市了！你想听听我的方法吗？”

“你到底在讲什么呀？什么城市？”汤姆不解地问道。

唐纳手上正拿着一只袜子准备穿起来，听到汤姆的话，他停了下来，盯着汤姆看了好一会儿，然后哈哈大笑。

“哈哈哈！你真爱开玩笑！你还扮鬼脸，我差点就真的相信你已经忘记了这回事。”

唐纳快速套上裤子、穿上鞋子之后，朝汤姆摆了个胜利的手势。

“乔安娜和亨利应该已经在楼下，”唐纳接着说，“我会等你下来了之后再跟他们讲我的计划，我保证，但是你也别磨磨蹭蹭的！不过，你今天怎么总是拖拖拉拉的？我们可是快要见到国王了！”

说完这些，唐纳就跑出去了，脸上带着满足的笑容。可是汤姆却没有动，他躺在床上，看着窗外黎明的到来。天空还是跟以往一样，但是在汤姆看来却有所不同，这时的天空看起来仿佛更深沉，更蓝了。

“提丹和米蒂尔还活着……”他又自顾自地重复着这句话，这样一来，很多事情就不一样了！他是不是应该离开这里？

不，这是没可能的，他没法逃出这里，因为他不知道怎么驾驶飞行器。况且他还有别的事要做呢。在他内心深处，他其实很想继续待在这个学校里学习，学习这里所有的知识。要知道这里的知识除了这里的学生之外，其他人都是没法学到的。不过，他的老师们还有暴君知道米蒂尔不仅没被抓住而且还好好地活着吗？

“他们会不会因为这样就又把我当成反叛者呢？他们是不是很快就会来抓我，然后把我关起来呢？如果真是这样的话，我能不能说服他们，让他们相信我只是想要继续完成学业呢？”

汤姆已经忘记了其他事，完全沉浸在自己设想的问题里。过了半个小时，唐纳、乔安娜还有亨利上楼来找他。

“快起来啊，混蛋！”唐纳大叫着，“你今天到底怎么回事？现在可不是生病的时候！”

“我就来了……”汤姆嘟嘟囔囔着，一边起身穿衣服，一边漫不经心地听着唐纳向伙伴们讲述他的梦境。

在他们准备去觐见国王之前，斯多姆老师还要吩咐他们最后一件事。她只说那是一件很重要的事，但到底是什么事呢？汤姆一点儿也不想去猜。

他又重新看了看天空。伊格克多那四周围着一圈儿近透明的小小云朵；窗外远处，褐色的山峰清晰地呈现在早晨金黄色的阳光中。汤姆将视线从山峰移开，又漫不经心地扫视了一遍房间。

“莎妮……”

那个小女孩现在应该就在一墙之隔的地方，离他大概只有几米远，跟那些考试失败的学生关在一起……

汤姆很想去救她出来，很想打开牢房的铁门，给她指出通往花园的路，然后把天空送给她。他想看到她的笑容，想跟她待在一起，想听她讲话。他甚至都不愿再想起，莎妮可是因为自己的缘故才被关在那里的。他只是记得她的脸，那张比白云还要洁白的脸庞，还有她乌黑的头发，美得几乎让他窒息。

“布里吉？你在听吗？”

老师的声音使得汤姆吓了一跳，等他回过神来的时候，斯多姆老师已经站在他面前了。

“你看起来精神不是很好。”斯多姆老师说道。

“不不，”汤姆答道，他觉得喉咙很干，“我很好，对不起……”

“让我看看。”老师说。

然后老师不等他回答，就直接把手掌贴在他的额头上。

“她要读出我脑中的想法了！”汤姆害怕地想到，于是他努力把自己脑海中关于提丹和米蒂尔的记忆全都压制住。他试着回忆起关于他们必须攻占的那座城市和那张地图，还有他将要觐见的国王。不幸的是，唐纳刚刚快速给他讲解的话语现在在脑子里乱成一片。另外，莎妮的脸也不适时地出现，更是搅乱了他的整个思绪。他的心跳得飞快，感觉自己有些透不过气了。

“咦……”斯多姆老师咕哝了一句。

汤姆抬起眼睛看着她。他快担心死了，似乎已经能预见到一张充满怒气的严肃的脸孔，接着他就会被驱逐出教室，送到牢房里去。

“到牢房里！跟莎妮一起！”想到这，汤姆觉得全身有一股暖流流过。没错，在他内心深处，这可能也不是什么坏事！这样的话，他就可以跟莎妮待在一起，并肩作战了……

不过大大出于汤姆意料的是，他并没有看到斯多姆老师的脸变得严肃，相反，她却笑了。

“好啊！”斯多姆老师好像很开心地说，“看哪，一个女孩子！快点清醒过来吧，布里吉！你现在是我们中的一员了，而且永远都是！你是不会被关起来的！”

汤姆瞪大了眼睛，试图弄明白刚刚老师所说的是什么意思。

“现在可不是想女孩子的时候，”老师俯下身来对他低声说，“集中精神想想跟国王的会面吧……慢慢呼吸……放松点……”

老师的声音使汤姆平静下来，他好像又感到了那股校长带给他的力量。

“想一想你刚刚学到的知识！”斯多姆老师还在继续说，“你们很快就会知道，怎么使原子爆炸然后从中提取能量，想一想上完这些课程之后，你们就能控制那些看起来很了不起的风……”

听完这些话，潜藏在汤姆心中的想法很快消失不见了，他心中对于权力的渴望又占了上风。那张城市的地图重新回到汤姆的脑海中，连带着地图上的塔楼和冰桥，而且他一下子就想起了刚才寝室里唐纳对他讲的话："这座城市的弱点就在于那些冰！如果我们能使冰融化，那就……"

"看吧，"斯多姆老师好像很满意地说，"集中精力在你们的任务上，这是目前唯一一件最重要的事情。如果你们能获得国王的青睐的话，他就会满足你们所想要的一切。所以，不要忘记这一点哦！"

斯多姆老师把手从汤姆的额上收回，然后走到讲台继续上课，就好像什么也没有发生过一样。除了巴尔萨正疯狂地记下老师所讲的每一个词之外，其他学生的目光都转向汤姆，公然对他冷笑。唐纳看上去很担忧，他用眼神询问着汤姆。汤姆竖起拇指，表示自己现在一切都好。他真的觉得好多了。

"总结一下我刚刚讲的内容，"斯多姆老师走到讲台前停下来，说，"太空对于我们的星球来说一直都是一个隐患。太阳、其他星球、寒冷、陨星还有彗星都是随时可能使地球上的生物消失的潜在危险源。宇宙的力量是我们无法想象的！"

汤姆看了一眼教室里的时钟，已经是早上十点钟了。现在，他听见斯多姆老师讲什么了，也明白她讲的内容了。他想起来，老师刚刚给他们上了一节关于大气、关于地球的自然保护系统的课，她还说，国王即将用自己设计的一种地球保护系统来代替被毁坏的大气层。

“那样的话，地球再也不会受到来自太空的威胁。不过，还是有一些目光短浅的人对此提出异议。都是因为这些人的存在，地球才会有战争，有不幸。但是还好有你们，你们接受了国王提供的教育，这样我们的星球才有希望。好了，这就是今天我要给你们讲的内容。下星期我们再接着上下一节课。”

“一个星期后？”学生们很惊讶。

“是的，”斯多姆老师确定地说，“我们利用这段时间为你们准备了一个小惊喜。”

看着斯多姆老师合上笔记本，汤姆突然感到自己手臂上的皮肤开始轻微跳动，老师周围的空气似乎正在围绕他旋转，好像想对他说点什么。汤姆下意识地闭上眼睛，进入感知模式。

那个信息是从老师那里传来的。

汤姆的意识飘向了老师。他离老师越近，就越觉得这个女老师身上散发出一股惊人的能量，连她的呼吸也完全充满了力量。汤姆的嘴角微微翘起，使他看起来傻傻的。几分钟之后，他睁开了眼睛。

“二十分钟后，你们穿上礼服到学校门口的大厅集合，”斯多姆一边收拾东西一边宣布，“带上你们认为需要的全部东西，外加一只装着你们私人物品的小行李箱。中央云国的国王会在他的城堡里接见你们。这是殊荣。国王万岁！”

“国王万岁！”汤姆也跟其他同学一样重复着老师的话，然后教室里的同学们都开始兴奋地讨论起来。

老师走向门口，随着她每走一步，她的红色长袍就像波浪一样在地上摇摆着。

老师一消失在门口，巴尔萨就扑到他桌子上的书堆里，以最快的速度把它们全部装进了包里，然后很高兴地把包拖到门口。

唐纳、亨利还有乔安娜都冲到汤姆身边。

“关于这个女孩有什么故事吗？”乔安娜双手交叉在胸前，眉头深锁地问汤姆。

“没什么……什么都没有。”汤姆撒谎道。

“你不会在国王面前丢下我们，对吧？”唐纳松了一口气问道，“你会很快恢复的，对不对？”

“那个女孩是谁？”乔安娜还是揪着问题不放。

汤姆一言不发，只是盯着自己满是鸡皮疙瘩的手臂。

“你们，你们感受到什么了吗？”汤姆小声问道。

“不要转移话题！”乔安娜说道，“是谁，斯多姆老师说的那个女孩是谁？是你村子里的吗？”

“那你呢？”汤姆没有回答乔安娜的问题，却反过来问亨利，“你感觉到了吗？”

亨利吸了口气，然后摇了摇头。

“不对！”汤姆说道，“这节课快结束的时候，从斯多姆先生身上传来一阵风！”

“哎呀，”唐纳担心地说，“他已经变得疯疯癫癫的……”

“是真的！”汤姆生气地说，“我看到她呼吸的空气了，满满的都是氧气。我看到这股氧气在她整个身体里流动，然后把食物转化成能量，是的，就是这样。我看见她的能量了，很大的一股能量！”

“停止你的幻想！这是不可能的！”唐纳对他说，“那远比这更复杂。”

“够了！告诉我，”乔安娜打断他们的话，“那个女孩到底是怎么回事？”

“嗯，这很奇怪，”亨利同意，“我也想问你这个问题。斯多姆老师说的那个女孩，是乔安娜吗？你喜欢乔安娜？”

“呃？”汤姆吐了一口气，“你在乱说什么！”

而乔安娜压根没想过这个可能性，听到这个马上脸红了，开始结结巴巴地讲一些让人难以理解的话，一会儿对着桌子说你好，一会儿又说去外面看看鸟儿是不是穿着漂亮的鞋子。大家猜想她可能太过兴奋了。

“够了！”唐纳叫道。看到他们一个两个都变得疯疯癫癫，而且还选在这最不应该的一天，唐纳悲哀地想，自己的队伍怎么会遇到这种事呢！

亨利看了看周围，发现教室里只剩下他们几个。

“好吧，其他人都离开了……”亨利说道，“现在已经到吃饭的时间了吧？我有点饿了……”

“好主意！”汤姆答道，他很高兴终于可以结束这场荒谬的讨论。

唐纳瞪大眼睛，看着他俩往门口走去，居然一本书都没有带。

“怎么可能！”唐纳嘟哝着转过身，看到了离他不远的乔安娜。

至少乔安娜的脑袋还是清楚的，唐纳很欣慰，他抓起几本著作。

“拿那本《论石油持久战》的书。”把自己的书包装满之后，唐纳对着乔安娜说道。

但是乔安娜却一脸惊讶地看着他。

“游泳池？不好吧？现在还不是时候！而且我也没有带泳衣。”乔安娜说完就走到门口去了。

最后，只留下唐纳一个人待在教室里。

“该死的！我怎么会摊上这样一个队伍呢！”唐纳绝望地叫道。

第二章

一刻钟后，当伊格克多那的副校长卡拉波尔老师走进学校大厅的时候，他的满意之情溢于言表。站在他面前的是十二个名列前茅的优胜者，他们整整齐齐地排成两行。

站在这十二名学生后面的则是没有通过考试的人。他们安安静静地站在楼梯上方看着那十二个学生，眼里满是对好学生的羡慕，其中也不乏好奇和尊敬。仅仅一个星期以前，这十二个学生也跟自己一样在同一间教室里学习，但是他们现在却成为王国里最强大的精英之一了。他们马上就要见到国王！

这些上专业课程的七名男孩和五名女孩统一着装，穿着白色的连身衣，衣服背后绣着中央云国的标志——黑色的太阳上划过一道灰色的闪电，肩上披着蓝色的短斗篷几乎遮住了那标志的一半。

优胜者们都以立正的姿势站着，双眼直视前方，高昂着头，两臂放于身侧，就像刚刚斯多姆老师演示给他们看的那样。卡拉波尔老师一直盯着他们，除了汤姆·布里吉之外，这一次选拔出来的最优秀学生都是这所学校培养出来的，对此他颇为自豪，国王会很高兴看到这一切的！

“走吧！”卡拉波尔老师这会儿已经激动得顾不上礼仪了，他大声喊着，走出学校庄园的大门。

那些优秀生两个接着两个地跟在老师后面，从学校里出来，然后走过那块禁止学生踩踏的草坪。

在队列中，站在汤姆旁边的是一个跟他年纪差不多的男孩，不过汤姆想不起来男孩的名字了。在短短十五分钟的时间里，汤姆不仅要准备好自己的私人物品，还要穿上那件学校人事部放在他床上的带斗篷的连身服，他还狼吞虎咽地吞下了一块三明治。他马上就要见到那个世界上最强大的人了，就要见到那个连最残暴的暴风雪军队都害怕的人，那个风力大师们都崇拜的人！他和唐纳、乔安娜还有亨利就要向他展示他们所学的成果了。

“应该让唐纳去讲……”汤姆若有所思地喃喃自语。这时，站在他旁边的那个学生转过身，一脸担忧地问道：

“你们已经找到攻占那座城市的方法了吗？”

“是啊。”汤姆答道。

“啊!”那个男孩紧张地吸了一口气,“你们准备怎样做?”

“我不会告诉你的。”

现在,这个小小的队伍已经走上那条石子路了,就是汤姆一个月前来时经过的那条小路。跟汤姆来的那一天一样,鸟儿在树叶中飞来飞去,松鼠也在枝头跳跃,空气清新,惬意的微风吹过,吹弯了树下开着五颜六色花朵的花草。看到这一切,汤姆又情不自禁地想起了莎妮,他现在每往前走一步就是远离她多一点……他暗暗发誓见完国王之后一定要回去看她。

“走这边。”副校长说着拐向左边的小路。

所有人都静静地一言不发。离国王的宫殿越近,孩子们就越觉得紧张。最后,他们眼前终于出现三十多米高的冰雪城墙,在深蓝的天幕下闪闪发光。

宫殿门前,一支小分队正在站岗。当他们看到那群学生在林间出现的时候,一个士兵队长跑向了卡拉波尔老师,其他士兵立刻行立正礼。

士兵的队长对卡拉波尔行了一个军礼,然后俯下身,在他的耳边耳语了几句。

孩子们好奇地看着他们。

“好的，我明白，当然……”卡拉波尔点点头说道。

孩子们很紧张，都不由自主地保持肃静，只有巴尔萨好像很不耐烦的样子。乔安娜时不时偷偷地瞄一眼汤姆。

“让我把这个消息告诉他们。”卡拉波尔说着就转过来面对他的学生。

他清了清嗓子，低下头以便能在他的小眼镜里看到那些学生，然后说：

“队长告诉我，皇宫正在整修。所以国王陛下下令让我们绕过城墙直接到他的碟形飞行器去见他。之后再去参观城堡。”

“老师，那就请你们跟我走……”那个士兵说着转过身。

“之后再去？是说今天晚上吗？”学生们惊讶地窃窃私语。但是，无论是卡拉波尔老师、士兵队长，还是那些跟在他们身后的士兵，都不再回答他们的问题。

就这样，一群人沿着冰雪城墙走了好几百米，一直走向云层边缘。整条路上，汤姆都在想一个问题——那些城墙的冰究竟是怎么做到的：云上的温度的确不是很高，但是也没有低到足以结冰且不让冰融化啊。国王肯定是用了一种很高端的技术来解决这个问题……

“老师，从这里进去就是了。”那个领头的士兵在一面冰冻的墙前面停了下来，指着墙上的一个小开口对卡拉波尔说道。

他并拢双腿，军鞋后跟相碰，发出“咔嗒”一声，只说了声“走好”，就站着不动，双眼直视前方。卡拉波尔俯身向前，墙上那条通道看起来还没有一米高，不足半米宽，而且还看不到尽头。

卡拉波尔老师站直身子，茫然不知所措地看着士兵，摸了摸下巴，若有所思的样子。

“没有别的路可以通过吗？”卡拉波尔问。

“没有，老师。”那个士兵看也不看卡拉波尔一眼就说道。

“好吧，那我们走吧！”卡拉波尔老师对他的学生说道，还让学生以走军姿的方式钻过那个墙上的洞。

唐纳是第一个过去的，后面跟着巴尔萨，随后其他人也一一通过。汤姆毫不犹豫地跟着他们，只不过卡拉波尔看起来却好像犹豫不决、很难下决心的样子。几分钟后，汤姆听到卡拉波尔老师在后面大喘粗气，不过走在汤姆前面的其他同学的欢呼声很快就把老师的呻吟声掩盖住了。那些同学显然刚刚走到墙的另一头。

汤姆也从小道里出来了，他站在唐纳身旁，一起欣赏着国王的宫殿。可真是宏伟壮观啊！仿佛太阳正从这朵云上升起。

“这还只不过是皇宫的背面啊！如果是正面的话又该怎样辉煌啊！”弗雷德里克惊叹道。

汤姆看着那些塔楼，那些在晨光中闪闪发光的巨大彩绘玻璃窗，还有那些矗立在屋檐上、好像在守护城堡的鸟儿们的雕塑，他不可能知道，就在几个星期前，国王向米蒂尔提议，让她住在这座城堡里，坐拥财富和权力，但是米蒂尔却拒绝了。汤姆和米蒂尔一样，也觉得在这座了不起的城堡里所有一切都象征着权力，但是不同的是，米蒂尔并不为之所动，而汤姆早已深深地被这种神奇的力量所吸引。这股力量已经渗入他的身体，他的灵魂，使他陶醉，也打动了他的心。

“卡拉波尔在哪里？”突然一个低沉的声音问道。

孩子们都惊讶地转过身，看见一个暴风雪军官坐在一个箱子上。显然，他在那里已经待了好长时间，却没有人发现他。

那个暴风雪军官穿着一件黑色的制服，披在双肩上的斗篷正随风飞扬。斗篷上绣着一朵暴风云的图像。他的脸上布满了深深的疤痕，其中一些应该是新的。他目露凶光，眼神中夹杂着挑衅和蔑视，打量着这些新来的学生。

在他身后，也就是城堡的后部，是一个类似空中花园的地方，在那里停着好几百架作战的蜻蜓器。

“卡拉波尔在哪里？”那个军官又问了一遍。

“我在这儿呢！”卡拉波尔终于拖拖沓沓地从墙洞里走出来，回答道。

他把眼镜推回鼻梁上，环视周围，然后走向暴风雪军官。

“啊！弗兰西！”卡拉波尔说着，轻轻地给了军官肩膀上一拳，“我们现在要去哪？”

“走这边！”暴风雪军官答道。

在那些战斗蜻蜓器中间，孩子们看见了一架奇怪的碟形飞行器。飞行器的木制平台搭建在许多长长的铁臂上，平台上方突起一个玻璃圆顶，下方好几百个小螺旋桨正在慢慢转动。那个暴风雪军官径直朝平台走去。

“注意队形！”看到学生们走得混乱无序，卡拉波尔低声埋怨道。

当他们靠近的时候，看见一座升降扶梯从螺旋桨平台一直延伸到地面。暴风雪军官走上扶梯，卡拉波尔老师和他的队伍也跟着走上去。

从宫殿射过来的太阳光线，在经过那个玻璃圆屋顶之后，变得柔和极了。十九张呈圆弧状排列的椅子浸润在柔和的光线里，环绕着一张为国王准备的座椅。两个穿着斗篷的暴风雪军官站在那个座位的左边，而右边则站着两个风力大师，他们紧盯着那些学生。端坐中间，穿着灰黑色的衣服、双肘撑在椅子扶手上的，就是中央云国的国王。

“跪在地上，以闪电之名！”卡拉波尔说道，然后孩子们就照着他说的俯身在地。

第三章

汤姆全身不由自主地颤抖着，他拼命想要控制住，因为他必须在国王面前好好表现自己！卡拉波尔老师自从汤姆来学校的第一天就跟他讲过这个事，而斯多姆老师今早又再次强调这一点。

汤姆低着头，眼睛盯着地板，和其他同学一起等待着即将发生的事情。可没有人说话，时间过得很慢，每一秒钟都像一个小时那么漫长。

他发现，那些暴风雪军官大多看起来野蛮暴力，而风力大师则显得平和些。至于国王呢，他看起来似乎和蔼可亲……是的，和蔼可亲。

“他们对地图研究了多长时间?”突然从国王左边传来一个威严的声音问道。

“是其中一个暴风雪军官在讲话……”汤姆心里想。

“将军，他们用了 24 小时的时间。”卡拉波尔回答。汤姆很想知道其他同学是不是也跟他一样，从卡拉波尔老师的回答中听出了他的恐惧。

“您有助他们一臂之力吗？”那个暴风雪军官继续发问。

“没有，将军，他们都是独立完成的。”

接下来又是一阵短暂的沉默。此时，汤姆开始暗暗观察国王的脸。除了和蔼可亲以外，他似乎还有一些别的气质，一些更深层的、更使人内心不安的特点，但究竟是什么呢，汤姆还没弄清楚，他强忍着不再抬起眼睛去看国王。

“他们都很有天分吗？”

“这点毋庸置疑，大人。”卡拉波尔很肯定地说。

“这一次的考试是其中一位风力大师出的题目……”想到这一点，汤姆想抬头看一眼的欲望变得更加强烈，他根本抑制不了，最后只能屈服于这股欲望。他小心翼翼地看了一眼周围，他的同学们都跪在地上，眼睛盯着地板，仿佛化石一样一动不动。就连平时最嚣张跋扈的巴尔萨这回也收敛了不少：汤姆可以清楚地看到他的手在发抖。

汤姆又抬高了一点点视线，看到卡拉波尔背着手站在国王面前，手指却因为恐惧而在背后扭动着。

“他们知道他们必须要做的事情吗？”另一位风力大师继续问道。

“不知道，大人。”卡拉波尔回答。

“您要知道，如果他们有任何一个达不到要求的话，您仍然要负责任。”

“我明白，大人。”

“威尔文，那个吓得抖成那样的是您的儿子吗?”国王突然插话问道。

汤姆哆嗦着立刻低下了头。他还是没法看到国王的脸，因为卡拉波尔老师把他挡住了。

“是的，陛下。”刚刚讲话的那位风力大师答道。

“起来吧，威尔文。”国王下令道。然后巴尔萨就站起身来。

他的两个膝盖因不停抖动而相互碰撞得厉害，大家几乎可以听到那碰撞发出的声音了。

“能为你的国王做事，你感到自豪吗?”国王问道。

“是、是的。陛下。”

“你队里的其他成员是谁?”

“我、我只有一个人，陛下。”

“啊，我知道了，还真是跟你的父亲一样!”国王笑着说，“那好吧，我希望你会变得跟他一样强大。卡拉波尔，告诉我，谁是布里吉。”

汤姆浑身都僵住了，他不知道自己到底是怎么站起来的。他紧张得要死，耳朵嗡嗡作响，视线也一片模糊。他只能模模糊糊地看到国王的身影，但是他感觉到国王应该正打量着他。

汤姆完全不知道这场考察最后持续了多长时间，只是最后感觉到有一只手放在他的肩头，示意他坐下来。汤姆神情恍惚地照做，坐在了其中一张空椅子上，但是他的眼睛始终模糊不清。

过了很久，汤姆终于缓过神来。这时他才发现，除了那个满脸都是疤痕的暴风雪军官还站在桌边之外，其他所有人都已经坐在座位上了。

他看了一眼身边，发现自己坐在唐纳和乔安娜中间，而亨利则坐在乔安娜的另一边。飞行器这会儿已经飞在空中了。周围有好几百架战斗蜻蜓器护送着，为他们的国王全力戒备。

卡拉波尔老师站在风力大师们的旁边，正和他们讨论着什么，而国王则在仔细看着那张学生们研究过的地图。

“我们要去哪？”汤姆转过头悄悄地问唐纳。唐纳耸耸肩表示自己也不知道。

“你刚刚也看见了，国王是怎么看你的了！”乔安娜用一种饱含赞赏的声音低声说，“之前他肯定听说过你！对一个刚被选拔出来的新人来说，还从来没有出现过这种情况呢……”

“可是我们要去哪？”汤姆又问了一遍。

“我也不知道。”乔安娜看了王国一眼，然后答道。

汤姆发现，所有同学都在等着国王发话，除此之外，他们连眼睛都不敢抬起来。

碟形飞行器已经飞了好几个小时，这期间居然什么事都没发生，这更让那些小孩们紧张得不行。眼前这个国王，这个学生们一直做梦都想见一面的人，居然在他的椅子上睡着了。而风力大师、暴风雪军官还有卡拉波尔老师在一旁低声交谈，耐心地等待着。汤姆试着听清楚他们的对话，但是什么都听不到。他们讲话的声音都被飞行器轰隆隆的引擎声掩盖住了。

透过碟形飞行器的窗口看出去，窗外的风景络绎不绝地从眼前慢慢掠过。一开始，汤姆还能看见几座褐色的山峰，然后只剩飘得很高的白云。白云看起来就像是冰水晶做成的，本来围绕在飞行器周围，继而消失不见，只留下蔚蓝的天空。

当太阳渐渐靠近地平线时，脸上满是疤痕的暴风雪军官轻轻咳了一声，所有人都不讲话了。国王睁开了眼睛，他的眼神很明亮。他环视了一圈孩子们，嘴角露出了满意的微笑，好像孩子们的紧张使得他很满意。

在国王身后，透过玻璃窗，可以看见白色的山脊，山脊上散布着一些黑色的长方形。碟形飞行器慢慢减速准备降落，所有的蜻蜓器分散开来，在一眼看不到边际的山谷上空展开空中警戒。

碟形飞行器朝着一个岩石山坡飞去。头顶的天空仍旧是一片深蓝，不带一丝杂色。山上到处都刮着风，大风扬起纷纷扬扬的白雪粉末，在空中闪闪发光。大风过后，粉末又落到岩石上。

很快，汤姆和他的同学就发现，刚刚在空中看到的黑色长方形其实都是士兵的阵营。有好几千人，个个全副武装。

“你们按照各自的组队站到我面前来。”国王从座椅上站起来说道。

一件黑色丝绒长袍随着国王的起身滑落到地上，国王的脸瞬间变了，再也不是几个小时前还让汤姆觉得和蔼可亲的脸：他的眼睛闪烁着狡黠的光芒，他的身体好像充满了一种惊人的力量。

那些小孩颇受震动，开始笨拙地站起身，然后分成了几个小组：两组四个人，还有一组三个人，在这三个组旁边，巴尔萨一个人孤零零地站着，自成一组。

“我对以往的教育方式并不感兴趣，”国王说道，“从昨天开始，给你们时间去研究分析这座城市的地图，都是为了让你们完成这次任务。”

话音刚落，一座山坡从国王身后慢慢出现。

碟形飞行器已经飞临山顶上空。那里有一块开阔的平台，覆盖着冰雪，寒风一阵阵地刮过，掀起地上还没来得及冻住的冰雪粉末。山顶平台上已经搭好了十来顶帐篷，每一顶帐篷前面都站立着一个暴风雪军官和一个风力大师，他们正等待着孩子们的到来。

飞行器正在慢慢向这个营地飞近。

山的另一边，两三千米之下是一片海，海水颜色很深，看起来几近黑色。海面上，几座漂浮的冰山被一道看不见的水流推着，依次朝前漂来。更远处，一大片大浮冰之上，有一座云上的城市飘浮在空中。

“是地图上的那座城市！”其中一个学生叫道。

这座城市建在云层的最中央，周围用冰桥连接着众多的卫星云。从高处看下去，这座城市就像白色海洋中的一颗星星，星星的每个角上都固定着一个小塔楼。

“这就是极光之国，你们即将攻占的城市，”国王宣布道，“每个队有五千名士兵可以指挥。”

学生们目瞪口呆。攻占一座真的城市？五千个部下？让他们自己指挥这些部下？

“每一个队配有一名暴风雪军官和一位风力大师，”国王接着说，“哪个队最勇敢，做得最成功，我就满足他们的愿望。只要记住一点：从现在开始到明天晚上，这座城市必须从空中消失。”

几分钟后，冰原上吹来的刺骨寒风就钻进了伊格克多那的十二个优秀学生的衣服里。他们跟要去视察军队的国王道别之后，陆续从碟形飞行器里出来。唐纳、汤姆、乔安娜还有亨利冻得牙齿直哆嗦，但还是走到山顶的边缘，静静地看着山脚下深黑色的海洋。一望无际的海洋，无尽地延伸直至与白色的陆地相接。寒冷使得汤姆清醒了一些，也有助于他更好地集中精神。他现在又重新想起了这座他们必须摧毁的城市的所有细节了。他下决心一定要成功，一定要成为最优秀的那一个。

“如果我们赢了的话，你会向国王提什么要求？”亨利突然问。

这个问题问得出其不意，汤姆不可能告诉他的朋友他想要救出莎妮！所以当他听到乔安娜的回答时，心里着实松了一口气。

“我们还是先赢了比赛再来想这个问题吧，亨利。”

“你不想再跟我们解释一下你的计划吗？”亨利转过去问唐纳。

“我的计划不可行了。”唐纳叹了口气，好像很失望的样子。

唐纳本来想融化掉云上的冻云，这样的话，那些建在上面的房子就会穿过云层掉到地上，他想通过这种方式来摧毁这座北方的城市。他想出了一个精巧的办法，可以从天上往这座城市洒下泥土来使之融化。“既然那座城市里有冰，那么太阳光就能够在上面反射，所以冰层就不会融化。但是如果往冰雪上洒满泥土的话，情况就不一样了，这样地面就会吸收阳光而变热！”唐纳解释道，“所以云层的表面就会开始融化，那座城市最终就会掉下去！”

汤姆和乔安娜觉得这是一个很好的想法，真的很好。只是，现在不是夏天——这里的太阳会有好几个星期只出现在地平线附近，而不能升到高空。所以太阳光不够强烈，无法在一天之内使泥土加热到足以融化云上的冰。

“你们有更好的办法吗？”唐纳问道。

“没有。”汤姆回答。

“我也没有。”乔安娜接着说。

“我倒是有一个主意，”亨利讲，“我们直接带领五千名士兵攻上去嘛！”

“哎，再想想吧。”乔安娜叹气道。

“看！”亨利叫起来，“我们有最好的武器！就算我们从正面攻击，他们也无法抵抗啊！”

于是唐纳跟他一起，开始讨论那些弓箭、射炮还有小型的风厂。

那个配给他们组的暴风雪军官和风力大师听到他们的讨论都惊讶不已。这两个人看起来比国王身边的那些军官更年轻，权力也没有那么高。从等级上看，他们应该没有那么重要，所以唐纳组里的四个人并没太在意他们。他们甚至都没有注意到，那两个人看到他们这一组还没有开始进攻的时候是多么地惊讶，更何况，其他同学的队伍都已经开始行动了。尤其是巴尔萨，他领导的那支队伍已经在高唱着战歌。

和别的部队不同的是，所有听命于唐纳、汤姆、乔安娜、亨利的士兵都开始按捺不住了，队伍开始松散，士兵们嘟嘟囔囔地低声抱怨着。

“我们怎么会遇到这群笨蛋！”其中一个说。

“他们会被杀掉的，我们也会跟他们一样。”另一个说完叹了口气。

“听说那个赢得最漂亮的队伍还能获得奖励呢?”

“如果我们能活着回来就已经很不错了。”

汤姆压根没有听到他们讲的话，他在想自己这段时间待在伊格克多那的时候到底都学了什么东西。

“北方云国将会发生什么呢?”汤姆寻思着，“他们肯定给过我们提示……或者我在书里读到过……”

他皱紧眉头思索着：海风从南面吹过来，吹往大海深处，然后吹到更远处的公海。这些风暖洋洋的，和来自别处的风不一样，它们携带了更多的盐分……

“如果我们能使风转向，吹向那座城市，那么即使不用加热它，也能使云上的浮冰冻土融化，北方云国还会变得比现在更冷，说不定还会引发一次新的冰期……”

“他讲得也许不错。”这时候乔安娜走近汤姆说道。

“嗯?”汤姆从自己的思绪中回过神来，“谁讲得不错?”

“亨利，可能我们最好还是借助武力……”

汤姆又看了一眼海洋，然后就看见其他三个队伍在急流中航行，往那座冰城驶去。

对极光之国的攻占开始了。

第四章

在提丹从昏迷中醒过来的几个小时前，米蒂尔独自一人望着高耸出奥德尔的山峰，上面覆盖着皑皑白雪。她背对着提丹的床，面朝窗外站着。她已经照料提丹整整三个星期了，这三个星期里，她不仅每个晚上守护在他身边，还细心照料着他的饮食，希望尽可能地把自己双手的热量、全身的力气都传递给她的朋友。终于，他的心脏慢慢地恢复了正常的跳动，呼吸也变得和缓起来。提丹看起来就像在安安静静地睡觉，只是米蒂尔也许永远都不知道他在做着什么样的梦。

因为她现在不得不离开，再也不能为他做什么了。

自从被马尔科从海里救出来之后，马尔科就跟米蒂尔解释过他必须把他俩关起来的原因。

“不能让别人知道你们在这里。”马尔科对米蒂尔说，为了证明自己说的都是真话，他还给米蒂尔看了一张悬赏通缉令。

悬赏通缉令上写着：暴君承诺，不管是谁，只要能找到米蒂尔及其同谋提丹·德拉克，不论是生是死，暴君都会支付赏金一万两黄金。

“所以你们最好还是待在这间房里，避人耳目。”马尔科最后总结道。

米蒂尔没有反驳他的话，只是看了一下那张悬赏通缉令。目前对她而言，提丹的身体才是最让她担忧的，其他事情都不重要。

“我能去采些植物来医治他吗？”米蒂尔低下头看了提丹一眼，问道。

马尔科的部下给提丹换上了一件样式简单的蓝色睡衣。

“植物？”马尔科诧异道，“多有趣的想法……为什么是植物呢？”

“植物跟药物一样具有治病功能，只是需要我们从中挑出那些可以治病的品种。有了那些植物，我就能治好提丹，然后……”

“可是公主，”马尔科打断了米蒂尔，暗笑她的想法过于天真，“奥德尔可没有植物，我们又不是农民！”

马尔科应该有三十多岁，但是他的头发已经灰白得接近白色，跟他那张年轻的脸很不相称。马尔科右脸有个小小的疤痕，使他看起来有点点严肃，但是很显然，他觉得那刀疤使他看起来很英俊，令人无法抗拒。

“您知道我们是谁吗？”马尔科俯下身来问米蒂尔，笑得很灿烂。

米蒂尔摇摇头表示自己不知道。

“亲爱的公主，我们是军人！”马尔科兴奋地说道，好像他等这个机会已经等了很久一样，“不管我们是哪一种军人，我们都是您手中重要的武器！自从您的父亲不见了之后，我们日夜都在等待着您的归来。我们会帮助您成功登上属于您的宝座！我们会歼灭那些支持暴君的城市。公主，痛苦的时刻就要结束，我们即将迎来一个充满正义、希望和喜悦的时代！”

马尔科以一种庄严的姿势把手臂伸向天空。他的眼珠发光，看起来好像被点亮了一样。

“公主，您是历经了千辛万苦才来到这里的。您本可以有很多选择，本可以不要来见我们，本可以兀自离开，然而最终您还是来到了奥德尔。您知道这意味着什么吗？这意味着，是天意让我们相聚在一起的！公主，只要有我和我的部下在，明天就一定会是光荣的一天。您会成为女王！您的威名会在所有的云上宣扬开来，变节者会被处死，拥护暴君的人会被剿灭！和平、秩序和喜悦会再次回到地球！”

在很长时间里，米蒂尔一言不发地静静听着，之后她走过去坐在提丹的床上。

“谢谢您救了我们，”米蒂尔说着，把手轻轻地放在提丹的手上，“现在可以让我们自己待着了。”

马尔科目瞪口呆，他没有想到自己的长篇大论带来的会是这样的结果。难道公主没有听明白他刚刚说的话吗？难道她掉在海里的时候，耳朵灌了海水所以听不见？

“您很快就会成为女王。”马尔科怕刚刚米蒂尔没听清楚，就又说了一次。

“也许吧……”

“可是，全世界都需要您啊！”公主这种不感兴趣、没什么热情的态度使得马尔科很暴躁。

“可能吧……”

“可能？完全不是可能！您有没有听明白我的话？是天意让我们聚在一起的！我们不能违抗天命！”

“天命只会在有所行动之后才能被真正看清。”米蒂尔回答道。

马尔科一脸茫然地盯着她。

“我待会儿再过来，等你休息好之后，我们再来谈这个问题，不要想着逃……呃……不要想着离开这房间。那是个很糟糕的想法。奥德尔的居民都很无知，他们不知道这个世界需要像你我这样的人，他们只对金钱感兴趣……而且，而且他们中间还有暴君的奸细！现在，我们已经在去往北方云国的路上了，我去让军队准备一下，下令……呃……通知其他起义军的首领，让他们到极光之国去跟我们会合。公主，您就好好休息吧。很快我们就要战斗了。”

说完这些，他走出房间。但是，当他一回到那间停着很多蜻蜓器的机库里，马尔科就怒不可遏地发泄自己的怒气。他还从来没有遇到像这个小丫头一样不知好歹的人呢！当然，也可能是因为她的朋友还处在昏迷中，可是不管怎样，现在讨论的可是战争啊！这么多年以来，他和他的部下都把自己的一切献给了这次任务！作为一个公主，她怎么能不明白这一点呢？她怎么能这么自私呢？

第五章

接下来的三个星期里，马尔科没有来看过米蒂尔。每天米蒂尔靠在窗台上，看着窗外的风景，眼前却总是闪过蓝莓村的影子，那座位于相反方向的村庄。它的村民在十二年前从北方云国的战役中逃出来，为了保护公主，是的，就是为了保护她不被暴君的军队抓走。

随着越来越靠近这个父亲曾经领导过的王国，米蒂尔觉得自己逐渐生出一种奇怪的情感，一种忧郁得使她倍感痛苦的情绪。而这个时候，时间又过得特别的慢。

米蒂尔首先看到的是，几百年以来，一直处于冰冻状态的土地逐渐消失不见了。这些巨大的冰原表面正冒着云烟。米蒂尔很快就知道了这些云烟到底是什么东西。因为她想起了在蓝莓村的时候，教她自然的老师格林小姐说过："在世界北部的冻土中，二氧化碳含量是整个大气中的两倍。如果冻土中所含有的二氧化碳全部释放出来的话，那无疑是一场生态灾难。”

“现在这场灾难恐怕就要来临了……”米蒂尔想到这一点，整颗心都揪紧了。大气变暖，冻土融化，二氧化碳泄出，二氧化碳又使大气更暖，如此的恶性循环……

一想到地球正在发生的变化都是源于人类所犯的错误，米蒂尔就觉得痛苦万分。在很早以前，米蒂尔就意识到了这一点，但是她一直不明白，为什么除了她父亲以外没有一个人敢对抗暴君。这些年来，课堂上老师所描述的自然界，已经比书中讲述的更糟糕。然而马尔科想要打仗、想要复仇的欲望，在米蒂尔看来也很可笑。米蒂尔很想将暴君赶下王位，但那绝不是为了取而代之，而是想让地球再次呼吸，获得重生……

奥德尔飞行云这几日就是在这些冒着云烟的冰原上飞行，此时米蒂尔终于看到远处有一片广阔的树林。

“是泰加森林，围绕着地球边缘，是世界上最大的森林。”米蒂尔说道。

这时公主才反应过来为什么自从到了奥德尔，她就一直像个局外人一样冷漠旁观，既不是因为提丹，也不是因为马尔科或者是他对战争的极度狂热，而是因为当初在海湾黑崖下时，就在那个巨浪把他俩卷向大海中央之前，她所感知到的一切。

之前为了观察水里的生命，米蒂尔感知到了海底的污染情况。鱼类和藻类都不复存在，海洋也无法再呼吸。米蒂尔很明白，人类在使海洋无法呼吸的同时，其实也是在扼杀天空，所以很快云上的人类就会为了生存而作战。

“大气里一大半的氧气都是来源于海洋。”有一天格林小姐这样对他们说。而布里吉上校后来更是明确地告诉米蒂尔：“如果暴君控制了海洋的话，我们就死定了。”

奥德尔云继续往北面飞去。泰加森林的北部已经被一些低矮的平原植物取代，绿色平原的更北方就是冰雪的世界了。看到远处地平线射出白色光线的时候，米蒂尔知道，自己离父亲的王国不远了，而马尔科很快就会再来找她。

自从上次与公主进行了令人失望的谈话之后，这位奥德尔的起义军首领就开始努力地激发他军队的战斗积极性。

“你们是世界上最好的士兵！”马尔科一天又一天地对他的军队这样喊话，“我们马上就要打仗了！现在就在去往极光之国的路上，胜利之军即将诞生！”

“马尔科万岁！公主万岁！”他的部下高兴地欢呼，丝毫不知道公主根本就没有参与到他们的热情中去。

马尔科想通过这些喊话来激励部队，他感受到军队燃烧出的兴奋感，这使他很欣喜。但是有一天早上，正在他给其他起义军首领发出前来会合的消息时，有一个叫作瓦金的中尉来到了奥德尔要求和他见面。他身上带着一张极光之国政府所颁发的通行证。

这次会面只持续了短短的六分钟。马尔科是在机库里接见瓦金中尉的，那时他的军队也都在那儿。

“我是来接那两个孩子的。”瓦金甚至懒得自我介绍，一见面就直奔主题。

“他们在这里过得很好。”马尔科威严地说。

他的部下也纷纷赞同他的意见，不过这似乎没有给瓦金带来困扰。

“是你发消息说要集合所有起义军首领的吧？”瓦金从他的口袋里拿出一张小羊皮纸问道。

瓦金只用手指捻着那张纸，就好像拿着的是一块脏兮兮的手帕一样。

“没错。”马尔科自豪地答道，然后清了清嗓子补充说：

“毫无疑问，作为一名天命所归的首领，身先士卒是他的责任。您看，”他说着把一只手放在瓦金的肩膀上，好像一个父亲对孩子一样语重心长地说，“您眼前这些人背负着创造美好未来的重任，他们给未来一代做了一个好榜样。我能成为他们中的一员，实在是非常荣幸。即使您告诉我，这是一个艰巨的任务，我也不会在困难面前退缩的！一个崭新的世界很快就要在你们面前开启，在那里，暴君只会是一个遥远而可憎的记忆而已。我会用正义和仁慈来领导这个世界……啊，当然是在公主的统领下。”

之后，他沉默着，转过身去看着隔在机库和天空之间的雾幕，仿佛已经看到了无边无穷的远方，构想着他的宏图伟业。但是瓦金抢在他前面开口了。

“这个最好还是要译成密码后才发送。”瓦金说道。

“译成密码？把什么译成密码？”马尔科很惊讶。很显然，必须从自己想象的光荣身份中抽身出来，使他感到很懊恼。

“消息啊，就是你发送的召集所有起义军首领去极光之国的那则消息。”瓦金说着还抖了抖自己手中的那块纸片。

“为什么呢？”

“因为这样子的信息会被敌人截获啊！您知道暴君的军队已经开始聚集在极光之国对面的北境上了吗？”

“不可能！”马尔科叫道，“暴君的军队已经就位了？”

瓦金点点头。

“这就是天意啊！”马尔科转而面带笑容地对他的部下说道，“我们不用再等了！感谢上天，感谢云国！战争中最煎熬的就是等待了！”

“尤其是当我们知道自己就要被杀掉的时候。”瓦金说道。

“不不不，”马尔科摇着头说，“听着，八金中尉，我要……”

“我叫瓦金。”中尉纠正他。

“瓦金中尉，我要告诉您一件事：您不够积极乐观，要知道生活中我们都需要积极乐观。就拿我来说好了，我总是很乐观……”

“我是来接两个孩子的，然后把他俩带到安全的地方去，”瓦金叹着气，打断他，“我希望这句话我不必再讲第三次了。”

马尔科停下来，不再笑了，因为瓦金的口气听起来并不良善，甚至是语带威胁。

“不管是八金中尉还是瓦金中尉，我也不知道到底是哪个，好好听我说，您现在孤身一人，而且还是在我的地盘上，我或许会考虑让您带着那个还在昏睡的男孩一起离开，但至于公主，您想都不要想。您没看到吗？如果公主在我们身边的话，我们的士兵一定会士气大增、猛如野兽的……”

“正义之师不应该像野兽吧。”中尉纠正他的话。

“你说什么？”

“我说公主是不会同意的，”瓦金说道，“至于你所说的那个昏睡的小男孩，我确实很需要他的帮忙。”

也许是意识到这个谈话继续下去只会让人更加不快，所以马尔科干脆转身对他两个部下下命令，让他们陪着瓦金一起到城里去，然后必须以最快的速度护送瓦金离开。

“您真的太悲观了，中尉，”马尔科最后这样说，“我不会让您见公主或者那个男孩，我忘了他叫什么名字。如果您胆敢跟我的士兵讲话的话，您会惹祸上身的。您只要一哭丧着脸，就有可能影响他们的士气。这个世界就让我来照亮吧，如果您不掺和的话，我或许不再计较您的失礼。”

第六章

第二天早上，马尔科欣慰地得知瓦金在一间可疑的古董商店里待过几个小时以后，就离开了奥德尔。那间古董店名为“水晶球”。

“又是一个胆小鬼！只要说话大声点，吓一吓他，他就马上逃走了！”马尔科最后这样评论道。

然而那天晚上，原本应该很放心的他却隐隐有些担忧，于是他决定去找米蒂尔。他三步并作两步地爬上那条秘密楼梯，楼梯的尽头就是那间关着米蒂尔和提丹两人的密室所在。

他看到公主面朝窗户，正出神地看着奥德尔云下被白雪覆盖的连绵群峰。马尔科再一次给公主解释她的重要角色：她将和马尔科一起领导反抗队伍，这是一场神圣之战！打败暴君，这个可怕的人，并重新夺回她父亲曾经统治的王国，她父亲会为她骄傲的！而且锦上添花的是，米蒂尔会成为女王，这肯定是米蒂尔梦想过的吧，就像所有年轻公主都梦想过的那样。

“那你是怎么想的呢？”最后马尔科很兴奋地问公主，完全忘记了对公主应该使用“您”的尊称。

“如果一个公主想成为女王的话，前提应该是她的父亲母亲都不在人世了，但是我却希望自己的父亲还活着。”米蒂尔答道。

“是的，是的，当然，”马尔科说道，“不过说真的，你到底是怎么想的？嗯？”

米蒂尔叹了一口气然后转身朝向窗户。

“您还没有找到草药吗？”过了一会儿，米蒂尔问道。

“草药？你怎么还想着你的草药啊！”

马尔科端详了一下那个还躺在床上的男孩，好像比上一次见他的时候脸色好了一些。

“可是他看起来很健康啊！”马尔科叫道，说着就朝提丹的肩上打一拳以示友好。而这一拳却使提丹的头歪向枕头的另一侧。

“如果您帮我把我要的东西找来医治他的话，他可能早就醒过来了！”

“呵！那你现在是因为这个而跟我赌气吗？就为了你的草药？”马尔科突然间失去了耐心，大声朝米蒂尔吼道。

“那您呢？您到底想让我做什么？”米蒂尔也恼火了，“好吧，我承认是您救了我们两个，可是我们什么也没求您啊！您想让我帮您推翻暴君的统治、取代他的王位，然后变成跟他一样残忍的人，是这样吗？”

“才不是！我才不会跟他一样！我要的是正义！”马尔科双手伸向天空宣称道，“想一想！你跟我，我们一起把人们从这个可恶的人的手里解救出来！”

“就靠跟他的军队打仗？通过杀人来解救？”

“没错！”马尔科说道，他很高兴米蒂尔终于觉悟了。

“那些战争的受害者怎么办？”

“受害者肯定会有很多，”马尔科坦诚道，“但是你和我都不会成为受害者的。”

“我不要！”米蒂尔冷冷地答道。

“什么叫做‘你不要’？”

“我不会跟你们一起去的。”

马尔科怒火攻心，整张脸都气得发红了。

“天啊，我怎么会摊上这样一个笨蛋呢！”马尔科生气地叫道，“你睁大眼睛看清楚了吗？难道还不明白，是天意把你送到这里来的，所有人可都指望着你呢！”

米蒂尔轻蔑地打量着他。

“你有什么资格代替所有人来跟我讲这些话？”

“小丫头，你才几岁，就敢这样跟我说话，嗯？”马尔科叫道，“我知道自己在做什么，我也知道自己想要什么。你愿意也好，不愿意也罢，总之你都得同意，都得跟着我一起去！至于他呢，”他用手指着提丹补充道，“这个总是睡觉的懒鬼，好吧，他就作为人质待在这儿，直到我们回来！”

说完这些，马尔科就掀翻所有的桌子和板凳朝衣柜冲去，怒气冲冲地拨开挂在衣柜里的衣服钻了进去，然后甩上衣柜的门走掉了。

不一会儿，米蒂尔就听到他带着他的部下又重新上楼来了。

公主皱着眉，紧握着拳头。

“坚强起来……”米蒂尔对自己低声说道。

突然间，她想起了布里吉上校，也就是汤姆的父亲说过的话：“只有让自己随时准备好面对最糟糕的情况，才能成为一个好的领袖。”

最糟糕的情况，米蒂尔完全能够想象到。这三个星期以来，她一直在思考这个问题，现在最糟糕的情况就要到了。

那扇秘密的门被猛地推开，从通道里出现三个带着武器的男人，他们整个脸都被一块蓝色的布蒙住了，只露出两只眼睛。他们对她点头致意，然后就站在一旁。

“公主，是时候出发了，”最后闯进房间的马尔科说道，“如果您不服从，我的部下会毫不犹豫地把您绑起来。”

米蒂尔盯着他看了一会儿，马尔科的眼神狂热无比。“他将组织起义军，准备不惜一切跟暴君对抗。可是我绝对不能让这个人获得哪怕一点点的权力！”米蒂尔心想。

话虽如此，但米蒂尔还是不得不去面对她一直以来都很抗拒甚至连想都不愿去想的事：那就是战争！

第七章

提丹驾驶着飞行器在玛莎的远程指挥下已经飞行了几小时。这时候，他们连一座山也看不到了，更看不到任何敌方飞行器的踪影，但是玛莎仍不让提丹独自驾驶那架飞行器。

“再等一下。”每次提丹向玛莎提出想自己驾驶的时候，她总是这样回答他。但是这个“再等一下”的时间似乎有点太长了。

玛莎飞得不高，离地面大概只有十米，满眼皆是苍茫，什么也看不到。看不到一只动物，连一只鸟、一棵树也看不到，所经之处只有被飞行器的漩涡气流扬起的冰雪粉末。如果没有这些的话，这里的风景就像是静止不动的。

“还很远吗？”这已经是提丹在二十分钟里第二次问这个问题了，“瓦金在哪里呢？”

“有点耐心！”玛莎答道，“瓦金就在不远处。你要趁现在好好观察周围的环境。因为在极地附近，发生任何事都没人知道，所以暴君的恶行肆无忌惮。”

“真是瞎紧张，这不什么事都没发生吗？”提丹嘟嘟囔囔地说。

太阳看起来一副很不想下山的样子，好几个小时以来，它一直悬在地平线上。像绿松石一样的天空，微微泛着青绿色，隐约可见几颗星星在闪烁。

“我可以自己驾驶了吗？”过了一会儿，提丹又问。

这一次，玛莎没有回答他的问题。

提丹松了一口气，瞥了一眼贴在连身衣袖子上的温度计。现在的气温是零下50摄氏度。一切都那么反常！

“小心！”玛莎突然叫道。

吓得提丹立马抓紧飞行器的手柄，然而他的右边几乎同时出现了十几架蜻蜓器。那些蜻蜓器从西边飞来，因为太阳光太刺眼了，所以它们才能悄悄靠近而不被发现。现在它们离玛莎和提丹只有一百米的距离了。

“停下，然后举起手来！”有人命令道。

玛莎和提丹照着他的话做了，然后那些飞行员就把他们两个包围起来，手中的弓箭蓄势待发。这些飞行员都穿着深色飞行服，戴着黑色头盔，头盔上刻着极光之国的彩色标记：

绿色的云彩飘浮在璀璨星空之下、白色冻土之上。

“报出你们的名字!”那个看起来好像是飞行队队长的人喝道。

“我们是朋友,”玛莎回答,“我们在找瓦金中尉。”

那个驾驶员好像很吃惊的样子,细细地打量了玛莎一会儿,然后终于放松下来。玛莎是个女人这个事实,似乎使得眼前的情况发生了转变。

“在你考虑下一步的时候,我们是不是可以飞高一点点?”玛莎提议道,“除非你想让这方圆几百米内的人都能轻易发现我们……”

飞行员转身环顾四周那些覆盖着白雪的云,刚刚他们就隐蔽在这些云里,他向同伴做了个手势,示意他们飞高几米。

玛莎也照样做了,提丹跟在后面也飞高了一些。很快,可能隐藏危险的雪云就暴露在他们脚下了。

“你们是从哪里来的?”那个飞行队长又问,试图挽回一点威严,“你们在这里做什么?”

“您的听力有问题吗?”玛莎说道,“我们是来找瓦金中尉的,情况紧急!”

“这个女人以为自己是谁啦?”其中一个人不满地说,“你怎么不回答问题?”

其他人一起把弓箭对准这个年轻的女人。

“让您的部下把武器放下，不然你们会后悔的!”玛莎喊道。

这一次，就连提丹也觉得玛莎做得有些过分了。

“队长，我们是不是要给她点教训?”其中一个飞行员说。

“我们是来帮助你们的!”玛莎终于失去耐心地叫道，“难道你们想全部都被暴君杀掉吗?”

玛莎这番话所带来的沉默并没有持续很长时间，那些飞行员开始咯咯地笑，接着又冷笑，最后终于忍不住哈哈大笑起来。

“一个女人跟一个小毛头要来帮助我们!我们得救了!”飞行员队长笑得喘不过气。

“一个小女人要来救我们出困境!”其他人一边大叫着，一边抹去脸上的泪珠。这真是个好笑的笑话，他们都笑出泪了。

看到他们这样子，玛莎很生气，她突然开动飞行器，向她前面的人撞去。等其他人反应过来的时候，都笑不出来了:玛莎把那个人手里的弩抢走了，而现在，那把被她抢来的弩正指着他们首领的头。至于提丹，刚才他的飞行器也跟着突然启动，他被猛地惯倒，幸好最后一刻及时抓住了飞行器的边缘，才没被甩出去。

“不要拉弓！”队长害怕地举起手，对玛莎喊道。

玛莎直直地盯着他的眼睛。

“一个小女人？嗯？”玛莎笑道，“别怪我没提醒您，如果您的部下有一个胆敢拉弓的话，在他们的箭碰到我之前，我的这支箭就会先把您射穿。”

“放下你们的武器！”就在队长对他的部下下命令的时候，提丹终于费力地爬上了他的飞行器。

“一个女人和一个孩子能够帮助你们，就有那么好笑吗？”玛莎接着说，“也是，干吗要帮助你们呢，早知道你们是这么坏的话！”

“不是这样的，完全不是！”队长连忙叫道，“我们只是……”

“告诉我你们是谁。”玛莎打断了队长的话，把刚刚队长对她的问话又丢回给他。

“我是诺斯队长，这些、这些都是我的部下……我们奉命保护极光之国的北面。”

“看样子，你们赢不了了……”玛莎放下武器说道，“这时候他们应该到了。”

说完，玛莎把弩扔给它的主人。那个人默默地抓住从空中飞过来的弩，什么话也没说。

“我带你们去城堡吧，”诺斯说，“您真是太令人震惊了！我们很需要您的帮助，暴君的军队已经在那儿了。”

“不去城堡，我们要去见瓦金中尉。”

“是的，当然，当然！我们走吧。你们其他人，继续在这里巡逻，不管发生什么情况都要立刻用无线电跟我报告。”

说完，他就朝着太阳飞去，玛莎和提丹紧跟在他后面。提丹还不是很明白，在这短短的时间里究竟发生了什么。

“请原谅我们刚才对您的冒犯。”过了一会儿，那个飞行员队长开口说。

“不要再提这件事了，”玛莎说道，“您只要告诉我现在这里的情况就行了。”

诺斯清了清嗓子，开始讲述事情的经过。自从十三年前北方云国战败之后，极光之国就一直处在暴君的监视之下。

“然而今天，”队长接着说，“他把我们当成叛徒，马上就要率领军队来攻打我们，但是我们还没有找到可以抵抗他们的办法。本来也许可以跟他谈判的，但是现在米蒂尔在我们云上避难……”

“米蒂尔？”提丹大叫着打断了他的话，“她在哪里？您看见她了吗？”

队长调转了蜻蜓器，刚刚玛莎的惊人之举让他忘记了这个小男孩的存在。

“他是谁？”队长问。

“公主的一个朋友。”玛莎答道。

队长的脸顿时红得很厉害。

“您，您不会把刚刚的话……就是，您明白的……您什么都不会跟公主说的，是吧？”

“刚刚什么都没有发生过。”玛莎的大度使队长放下心来。

“啊……谢谢！太感谢了。”队长终于松了一口气，然后又转向提丹向他道谢：“也谢谢您，先生！”

“她怎样了？”提丹继续问道，“您看见她了吗？您看见米蒂尔了吗？”

“没有看见。不过，我知道她是昨天晚上到的，来参加起义军委员会。可是，没人告诉我们暴君的军队会来突袭。不过，好像有个笨蛋发了一封没有译成密码的信息，然后……啊！我们到了！你们看到了吗，就在那儿！那是瓦金和他的部下。”

提丹和玛莎使劲眺望。在几千米之外的地方，雪白的土地上有一个黑乎乎的点。

“谢谢您，队长，”玛莎说，“我们可以自己过去了。”

很快，提丹就看清那个黑色的点是一个帐篷，搭建在众多蜻蜓器之间。帐篷周围聚集着二十几个战士。只要再飞几分钟就可以到了！一想到马上就要重新见到瓦金和米蒂尔，提丹感觉自己的心跳得很快。但是，玛莎却没有继续朝正前方飞去，而是突然改变了飞行航线，飞到高处去了。

“喂！我们去哪？”提丹抗议道。他的蜻蜓器依然被设置成和玛莎的蜻蜓器保持动作一致。

“你准备好了吗？”玛莎问。

“准备什么？”提丹看着脚底下那片白色的土地渐渐远离，不解地问。

“准备独自驾驶你的蜻蜓器啊！”

提丹听到这句话，脸上露出了灿烂的笑容，然后他整个人扑向蜻蜓器的操纵装置。

“当然啦！”提丹高兴地说，试图回想起玛莎还有奥德尔其他飞行员的高超飞行技巧。

翻筋斗、半转、盘旋……这些画面不断地在他的脑海中浮现。

“达琪要求我帮你激发你的天赋，这就是我接下来要做的事情。”玛莎接着说道。

提丹因为玛莎的声音突然变得严肃而深受震动，同时也感到了一丝担忧。

当提丹的蜻蜓器终于摆脱玛莎控制的时候，他们已经飞在距离地球表面两三千米高的高空。提丹慢慢地俯身向左，飞行器也向左偏离了轨道。提丹又拉起操作杆，蜻蜓器就飞向了高空。

“哈哈哈！”提丹有些飘飘然地叫道。

他自由了！他飞起来了！

“接下来要我做什么呢？”过了一会儿，提丹问。

“达琪说这要靠你自己去发现。”玛莎答道。

“啊？”提丹叹了口气。

“祝你好运。”玛莎又说。突然，当提丹的蜻蜓器在空中胡乱飞来飞去的时候，他头盔的护目镜突然一片漆黑，什么都看不到了。

“不要！”提丹惊叫起来，“玛莎！我什么也看不见了！发生什么事了？”

他松开操纵杆试着拿开他的头盔，但是没有用。

“玛莎！”提丹又胡乱地抓住操纵杆呜咽地叫着。

但是他却听到玛莎轻轻地说："祝你好运，提丹。"然后，一切归于寂静。

第八章

现在，提丹只能听到自己的心跳声。戴着头盔的他既看不到光，也听不到声音。他现在是一直往上升吗，还是水平前行呢，难道说蜻蜓器正在往下掉？他其实一点儿都不知道。

“我要摔死了！”提丹很害怕地想着，“我救不了汤姆了！”

眨眼之间，过去的经历都在脑中一一晃过。他又看见了他在蓝莓村上的房子，还有最后一次看到的妈妈，为了让他能够逃出来而牺牲了自己。他又看见他们逃到白云城，并遇到了瓦金。之后是辛迪城的战役，还有汤姆被捕，接着是坠落森林的奇遇……然后又是莎妮和米蒂尔，最后汤姆的脸出现在他眼前，之后一切都消失了，只能看到黑暗中的几个白点。

其中一个白点射出一束光，亮得几乎使人的眼睛都要瞎掉。提丹想移开视线避开这股亮瞎眼的光，但是他发现自己所有感官都失去了知觉：几分钟前还擦过他胸膛的风，现在再也感觉不到了，也感受不到自己正抽搐般紧紧抓着蜻蜓器把手的双手，甚至连自己的心跳声也听不到了。仿佛时间停滞了，而他的身体好像也不再是他自己的。

之后，那个发光的点慢慢变大。很快提丹发现那是一颗球，一颗巨大的球，正向宇宙喷射出巨大的能量。事实上，那颗球看起来并没有那么白，而是被染成了淡淡的橘红色。

“太阳？是太阳吗？”提丹惊讶地问自己。

是的，那肯定是太阳。但是，就在他这样想的时候，又有另外一颗球出现在他面前，比刚才那颗小很多，而且球的表面到处坑坑洼洼的，和他在达琪的记忆中看到的月球很相像。太阳的热量和亮度非常巨大，似乎可以将这个小小的球粉碎掉。

“达琪？您在那儿吗？我到底怎么啦？”

没有人回答他的问题。

接着，他慢慢远离了太阳，但是仍然可以看到太阳刺目的光芒从他身边穿过。

远远地又出现了一颗小小的球。它整个都是红色的，而且两极好像都戴上了一顶冰帽子。圆球上面有一些峡谷和一些刚刚形成的群山。提丹不知道为什么会出现这种情况，但是他觉得这颗红色的球过去曾经庇护过某种原始生物，没准这种生物还生存在它的表面。

“如果你掌握了你的天赋，你的精神力将能不受限制地在时空中遨游，”突然一个声音在他的脑海中说，“你可以轻易获取目前人类所知道的关于地球和宇宙的全部知识。刚刚你看到的第一颗小球是水星，第二颗则是火星。那是离太阳最近的两颗行星。现在我们看到的是第三颗。”

“谁在跟我说话？”当第三颗小球出现在提丹面前时，他问道。这颗小球以一种疯狂的速度在宇宙中运转着。“这，这是地球！”提丹叫道，“可是为什么它转得这么快呢？它怎么了？”

“地球以每小时超过一万公里的速度绕着太阳转动，”那个声音答道，“现在看看绕着地球转动的月球。”

地球是个混合了白色和蓝色的球体，那是白云和海洋的颜色。而月球表面看起来则是一堆的坑。

“我在这儿做什么？”提丹问，“为什么我能看见这一切？还有，您是谁啊？”

“看一下你后面？”那个声音说道。

提丹转过头，看见从太阳表面喷射出一个巨大的环状物，闪闪发亮而又灼热滚烫。突然，那个环状物爆炸了，喷射出许多神奇的物质，那些物质溅到太空中，溅向提丹。

“这……这是要涌向地球吗?”就在那股物质以一种惊人的速度向他靠近时，提丹大叫道。

“没错,”那个声音答道，“当人类在地球上自相残杀的时候，宇宙一直持续着这种激烈的物质活动。”

“可这是要做什么呢?”提丹叫道，“这是要摧毁地球吗?太可怕了!”

“地球可以阻挡一部分来自宇宙的攻击，但不是全部。没有什么比宇宙的力量更强大。”

看到这一切，提丹完全震惊了，甚至没有意识到自己正围着地球转圈。突然，他已置身在夜晚的黑暗之中。

提丹看到地球的南极和北极都被一大片的冰覆盖着。北边的冰原闪闪发光，像镜子一样反射了太阳光，而南边的冰原被黑暗笼罩，那里正处于冬天。

“不要走神,”那个声音在他脑海中说道，“如果你想看下去的话，就要集中精神……”

“可是我会怎样?会摔死吗?”当提丹发现自己正冲向地球表面的时候大叫起来。一块小石子加入了他的旅程，陪同他一起穿过大气层。但是小石子移动的速度比他快得多，一接触到空气就开始慢慢熔化，直至变成了一缕光痕最后消失不见了。提丹并不知道自己刚刚见证了一颗流星的诞生和消亡。

“地球上所有的能量都是来自太阳，”那个声音又说道，“是太阳为一切生命提供了热量、天空、海洋，还有土地。现在，你知道暴君正在做什么吗？”

提丹远远地看见下方有一座城市，甚至还发现在城墙边排列了好多蜻蜓器，应该有好几千架！

“他要攻击极光之国！”提丹叫道。

“是的，”那个声音答道，“他们之所以攻击极光之国，就是为了控制极地。如果暴君成功了，他就掌控了整个地球的天空和海洋，他可以任意冰冻或者燃烧任何一个他想摧毁的城市。”

提丹现在离地面只有四五千米了，即使他完全听到了那个声音对他说的话，他也什么都不明白。他看着下方的极光之国越来越大，然后突然看见三支庞大的暴君军队正往南挺近。这些军队穿过了冰天雪地的群山，越过了极光之国云下的深黑海洋，正朝着一座外形像颗海星的城市驶去。在每支军队的前头，提丹看见一些穿着蓝白飞行服的小小身影。

“你明白你的责任是什么了吗？提丹？”那个声音问道。

“嗯？”提丹叫起来，“我的责任？我不知道啊！我应该做什么？”

他将视线投向那座城市，视线全速穿过所有的建筑物，最后聚焦在一个被巨大玻璃观景窗罩起来的圆形会议室。在那里，他看到了米蒂尔，她和一群男人、女人坐在一张桌子上，这些人正指手画脚地大喊大叫。

“敌军到了！”提丹朝那群人大叫道，然后又飞出了会议室，飞到离地球表面大约一百多米的高度。他径直往西飞去，穿过了起义军的军队。他们自认为是极光之国的保护者，可他们的数量和装备远远逊于暴君的军队。

突然空中出现一个亮点，正朝着地球飞速下落。提丹没有半点迟疑，本能地向那个亮点全速飞去。他尽可能快地飞着，因为这个亮点带给他一种奇怪的紧张感。很快，提丹就看清了，那个点其实是一架蜻蜓器，而那光是从里面一个男孩的脖子上发出来的。

“那……那不是我吗？”提丹认出自己的时候惊讶极了。

就在这时，风开始从他的耳边呼啸而过，拂过他的胸膛，他颤抖的手指将蜻蜓器的油门拧到最大。他已经回到身体里了。他刚刚在太空中遨游，看到了水星、火星和地球，还看到了太阳向它的行星喷射出光芒和力量。而现在他又重新回到他的蜻蜓器上了，而且他马上就会撞到一块大浮冰！他从天上掉下来的速度真的很快。但是这时候，情况发生了变化。

他的护目镜虽然仍是漆黑一片，但是他却看见了，不止看到山峰和丘陵、冰原和大海，他还看见了风！甚至看见风如何制造急流，使浮冰松动并倾斜向天空。

提丹不再像个门外汉一样拧紧他的蜻蜓器的油门，而是放松了双臂和身体，让飞行器飞向其中一个急流，一个看起来比其他的都要猛烈的急流。

在距离那块浮冰大概两米的高度，蜻蜓器慢慢停了下来。他成功了！他得救了！

“我刚刚看到了其他人在课上学到的东西！”提丹很高兴，“我学会了感知风！”

这时，他的护目镜又变成透明的了，提丹惊奇得忘了控制飞行器，蜻蜓器像一颗子弹一样往前冲，撞在大浮冰上，滑出了好几十米，中间还弹跳了好几次，最后终于停下来，一头扎进雪堆里。

差点被撞晕的提丹嘴里嘟囔着，艰难地爬起来。他全身都很痛，一站起来，雪就纷纷从他连身衣上落下来。他像一个被鬼魂附身的人一样挥舞着手脚，想把身上的雪抖落下来，但是他突然发现，这里还有别人。

瓦金、玛莎和二十几个飞行员就站在离他几步远的地方。玛莎还有那些飞行员都目瞪口呆地盯着他看，反而是瓦金脸上没有任何表情。

“你来得太晚了。”瓦金说。

从远处的天边，射来一些光亮，就像烟花一样照亮了天空。

暴君的士兵正在对极光之国的居民进行猛烈的炮轰。

“我们要通知米蒂尔，”提丹虚弱地说，“我们要告诉她太阳……”

瓦金睁大眼睛走近提丹，玛莎也跟在他身后。

“你成功了吗？”瓦金表情很惊讶地问道。

“你看见什么东西了？”玛莎也接着问，她的双手扶住提丹的双肩使他站起来。

“我看见了太阳，”提丹回答，“我们要通知米蒂尔……”

瓦金的部下刚刚目睹了一场奇迹，提丹从天上全速下掉的途中居然能及时停住蜻蜓器，而没有撞到冰上。他们这会儿一动不动地傻看着他。

“虽然停住了，但他应该还是撞到了。”其中一个评论道。

“是的，应该是这样，”另一个说，“他在胡说八道些什么，真应该检查下他的脑袋……”

提丹受伤了，有一点点血沿着他的鬓角流下来。玛莎一边扶着他，一边用她的衣服袖子帮他擦去血迹。瓦金则转身对他的部下命令道：

“立刻准备！我们在两分钟后起飞。”

“好的，中尉！”他们齐声答道，然后赶忙向他们的飞行器走去。

瓦金这时把自己的双手搭在提丹的肩膀上。

“你已经可以预见接下来的天气了吗？”瓦金直勾勾地盯着提丹的眼睛问道。

提丹摇了摇头。没有，他并没有看到云和雨，而是看到了其他东西。那跟天气有关吗？也许吧，他不是很确定。

“我看见了太阳！”提丹又说。

“是的，我们知道，”瓦金叹了口气，然后举起手指向天空，“太阳在那儿呢。”

“不，不是这样的。我刚刚就在太阳旁边，它很巨大，而且它向地球喷射出巨大的爆炸能量……”

“是太阳风暴！”玛莎叫道，“你做到了，提丹！”

“是什么啊？”提丹问道。

“爆炸什么时候开始？”中尉也很想知道。

“我不知道……我看见它的时候，它刚从太阳那儿飞向地球。”

瓦金后退了一步。

“我不相信你做到了。”话音刚落，瓦金微微颤抖的嘴角却不经意地流露出微笑。而玛莎和他一样。“谁知道呢，也许现在出发还不迟。”

瓦金戴上他的头盔，集合他的部下，不一会儿，他们就向着那个被包围的城市飞去。

太阳耀斑

在地球上生活的我们觉得太阳每一天都是一样的，除了早晨和傍晚看起来可能红一点外，白天的太阳就像一颗永远不变的大黄球。

然而，通过望远镜观察太阳的科学家们就会知道，事实并不是这样。透过一种专门的望远镜可以看到，太阳的表面呈颗粒状，而且很疏松，好像布满了沸腾的水泡。

这些“水泡”是星球内部喧嚣的表现。那些太阳表面的原子异常活跃，它们所带的电子很容易游离出去。我们把失去电子的原子叫做离子。

因为离子和电子都带有电荷，所以它们会因为与地球的距离变化，而以不同的速度向四周移动，从而产生一个极其强大的电磁场。

极光是永远存在的，尤其是当太阳耀斑引发激烈的太阳风时，我们只需通过肉眼就可以看见。

这些电磁场可以在太阳表面形成巨大的环状物（这种电磁环比地球大好几千倍），这些环状物里充满了温度高达 5600 摄氏度的能量物质。太阳表面的活动有时候会使正负电磁场互相接触，于是形成短路，短路产生的热量可以使环状物的温度上升到好几百万摄氏度，这就是太阳耀斑。当这些电磁环打开的时候，就会释放出超级强大的能量，并向太空中喷射出离子，这就是太阳风。而这些太阳风要从太阳表面到达地球则需要花上几天的时间。

一般说来，我们的星球也就是地球，有它自己的电磁场，可以抵御来自太阳电磁场的攻击。地球上的这道防御盾牌是由地底6000千米以下的液态铁产生的。但是有时候，太阳耀斑过于强烈，地球的电磁场就不能完全抵御了。于是从太阳表面发射出的一部分离子就会穿过大气层来到地球的磁极，也就是地球的两极，这样就形成了世界上最美丽的景色之一：北极光（在北半球）和南极光（在南半球）。

那些最强烈的太阳耀斑甚至还可以扰乱整个地球的电磁场。这种情况在1989年的时候曾经发生过。那时候，魁北克的大部分地区都因为没有电力而陷入黑暗当中，因为加拿大就位于地球的北磁极圈。

> *在17世纪，地球电磁场的极圈和今天相比更靠近赤道，因此人们在巴黎就可以看见北极光。*

太阳的活动周期是11年。今天太阳活动的观测计划由欧洲空间局和美国宇航局共同负责，名为“SOHO计划”。我们通过不断地观察太阳活动，就可以预测太阳风的到来。

下一次大型的太阳耀斑预测将于2013年[①]到来。

---

① 本书法语版为2012年出版。

第九章

米蒂尔坐在马尔科的蜻蜓器后面，自从被迫离开提丹，她就再也没有说过一句话。奥德尔的上百名飞行员以紧凑的队形跟在他们队长后面。米蒂尔一心只想着即将发生的战争，似乎已经能够预见战争之后的糟糕情况了。她试着去弄明白现在身处的这个冰雪世界。极光之国并不是他父亲的王国，但是云上的风景却如出一辙。米蒂尔不禁怀疑起自己，连父亲都失败了，那自己怎样才能成功呢？

那些看起来一模一样的雪丘一座连着一座，绵延了好几万米。天边的一角，天空明亮且布满星光，好像永远都不会变。极光之国正在它的云上闪闪发亮。

就在飞近城市的这几分钟里，米蒂尔寻思着，这里的人们怎么习惯有六个月完全生活在白天而另外六个月又一直生活在黑夜中呢？当然，她找不到答案。

“他们在那儿。”马尔科突然说。

极光之国出现在他们前面，就在脚下一千米远的地方。那座城市建立在一朵浮云上，飘浮在一块大浮冰的上空，离地面只有一百多米。再往北去，到处都是平坦的冻土；而南面，我们可以看见一道黢黑的海湾，横亘在浮冰和积雪的山脉之间。

“起义联军已抵达城市，”马尔科确认了一下，“你们看到了吗？”

“是的，队长。”他的部下答道。

米蒂尔扫了一眼，发现联军的数量不是很多。然后，她又仔细观察起那座他们需要保卫的城市。

它跟奥德尔极不相同，奥德尔的建筑几乎有一半已经坍塌了，但是在这里，极光之国却很干净，对称设计的建筑物颇具现代感。每一处房子都围绕着中间的一座中央塔楼，形成环形。塔楼有好几百米高，顶端有一个不透光的玻璃球，玻璃球闪烁着橘红色光芒，照亮了整个城市。

“你们和其他人先找个地方安置下来，保持警惕！”马尔科对他的部下下完命令就带着米蒂尔飞往城里。

他们先是在两朵布满防御塔楼的卫星云中穿行，最后才到达了极光之国。马尔科几乎贴着云层的表面飞行，在荒无人烟的街上他加快了速度，然后之字形地在楼宇间穿梭。从

窗户前飞过的时候，米蒂尔看到这里的屋子温暖舒适，跟冰雪封冻的白色大街形成了鲜明的对比，只是当她发现这些大人或小孩因看见她而惊恐万分的时候，她感觉很揪心。

没有一个人敢走到大街上以身犯险，在他们看来，自己的屋子就是最好的避难所。所以极光之国的居民都躲在屋子里，提心吊胆地等待着暴君军队的攻击：他们清楚地知道，在暴君统治下的近十五年里，没有哪一座城市可以在他军队的攻击下熬过几个小时。城里回荡着警笛声，预示着战争正在迫近，而在米蒂尔看来，这可怕的声音只是让弥漫在城市里的紧张情绪更加深重。

“我们到了。”马尔科一边减速一边对米蒂尔说道。

他们朝城市的中央塔楼下降。从下往上看时，塔楼看起来非常巨大，就像一根长长的云梯直通天空，都快触到星星了。马尔科的蜻蜓器停在一扇雕花大铁门前。门口有四十多个身穿厚实连身衣的守卫，头戴不透明的护目镜头盔。他们每个人都背着一把弩。

有两个人朝他们走来。

“不要给我丢脸！”马尔科一边扶着米蒂尔走下飞行器，一边不忘低声警告她。

公主推开马尔科的手，她宁愿自己从上面下来。

“还有，不要暗中耍花招，”他补充道，“否则你的朋友就要付出代价！”

“报出你们的名字！”其中一个守卫命令道。

“这是米蒂尔公主，北方云国的合法继承人。而我是奥德尔的马尔科队长。我刚刚跟你们的少校通过无线电了，他在等我们呢。”

尽管隔着护目镜，米蒂尔看不到守卫们的眼睛，但她感觉那两个人带着怀疑的眼神盯着马尔科。最后他们还是让开了，其他守卫撤去布防，打开了门。

“要进这里也不是太难嘛。”马尔科一进门就说道。

他径直走向一个用铁链悬吊在塔楼中的铁笼子。

跟在马尔科后面的米蒂尔抬起眼睛看了一眼塔楼，才发现那座塔楼是中空的，而且很高，高到米蒂尔看不到它的顶部。

“过来！”马尔科对她说道。等她走进铁笼子，笼子的门就关上了，然后开始上升。

“所有云国的起义军首领都在上面，”马尔科说，“你的任务就是说服他们联合起来听我的指挥。你听懂我的话了吗？你能做到的！如果你做不到的话，情况就会很混乱，他们可不是慷慨大方的人，这一点你很快就会知道了。

米蒂尔压根儿不想听他说话，但她还是点了点头，心里却暗暗希望一旦到了上面能有机会跟极光之国的女长官说上话，几个星期以前，她曾在暴君的宫殿里遇见那个梳着奇怪发型的女长官，她看起来很想帮助自己。

铁笼子停了下来，笼门打开了，一阵嘈杂声很快充斥了他们的耳膜。

“不要忘记了，我可指望着你呢！”马尔科把米蒂尔推出笼子的时候低声警告她。

眼前这个房子是一个直径大概有五十多米的圆形屋子。透过屋顶巨大的玻璃观景窗我们可以看到天空美丽的全景。屋子中间摆着一张椭圆形的长桌，围着长桌站着一群身着奇装异服的男男女女，他们正在激烈地争论着。

“肯定不会是你们，你们的驻军都是一群胆小鬼，怎么可以指挥我们的战士呢！”一个戴着一顶像鹿角的帽子的女人大声嚷嚷道。

“那你说谁好呢？难道是你们这群妇孺？”一个男人气得满脸通红地反驳道。

“只有像我这样的领袖才知道怎么领导你们取得胜利！”另外一个宣称。

“一个像您一样的家伙？”那个女人哈哈大笑地挖苦他，

“还不是一样？很快就在暴君的手里求饶！”

那些起义军的首领只顾着争吵，没有人察觉到米蒂尔和马尔科的到来。

“那就投票吧！”一个男人推着一个年轻的士兵来到桌子面前，喊道，“就由这个不相干的人来统计票数！”

于是那个士兵打开一张张纸，最后统计发现所有的领袖都有一票，显然都是自己投给自己的。

“你现在明白了吗？”马尔科俯身在米蒂尔耳边，低声说，“每一次都是这样！他们想投票选出一个人来领导军队，但是每一次都只能得到自己的票。之后除了争吵还是争吵，永远也没有什么结果。只有你的父亲才能使他们冷静下来……”

“你认为我在作弊吗？”突然，一个男人对他旁边的人喊道。

“你当然做了手脚！你得到了两张票，多出来一张！”那个人大叫着，指着刚刚那个士兵从帽子里拿出来的两张一模一样的选票。

“哼，如果我得到两票，那就说明我当选了！”

“弄虚作假的人会得到惩罚的！”那个控诉的人说着就从他的袖子里抽出一把刀。

其他人很快就开始打赌这场争斗最后谁会赢。看到这一切，米蒂尔不可思议地望着马尔科。

“那个作弊的人，叫做季高，他来自西边的云国，”马尔科丝毫不感到意外，冷漠地对米蒂尔解释，“另外一个呢，是来自暴君的中央云国的乔里。他以前是一个农民，不过他的村庄在很久以前就被摧毁了。他也作弊了，不过比季高要好些。这两个人彼此厌恶已经很久了。”

现在那两个争吵的人手里已经拿上了武器。他们互相对视，像动物在决斗之前一样，绕着圈圈。那些围观看好戏的人自动撤开，给他们腾出打架的地方。

“尽管这样，他们也不可以自相残杀啊！”米蒂尔惊恐地喊道。

“啊，不！至少争夺指挥权的候选人就少了一个，”马尔科回答，“我打赌乔里会赢，或者，把这两个作弊的人都关进监狱。像这些舞弊者……”

“什么啊！您脑袋糊涂了吗？”米蒂尔大叫着，想要去调停这场决斗，“暴君就要来攻打我们了，而你们却还在这里打架？马上把你们的武器收起来！”米蒂尔命令道。

“让开，小丫头！”季高说着想绕过米蒂尔，“小孩不要管大人的事。”

“你会受伤的，”乔里也出声说，“这个笨蛋可是不长眼睛的……”

“你说什么?!”

“停!”米蒂尔大声喊道。

“这个女孩是谁?”房间里有个人问,“是谁让这个小丫头进来的?难道这也是一个危险的战争狂热分子?”他说着转过身,看着他身边的女人。那女人脸上挂着讽刺的笑。

正当那个女人也拔出刀时,米蒂尔发出一声刺耳的尖叫声把所有人都震惊在了原地。马尔科害怕自己带来的筹码受到伤害,所以赶忙走到公主的身旁。他抬起双手,示意大家冷静下来。

“看啦!是这个白痴马尔科把她带来的!”有人松了口气,“差点就……”

“女士们先生们,”马尔科以一种庄严的口气说道,“这是北方云国的继承人米蒂尔公主。”

那群人听到这话的时候都惊呆了,之后,那些起义军的首领们就开始窃窃私语,直到乔里重新开口才打破这种局面:

“你有证据吗?”

马尔科展开暴君的通缉布告,用手提着以便所有人都能看到。

“她肯定就是公主!”他把那张羊皮纸放好说道。

现在所有的目光都瞄准了米蒂尔。这时米蒂尔已经远离那两个决斗者，带头在圆桌边坐下来。

“这个证据不是很有说服力……”其中一个人说，“你该不会是在玩弄我们吧？”

“就是她！”马尔科坚持己见。

“他说的是真的！”米蒂尔证实了马尔科的话，“极光之国的长官在哪？为什么她不在这里？”

没有人回答她的问话。

“我觉得她的鼻子很像她父亲。”有个女人低声说。

“耳朵也像。”其他人纷纷附和道。

“她的耳朵更像她的妈妈……”

“而且年纪也相符……”

马尔科屏住呼吸站在公主后面。

“有谁可以告诉我长官在哪儿？”米蒂尔又问了一遍。

“她被抓走了，”一个女人说完，坐在了米蒂尔的对面。“无论你是不是公主，你都很有胆量，欢迎你。”

“长官被一个小男孩叫走了，”一个男人走过来坐下，接着说，“那个男孩子是今天早上来的，他来敲门，就是这么简单。不过他的腿上受了点小伤，长官就跟着他走了。他们走到山后面就不见了，从那以后再没有人见过她。”

“那个男孩叫做巴尔萨。”第三个人说。

令马尔科感到大为欣慰的是，最后所有人都围着桌子坐了下来。

然后，他们一个个向公主作自我介绍。一共有二十三名首领，他们的部下加起来，大约有2000多名士兵，所有人都来自暴君王国的不同地区，而且每一个人都经历过家园被毁的惨痛。他们想要报复，更重要的是，还想获得权力。

最后一个人刚刚介绍完自己，就听到一个扩音器响了起来：

“**大家当心**！有三支敌军的蜻蜓器战队正朝我们逼近，预计还有12分钟就会到达我们的城市，数量大约有一万五千架。”

大家听到这则消息都沉默了。这些受过训练的战士都盯着米蒂尔，等着她下命令，想要她告诉他们应该怎么安排作战。米蒂尔突然觉得特别孤立无助，她多么希望自己的父亲就在这里，告诉他们接下来应该怎样做！米蒂尔的作战经验仅仅来自于布里吉上校，也就是汤姆的父亲给他讲过的历史故事。

第十章

令马尔科还有那群反抗军大为惊讶的是，米蒂尔只是站起身来走到玻璃窗前。

很长时间，她丝毫不理会那些在她身后的窃窃私语声，也没有回应马尔科的话。马尔科试图游说公主，如果公主还没有准备好的话，那很自然，他可以代为指挥，但他的游说只是徒劳。

看着敌军的蜻蜓器飞过浮冰，米蒂尔闭上了眼睛，现在看与不看对她而言都一样了：这场即将发生的战役从一开始就已经输了，除非这时候大自然能告诉她应该怎么做。

米蒂尔集中精神听着这个世界的一切，她感觉到自己的意识离开了身体，慢慢地穿过观景窗，任由那吹向塔楼顶的风把自己带走。她的感知力像一颗不断膨胀的水泡，在空中开始扩张，不断地变大，变大。

“那些起义军首领一个个都被权力冲昏了头，”米蒂尔心想，“却没有一人在担心这个城市的居民会怎样……”

米蒂尔的感知之泡穿过墙面进入住宅楼里，那些男男女女还有小孩们的害怕使她都发抖了。

就像在森林村的时候，住在地底的居民守护着村庄的秘密，那个被米蒂尔感知到的秘密在他们眼里，是一种比他们的生命还宝贵，却又无力守护的东西。他们并不为自己的性命担忧，而是为整个星球担忧。

米蒂尔的感知之泡还在继续膨胀。它穿过驻扎在城里的军队、浮冰，最后猛然扎进冰水里。

完全出乎米蒂尔意料的是，她在那里感受到希望的浪潮涌向她全身的血管。和她跟提丹在悬崖边感觉到的死亡之海很不一样，地球上的这部分海洋还没有死亡！在极光之国之下的这片白色世界里，隐藏着生命的存在。阳光几乎无法照耀到这片海域，但是这里的生命却很丰富！鱼类、甲壳动物、鲸还有其他大型海洋动物优哉地游走。它们还不知道，不久之后，暴君会把冰层融化，所以这里的洋流会发生改变，海水也将变淡，而这一切会给它们带来危险，虽然暂时不会危及生命。就这样看着它们在深海里遨游，让米蒂尔觉得特别惬意。她很想留在这里，跟它们一起分享生命的喜悦，忘记自己的肉体，让精神在冰下肆意畅游，远离那些战争和暴力，一直到时间的尽头，让精神无所不在！

然而她不得不离开这片安静的世界。因为在空中，那些敌军的蜻蜓器刺破了她的感知之泡。他们的战斗力是如此之强，以至于米蒂尔被强行拽出了她的感知世界。回到浮冰表面的时候，米蒂尔看到了被困在冰块中的小气泡，它们是那么的小，小到肉眼几乎看不见，但却随处都有。

米蒂尔的心开始剧烈跳动，它们仿佛很想告诉米蒂尔一些很重要的东西。米蒂尔聚精会神地看着它们，发现被困在这里的空气跟地球表面的空气并不一样：被困在这里的都是远古时代的空气。

正当她寻思着这是不是极光之国居民想保护的秘密时，突然她又受到了新的干扰。米蒂尔的精神被扰乱了，这一次不同于暴君蜻蜓器产生的影响力，而是一股不知名的力量，来自起义军首领们聚集的屋子，而且这股强大的力量足以硬生生地把米蒂尔吸引过去。米蒂尔根本无法抵抗。

于是感知之泡迅速缩小，米蒂尔又回到了塔楼顶的这间屋里，感觉精神恍惚。她从来没有感受过这样强大的力量。精神之力和知识混在一起，散发出的力量是如此强烈，使得米蒂尔情不自禁地睁开眼睛。恍惚中，她似乎看到了提丹透明的身体，在某一瞬间穿过了这间屋子。米蒂尔很震惊。

“他成功了！他做到了。”米蒂尔喃喃自语，脸上露出这几个月以来的第一次笑容。

就在这时，第一批敌军的箭开始射向城市，起义军的首领们突然停止了讨论。

“跟上我！”米蒂尔说着就向电梯走去。

使马尔科大为吃惊的是，所有的首领都站起身来，听从米蒂尔的指挥。

他们从米蒂尔的命令中听到了往日她父亲的声音。

第十一章

汤姆、唐纳、乔安娜和亨利都站在山顶，用望远镜眺望到其他三个营队已经把极光之国团团包围。城里的主要建筑物已经燃烧起来，而居民们也开始从城里出逃，纷纷逃向极光之国辖区之外的小块云朵。

“我们还在等什么呢？”亨利不耐烦了，“我们也应该进攻啊！我都已经告诉你们要怎么做了！”

而那几个由国王指派来评判他们工作的风力大师和暴风雪军官只是站在他们后面，没有发话。汤姆很怀疑如果那两个人不在这儿的话，身后这些士兵恐怕早已暴动了。他们的不满声越来越大，在山谷里造成了震耳欲聋的轰鸣声，甚至引发了小小的雪崩。他们没有一人对这四个小屁孩有信心，因为这几个小孩对于要去攻占那座城市似乎很害怕。

“我们肯定会是最后一名，到现在我们都还没开始呢！”亨利呜咽地说，“唐纳！你快点做决定吧！”

“亨利说得没错，”乔安娜插话道，“必须出发了！我们不能再犹豫！”

唐纳还在想着什么。他同意汤姆的分析：驻扎在城市里的起义军迟迟没有动作！他想不通，这使他很困惑。难道他们的首领有什么特殊战略？或者有什么秘密武器？

他刚刚看到一个铁笼子似的电梯从云上降落到浮冰上。另外，那些和大军对抗的叛军飞行员人数不多，而且好像并没有任何对策。可是当装备精良的国王蜻蜓器一架架降落在他们面前时，丝毫没有引起反叛军的恐慌。这真是太奇怪了。

“他们太没用了！”亨利叫道，“不用十分钟，就可以把他们打得落花流水！”

“没错，”唐纳说道，“但这就是奇怪的地方……”

他无法相信，如此轻易就能破坏极光之国的防御抵抗。虽然看起来好像只有那些卫星云上的小塔才有一点点防御能力，而驻扎在塔楼上的人却连一支箭也没有射出来，不知道的还以为他们接到了“不允许伤害进攻者”的命令。真是荒谬！

伊莎贝尔和弗雷德里克的军队追击着反叛军的飞行器。反叛军的飞行员根本无力还击，纷纷从蜻蜓器上跌落下来，有的甚至连人带机器直接摔到了地上。之后飞行员们跑回城里集合。

唐纳看着交战双方的战事，然后问汤姆："你有什么看法？这场战役很奇怪，不是吗？你同意我的看法吗？这里面肯定有问题！"

"是啊……"汤姆也很担心地说。

这是一场灾难啊！以这种速度下去，就跟亨利说的一样，不用几分钟他们的对手就会被打败了。但是汤姆必须不惜一切代价建立功绩，不然国王永远都不会同意放了他的父母，还有莎妮。

他用望远镜扫视了一遍天空想要找到巴尔萨，终于在极光之国的右侧看到了他，他停在好几百米高的地方。他的一部分军队就飞在他身后，他们的蜻蜓器底下吊着一些大大的锅，锅里正冒着热腾腾的蒸汽，而剩下的士兵负责为他们打开一条通往极光之国的路。当巴尔萨下了命令之后，汤姆就看见那些士兵冲向城市上方，开始往连接卫星云的冰桥上倒下一种滚烫的液体。很快，冰桥融化了，而那些建在卫星云上的防御塔也坠毁在浮冰上。

"这可是我的主意！"唐纳叫道，"我做梦的时候想到了！"

城里大部分建筑已被弗雷德里克和伊莎贝尔的火箭射中，纷纷陷入火海。从主城逃逸出去的飞行云也越来越多，云上居民们急切地想逃离这座被包围的城市。

“我们至少要抓住那些逃亡者！现在也只能这样做了！”乔安娜说道。

“还有，攻打那些逃进城里的飞行员，”亨利接着说，“飞行队的队长肯定在里面！”

“这一切都太过简单了……”汤姆若有所思地说。

“本来就很简单！这些叛军根本就是乌合之众，不堪一击！”亨利叫道。

“可能，”唐纳最后也承认，“可能你说得对。好吧，你带上两千士兵攻打躲在云里的叛军，乔安娜你也带上两千士兵抓住那些逃跑的居民。”

“那你呢？”亨利问道。

“我跟汤姆留在这里，想办法抓住极光之国的长官。”

“嗯，”那个风力大师轻咳一声然后在本子上写着什么东西，“你们没有看报告，那个长官已经被抓了。”

四个孩子转过身，惊讶地看着他。

“是巴尔萨吗？”唐纳问，“是他把长官抓住的吗？”

“没错，”风力大师证实了唐纳的想法，“就在好几个小时以前。”

“他？他是怎么做到的？”

“不同团队使用的战略会在比赛结束后进行比较的。”那位暴风雪军官说道。

“哎呀！天哪！天哪！”唐纳生气地叫道，“走吧！我们也去进攻！”

“马上就去！”亨利说着跑向他的蜻蜓器。

乔安娜也跑开了，他们两个听从唐纳的命令，分别带上一部分早已很不耐烦的士兵往极光之国飞去。暴风雪军官和风力大师也跟着去了。

汤姆一言不发地看着他们飞远。这时，一小队叛军飞行器的突然出现引起了他的注意。那队飞行器是从西边来的，几乎贴着浮冰飞行，而且看起来比其他飞行员的技术好很多。他们也是飞往极光之国的。

“看哪！”汤姆对唐纳说，“那里发生了什么！”

那队新来的叛军在浮冰上降落，其中一人跑向了电梯。不一会儿，使汤姆大为吃惊的是，所有叛军的飞行员都撤离了战场。

“见鬼了！”唐纳叫道，“作战结束了！”

“不，”汤姆说，“不是打完了……而是他们在准备什么东西！”

汤姆紧盯着那群在浮冰上集合的人，感觉自己的心怦怦怦地乱跳：现在是时候轮到他表现了，他很确定！与此同时，那些叛军的飞行员一个跟着一个站在浮冰上，向天空中举起双臂，做出投降的动作。

“我们是最后一名了，”唐纳哀叹道，“都是我的错，我本来应该早点决定进攻的……”

汤姆没有听到唐纳的话，他正透过望远镜观察那群围着升降梯的人。人群开始走动，而其中一人走路的姿势特别熟悉。

有没有可能是……

“瓦金！”汤姆突然叫道，“那是瓦金！”

“是谁啊？”唐纳问。

“瓦金！”汤姆又重复了一遍，“战争不可能就这样结束！现在还差得远呢！”

汤姆的心跳得特别厉害，仿佛胸口就要爆开来。“如果瓦金在那儿的话，那么有可能……有可能提丹和米蒂尔也在！”

汤姆猛然转头望向西边，也就是瓦金和他的部下飞来的那个方向。远离极光之国大约五六千米的地方，有两个身影站在一座冰雪覆盖的山顶之上。汤姆看不清他们的脸，但是他能判断出站在那里的是一个小男孩和一个女人。

他们不是看着极光之国的方向，而是望着天空。

“是他！”汤姆说道，“那是提丹！可是为什么他会在那儿？他看着天空干什么呢？”

“汤姆！”唐纳叫道，“你怎么啦？战争结束了！我们输了！你醒醒啊！”

“才没有！”汤姆放下他的望远镜说，“你什么都不明白？国王军就要输了！瓦金很厉害的！而且还有……”

汤姆像一头被围捕的野兽，眼睛闪着亮光，额头滚烫。然而，空中只有国王军的蜻蜓器正从四面飞来，而叛军的蜻蜓器已经降落在地上，里面的飞行员爬出来站在旁边，高举着双手。

唐纳还没有反应过来，汤姆已经冲向其中一架蜻蜓器。他发动之后直接飞向空中，往提丹的方向飞去。

唐纳恼火地看着汤姆飞远。他现在很埋怨汤姆，简直恨死他了，为什么偏偏选择今天这样的日子发疯呢。

现在只剩下唐纳一个人站在山顶。风吹在他身后一千名士兵的身上，而他们的沉默足以说明一切。不管是亨利、乔安娜还是他，都不能向国王要求任何东西了。他们会成为学校的笑柄……

而且，唐纳也不能把一切的责任都推脱到汤姆身上，因

为从头到尾都是自己在指挥这些部队……

“我失败了……”他抬起眼睛望向极光之国。亨利和他的士兵靠近了城市，但是弗雷德里克和伊莎贝尔的军队挡住了他们的路。至于巴尔萨，他还在对最后剩下的几座完整建筑物进行炮轰。

唐纳想，就算乔安娜能够抓到几个逃跑的人，也没有什么太大用处了。现在的局势已经不是抓几个囚犯就可以有所改变的。

而当唐纳发现国王的碟形飞行器飘浮在城市附近的时候，他的心揪得更紧了。中央云国的国王肯定看到了这一切，也做了分析。其他军队都有行动，而他们队伍什么也没干。即便巴尔萨只有一个人，他也聪明地想出使冰桥融化的好办法，弗雷德里克和伊莎贝尔也成功地瓦解了敌军的队形。可是他自己呢，一直都跟着这一千名士兵站在山顶。

“我真没用。”正当唐纳还在哀叹的时候，天空中出现一道奇怪的亮光引起了他的注意。

那是一束绿色的光，正以一种超快的速度移动着。唐纳不可思议地看着那束光，然后大叫：

“这不可能！”

不到几秒钟的时间，那束光变得很巨大，而且往四面八风扩展，好像有一只看不见的手在人们头顶揉搓着这片美妙而透明的光束。

“汤……汤姆！”唐纳赶忙跑到山边，大声喊，“小心啊！”

然而一切都太迟了！汤姆蜻蜓器的仪表板上喷射出一些电火花，而人已经从蜻蜓器上掉下来，滚落到一座雪山上。

唐纳把目光转向极光之国，看到国王军队所有飞行员的蜻蜓器都砸在了地上，燃起一大片火花，就像在放烟火一般。亨利、巴尔萨、乔安娜、弗雷德里克还有伊莎贝尔也跟他们的部下一起掉到了地上，蜻蜓器都摔坏了。极光之国的灯光一下子熄灭了，只有一些余烬的火光还在照亮着云朵。

一分钟内，国王的军队就被全歼了。只有国王的碟形飞行器还悬在空中。

唐纳极为惊讶地看着这可怕的一幕：国王军的蜻蜓器都不能用了，而叛军的飞行员在之前就已经降落了飞行器，现在他们好像要骑上去重新发动蜻蜓器的引擎！

“他们早就知道了！”唐纳自言自语地说，“他们早就知道会有太阳风暴！”

他又抬眼看了看国王的碟形飞行器，看到了不可思议的一幕：国王居然在叛军面前逃跑了。

唐纳突然意识到，他是惟一一个还拥有军队、还可以作战的人。意识到这一点，他顿时觉得很兴奋。

“我们去保护国王！”他转过身对军队说道。

正当他的军队起飞冲向国王的碟形飞行器时，唐纳也跳上他的蜻蜓器冲向山下去救汤姆。

他看见汤姆好好地躺在他的蜻蜓器旁，并没有受伤，只不过身旁的蜻蜓器已经毁了。汤姆大半个人被埋在雪里，只有上半身还在拼命挣扎。

“你看见了！”汤姆看到唐纳飞近的时候对他喊，“太阳风暴！我就知道有什么事情要发生！”

“是的，我看见了，”唐纳一边回答，一边伸出手想帮汤姆从雪里爬出来，“国王现在有危险！你快上来！”

“不！”汤姆说。

他指指发现提丹的地方。

“我们应该去那边！马上去！”

听到这些话，唐纳放开汤姆的手，然后顿住了。

“你神智不清了，汤姆！你快清醒吧！我过会儿再来接你。”

说完这句话，唐纳飞去跟他的部下会合，留下汤姆一个人在那儿，下半身都埋在雪堆里。

第十二章

“他们要赢了！”玛莎说道。

提丹站在她旁边，目瞪口呆地看着天空。他从来没有见过这样的景象。

那些奇怪的长条绿色亮光还在往天边蔓延，而且继续改变着形状。

“那是什么东西？”提丹问，“为什么所有人都掉下去了？”他紧紧地盯着暴君的蜻蜓器，看到它们掉在了浮冰上。

“他们都被太阳风暴击中了，”玛莎答道，“至于我们的军队，瓦金刚好来得及通知公主，应该是公主命令他们把蜻蜓器停下来，然后装作投降的样子……现在，他们又可以重新飞行作战了！看，他们开始了！就算是暴君亲自指挥，也会上钩的！我们就要赢了！”

玛莎实在兴奋得不知如何是好。这是史上第一次，起义军打败了暴君的军队，而且甚至有可能俘虏他！

提丹紧盯着那些跟暴君作战的起义军飞行员。他们从浮冰上起飞，然后像箭一样朝着试图逃跑的碟形飞行器冲去。不可思议的是，那些在第一次作战时看起来很没战斗力的士兵这会儿却很有组织！他们以小队飞行，队形完美，在太阳风暴不断变化的绿色天空中迅速移动。

“不过，太阳风暴是什么啊？”提丹不解地问。他的视线还没有离开眼前这一幕。

玛莎并没有回答他的问题，而是突然伸长手臂，指着海的另一边山脉叫道：

“哎呀！不好！”

好几百架暴君的蜻蜓器从那边的山头起飞了。

“暴君还保留了一些军队啊！真是糟糕！”

比之前更加激烈的空中战役开始了。这一次，起义军毫不留情地射箭，而暴君的飞行员们也全力以赴地回击。

提丹和玛莎安静地看着远方这场猛然爆发的残酷之战。每次看到起义军的蜻蜓器掉落的时候，他俩都会担心得浑身打颤，而看到暴君的飞行员被击落的时候又会鼓掌欢呼。就在这两个阵营的战士交战的时候，那个碟形飞行器飞出了包围圈，消失在天边了。

突然，云上的极光之国开始猛烈摇晃。建筑物的火势应该已经蔓延到云下，烧到云里的风厂了。有几栋房子已经掉落到浮冰表面，就是那块米蒂尔命令首领们护送市民往北面逃走的浮冰。满载逃难者的救生云，在天上排成了一条灰色的长队。

冰面上，被击落下来的暴君士兵惊慌地四处逃窜。浮冰开始四分五裂，慢慢出现巨大的裂缝，露出又黑又冷的海水。几分钟过后，极光之国上仅剩的建筑物也掉落到浮冰上，浮冰不堪重负彻底沉没了。那个着火的城市就这样在海上消失了。

“都结束了……”玛莎一边望着正朝他们飞来的瓦金，一边对提丹说道。

当提丹看到瓦金站在面前的时候，他有一种漂浮在海面的感觉。他觉得头有点晕：他没有想到极光之国真的会从天空消失。暴君又一次把一座地图上的城市抹掉了，而那些男男女女还有他们的孩子也再一次遇难，或者说，不得不踏上逃亡之旅。

“我有几件事要跟你说。”瓦金中尉把手搭在提丹的肩膀上。

提丹神情恍惚地看着他。

“是有关汤姆的。”瓦金明确地说。

“汤姆？”提丹突然惊醒过来，叫道，“你找到他了吗？”

“是啊。他跟暴君的军队在一起。”

“那你把他救出来了吗？”提丹高兴得快疯了，他又问道，“他在哪儿？”

“不是的，”瓦金回答，“他不是被抓了，他在为他们而战。”

提丹先是不解地看了他一会儿，然后嚷道：

“我不信！他在哪里？”

“他很可能跟着他们一起离开了，因为他也领导了这次进攻。”

“才不是，这不可能！”

“我们抓到的士兵已经证实了这一点，”瓦金说，“敌营的飞行员是由暴君的学生指挥的。汤姆·布里吉就是他们中的一员。”

“汤姆肯定是被迫的！”提丹大叫。

玛莎把手搭在提丹的肩上安抚他。她虽然不知道中尉和提丹讨论的这个叫汤姆的男孩是谁，但是仍感觉得到，这对提丹来说是个很严重的事情。

“至少暴君他们没有赢啊！”玛莎想安慰提丹。

“那我们也没有赢！”瓦金接着说，“几个小时后，暴君的精英部队就到了，这些浮冰也很快会融化，而极光之国将永远只是个回忆。接下来，他们马上就要追捕我们，还会毁掉北方云国的其他城市。我们又得再次逃亡了。”

“米蒂尔在哪？”提丹呆呆地问。

他觉得脑袋昏昏沉沉的。

“就在我们保卫极光之国的时候，又有北部城市发生了起义。米蒂尔父亲王国的首都人民一直在等待米蒂尔回去，所以在他们重新夺取统治权之后，就立刻决定推选米蒂尔当他们的女王。她现在得在暴君军队再次进攻之前组织一支新的军队。”

“我有话要对她说，”提丹说，“我们要去找汤姆！”

“不行，”瓦金说，“你得跟着玛莎离开，回奥德尔去。”

“回奥德尔？为什么？”提丹很诧异地问。

“在大战全面爆发之前，你得变强大才行。达琪会继续训练你的。”

“我不同意！”提丹大叫，“我要跟米蒂尔待在一起！我们得去救出汤姆！”

“米蒂尔没时间见你了，”瓦金干巴巴地回答，“而且汤姆也不是囚犯。玛莎，把他带走。”

提丹转身看着那个年轻的女人，试图说服玛莎帮他的忙，但她只是毫无怜悯地一把架住了他。紧接着，提丹的嘴就被塞住了，双手被反绑在背后。玛莎把他架上自己的蜻蜓器后座，然后向瓦金行了个军礼。

“等我回去接你的时候，你可要做好准备。”当玛莎的飞行器起飞时，中尉对提丹说道。

提丹看着中尉骑上他的蜻蜓器，朝北方飞去跟米蒂尔会合，而玛莎则带着他往西边飞去。

没飞多久，瓦金看见前方天边出现了三个太阳。

“晨光初起，”他低声说，“而且有三个太阳。”

他想到了米蒂尔、提丹和汤姆，这三个在一朵偏僻的云上小村长大的孩子，成了整个世界的希望。

一朵云从星空左边飘过，然后消失不见了。

“希望这三个孩子中没有一个会变成黑太阳。”中尉低声道，然后向公主的城市加速飞去。

三个太阳

当冰晶体在天空中形成时，就会使云朵（卷云）看起来几乎是透明的，这时，就会产生很多令人惊叹的光学现象。

光线透过这些云层时，会因为云层里的冰晶体改变方向。这种现象在地球上到处都会发生，不管是白天（当太阳照耀的时候）还是晚上（当月亮发光的时候）。

在极北之地，布满冰晶体的云朵可以在离地面很近的地方形成。所以如果太阳从这样的云层后面升起，就可能出现三个太阳的错觉，而真正的太阳其实是中间的那一个。通常来说，其他两个都比真正的太阳要红一些。这就是所谓的幻日。

如果是夜晚，我们就会看到三个月亮而不是三个太阳，那两个“假”月亮就叫做幻月。

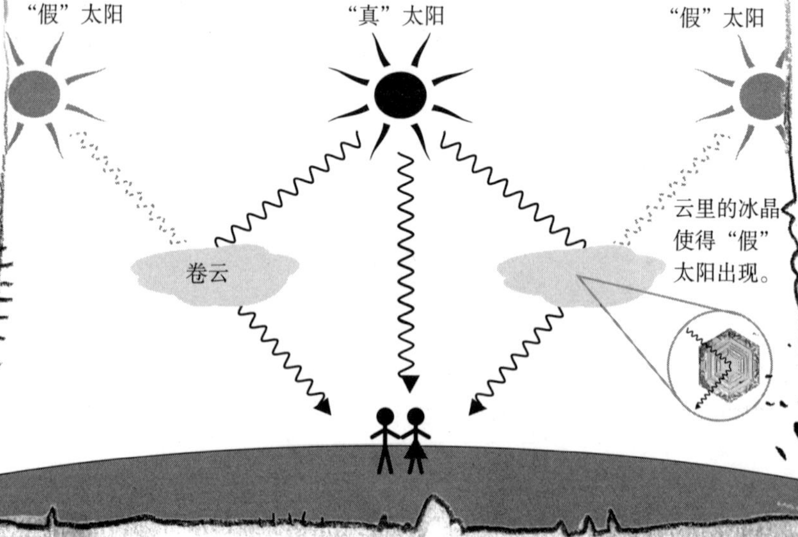

第十三章

汤姆躺在医院的床上，看着伊格克多那花园里的鸟儿停在他病房的窗沿上。为了治好腿上的冻伤，他已经在医院待了三天。这三天来，他的脑海中一直在回忆极光之国的战役，他也问过自己，他还能怎么做，还应该怎样做才能打赢那场仗。

“你的运气真好，”医生对他说，“你要是在冰水里再泡一会儿，我就不得不截掉你的双腿了……”

就在唐纳把他一个人丢下之后，汤姆在雪地里走了好几百米。他一直走到大海前却没有停下，而是继续向水里走去，好像下定决心要游到浮冰那里找到提丹，然后把他带到这所学校里来。这样的话，他们就可以一起学习这个世界的知识。但是，汤姆实在冷得不行，他只好折回去坐在一块冰上，一直打着哆嗦，直到唐纳又回来接他。

在汤姆等待的这段时间里，海平面的浮冰开始产生裂缝，那些被打败的飞行员掉进缝里淹死了。汤姆感觉到自己的双腿正在慢慢地僵掉，而他整个脑子却想着莎妮。他又看见莎妮被关在牢房里，而他自己正将莎妮拥入怀中，这让他觉得整个心都暖了起来，但是很快他又绝望地叹了口气：他不能把她救出来了！

现在，他已经回到学校，寻思着是不是还能够再见她一面。现在他特别虚弱，没法使用感知力跟随风去莎妮的监狱看一看。他甚至不知道莎妮是不是还被关在那里。

就在这时，他房间的门突然被打开，唐纳、乔安娜和亨利进来了，但是汤姆连头也没有转一下。他现在不想跟任何人讲话。

“你感觉怎么样了？”乔安娜坐在他身边问道。

“你在赌气！”亨利叫道。

汤姆听到他们愉快的语气觉得很惊讶，忍不住往他们的方向瞥了一眼。他惊奇地发现，他的三个朋友都笑得很开心。

“你们怎么啦？”汤姆问，“为什么你们笑成这样？”

“我们刚刚见过国王了。”乔安娜答道。

“那他把我们逐出学校了吗？”

“才不是呢！”亨利说，“他向我们祝贺！”

“而且唐纳还受赏了呢！”乔安娜接着说，“国王说，如果没有唐纳的话，他已经落到叛军的手里了！所以国王把他封为‘杰出学生’，还答应实现他四个心愿呢！”

汤姆突然从床上坐了起来。

“我给你们每人一个愿望！”这回唐纳走近他，“没有你的话，我就不会把那些士兵留在原地；没有你的话，我们的蜻蜓器就会像其他队那样也砸在地上；没有你的话，国王就被抓走了！”

“你……你把这些都告诉他了？”汤姆结结巴巴地问道。

“是啊！他正等着我们上交书面申请呢。我们可以从现在开始想，只要在明晚交给他就可以了。”

“好啦！你看！你现在看起来好多了！”乔安娜高兴地说。

事实上，汤姆的整个脸都在发光。他跳起来拥抱了唐纳。

“如果你还有兴趣听点别的，那就是评判我们的暴风雪军官和风力大师都被关进监狱了。”过了一会儿，亨利说道。

“那巴尔萨呢？”

“他也受赏了，也被封为‘杰出学生’。但他因为自己不是惟一受封的人而觉得很恼火！”

“那其他学生呢？”

“其他的？没了。”

“就这样？”汤姆很惊讶，“我们输了，然后就这样？”

“首先，我们并没有输，毕竟我们毁掉了那座城市，”乔安娜解释说，“其次，对于第一次作战的我们来说，国王觉得这样的表现不算太坏。另外，因为敌军的数量比预期的要多，所以国王决定惩罚所有北方云国的城市。依我看，他现在正忙于准备一次前所未有的进攻。他甚至还承诺说，要给我们看一些秘密武器呢！”

“作为‘杰出学生’，”亨利笑得越来越开心，“我们就要看到国王的真正武器了！”

“我们必须一起去，”唐纳看着护士走进了房间，说，“给，我们给你带来了这个。我们想你应该会想读点书。”

说完他递给汤姆一本书，就是汤姆在考试前夜翻阅的那本关于国王生平的书。

“这是你留在图书馆桌子上的书，”乔安娜解释道，“图书馆管理员在清点之后又把它放回你桌上了。”

汤姆拿过那卷书，低声说了一句谢谢。声音小得几乎听不到，因为他现在特别感动。

“你们可以明天再来看他。”当那三个朋友走出病房的时候，护士这样对他们说。

汤姆走到窗户边，站在那儿看着他们走远。

当他抬起头看着那些树木时，他发觉自己心中充满了一种难以名状的喜悦。如果他把莎妮救出来的话，她一定会喜欢他的！这样，他俩可以在夜晚的花园里一起散步，一直走到云边去看星星。终有一天，他们会一起离开这里，去找提丹和米蒂尔，然后让他们也来这里，那样他们就都是朋友了。

“要是米蒂尔和提丹能来看看这个地方就好了！”汤姆看着那些花朵、鸟儿和蓝天感叹道。

几分钟后，他坐回床上，开始动笔给国王写那张请愿单：请放了莎妮。汤姆觉得自己很幸福，接着，他拿起那本讲述国王生平的书，开始重读他在考试前夜迅速浏览过的内容。之前他已经从书上了解到，国王出生于一个普通家庭，靠着自己的努力，慢慢变成一个满腹知识的人。看完之后，汤姆不由自主地想变得跟他一样。“有一天，我会取代他的！没有人可以对抗我！”汤姆暗暗下定决心。

他翻开新的一章，看了起来。这一章的名字叫做《皇室家族》。

而接下来，他看到的内容对他来说就如晴天霹雳。

在标题下面印着一张国王和他妻子的画像，从画像中可以看出国王的妻子已经怀孕了。

毫无疑问：那个女人就是凯·德拉克。

提丹的妈妈。

那本书从汤姆的手里掉下来。汤姆惊愕万分：

——原来提丹是国王的孩子！

鸣 谢

感谢那些好心为本书中所涉及的科学内容进行校对的人：高等师范学校地质实验室的亚历山大·舒伯内尔、国家自然历史博物馆的帕斯卡尔·陶希、居里学院的尼古拉·明茨、国际天文学联盟和巴黎天体物理学学院的蒂埃里·蒙特梅尔。还有感谢樊尚·迪特雷特、马利娜·斯塔胡斯卡和佛罗伦萨的拉瓦莱特的通力协作。

最后特别感谢洛朗、马里斯、吉姆、尼古拉、玛加丽塔和埃里克在平时给我的帮助。

科学知识目录表